Jorge Luis Borges
Gesammelte Werke
Herausgegeben von Gisbert Haefs
und Fritz Arnold
Der Erzählungen zweiter Teil

Jorge Luis Borges

David Brodies Bericht
Das Sandbuch
Shakespeares Gedächtnis

Übersetzt von Curt Meyer-Clason,
Dieter E. Zimmer und Gisbert Haefs

Carl Hanser Verlag

ISBN 3-446-20089-4 (Einzelband)
ISBN 3-446-19707-9 (Gesamtausgabe)
Alle Rechte dieser Ausgabe
© Carl Hanser Verlag München Wien 1991, 1992, 2001
Jorge Luis Borges ›Obras Completas‹:
© 1974, 1979 by Emece Editores, S.A., Buenos Aires;
© 1988, 1989, 1991, 1992 by Emece Editores and
Maria Kodama, Executrix of the Estate of Jorge Luis Borges.
All rights reserved, including the right of reproduction
in whole or in part in any form.
This edition published by arrangement with
Emece Editores and the Estate of Jorge Luis Borges.
Satz: Fotosatz Reinhard Amann, Aichstetten
Druck und Bindung: Clausen & Bosse, Leck
Printed in Germany

David Brodies Bericht
(1970)

Vorrede

Kiplings letzte Erzählungen waren nicht weniger labyrinthisch und beängstigend als die von Kafka oder von James, denen sie zweifellos überlegen sind; im Jahre 1885 hatte er in Lahore jedoch mit einer Reihe kurzer Erzählungen in direkter Schreibweise begonnen, die er 1890 zu einem Band vereinigen sollte. Nicht wenige von ihnen – *In the House of Suddhoo, Beyond the Pale, The Gate of the Hundred Sorrows* – sind lakonische Meisterwerke; irgendwann dachte ich, was ein genialer Jüngling ersonnen und ausgeführt hat, könne ein Mann, der sein Handwerk kennt, an der Schwelle des Alters ohne Unbescheidenheit nachahmen. Die Frucht dieser Überlegung ist vorliegender Band, den meine Leser beurteilen mögen.

Ich habe mich, ich weiß nicht mit welchem Erfolg, an unmittelbaren Erzählungen versucht. Ich wage nicht zu behaupten, daß sie einfach sind; es gibt auf Erden nicht eine einzige Seite, nicht ein einziges Wort, die es wären, da ja alle das Weltall postulieren, dessen offenkundigste Eigenschaft die Komplexität ist. Ich möchte nur erläutern, daß ich weder das bin noch je war, was man früher als einen Erzähler von Fabeln oder einen Prediger in Gleichnissen bezeichnete und heute einen engagierten Schriftsteller nennt. Ich habe nicht den Ehrgeiz, Äsop zu sein. Meine Erzählungen wollen wie die aus *Tausendundeiner Nacht* zerstreuen oder bewegen und nicht überreden. Dieser Vorsatz soll nicht heißen, daß ich mich nach dem salomonischen Bild in einem Elfenbeinturm einschlösse. Meine Überzeugungen in politischer Hinsicht sind sattsam bekannt; ich habe mich zur Konservativen Partei geschlagen, was eine Form des Skeptizismus ist, und niemand hat mich Kommunist geschimpft, Nationalist, Antisemit, Parteigänger von Hormiga Negra oder Rosas. Ich glaube, mit der Zeit werden wir verdienen, daß es keine Regierung gibt. Ich habe nie meine Ansichten verhehlt, nicht einmal in den harten Jahren, doch habe ich ihnen nie erlaubt, in mein literarisches Werk einzugreifen, mit einer Ausnahme: als mich die Begeisterung über den Sechstagekrieg trieb. Die literarische Arbeit ist geheimnisvoll; unsere Meinungen sind flüchtig, und ich stimme für die platonische These von der Muse, und nicht für die von Poe, die belegte oder zu belegen vorgab, die Niederschrift einer Gedichts sei eine Tätigkeit der Intelligenz. Ich kann nicht aufhören, mich darüber zu wundern, daß die Klassiker eine romantische These vertraten und ein romantischer Dichter eine klassische.

Außer dem Titeltext dieses Buchs, der deutlich auf Lemuel Gullivers letzte Reise zurückgeht, sind meine Erzählungen realistisch, um die heutige Modebenennung zu gebrauchen. Sie beachten, glaube ich, alle Konventionen der Gattung, die nicht weniger konventionell ist als die anderen und der wir bald müde sein werden oder schon sind. Sie machen reichlichen Gebrauch von der beliebten Erfindung von Umstandsfakten, für die es glänzende Beispiele in der angelsächsischen Ballade über *Die Schlacht von Maldon* gibt, die aus dem 10. Jahrhundert stammt, und in den späteren isländischen Sagas. Zwei Erzählungen – ich sage nicht, welche – lassen denselben phantastischen Schlüssel zu. Dem neugierigen Leser werden gewisse innere Verwandtschaften auffallen. Einige wenige Themen haben mich im Lauf der Zeit immer wieder heimgesucht; ich bin entschieden eintönig.

Ich verdanke einem Traum von Hugo Ramírez Moroni den Handlungsfaden der *Das Evangelium nach Markus* benannten Geschichte, der besten der Reihe; ich befürchte, sie mit Veränderungen, die meine Einbildungskraft oder mein Verstand für ratsam hielten, verdorben zu haben. Im übrigen ist die Literatur nichts anderes als ein gelenkter Traum.

Ich habe auf die Überraschungen eines barocken Stils verzichtet; auch auf solche, die ein unvorhergesehener Schluß bescheren möchte. Kurzum: Ich habe es vorgezogen, statt Verblüffungen etwas Erwartbares zu gestalten. Viele Jahre hindurch glaubte ich, mittels Variationen und Neuheiten könne mir eine gute Seite gelingen; nun, nach Vollendung der Siebzig, glaube ich meine Stimme gefunden zu haben. Verbale Umgestaltungen können das Vorgetragene weder verstümmeln noch verbessern, es sei denn da, wo sie vielleicht einen schwerfälligen Satz auflockern oder Überschwang dämpfen. Jede Sprache ist eine Tradition, jedes Wort ein den Sprechenden gemeineigenes Symbol; was ein Neuerer zu ändern vermag, ist belanglos; denken wir an das glänzende, doch nicht selten unlesbare Werk eines Mallarmé oder Joyce. Wahrscheinlich sind diese vernünftigen Gründe eine Frucht der Müdigkeit. Dank meines fortgeschrittenen Alters finde ich mich damit ab, Borges zu sein.

Kalt lassen mich ohne Unterschied das Wörterbuch der Königlichen Akademie, *dont chaque édition fait regretter la précédente* – Paul Groussacs melancholischem Gutachten zufolge –, sowie die lästigen Wörterbücher der Argentinismen. Alle, die diesseits wie die jenseits des Meeres, neigen dazu, die Unterschiede zu betonen und die Sprache aufzulösen. Ich erinnere in diesem Zusammenhang daran, daß man Roberto Arlt seine Unkenntnis des Lunfardo vorwarf, worauf er antwortete: »Ich bin in Villa Luro aufgewachsen, unter armen Leuten und Strolchen, daher habe ich nie Zeit gefunden, diese Dinge zu studieren.« Das Lunfardo ist tatsächlich ein von Schwankdichtern und Tangokomponisten erfundener literarischer Scherz, und die Leute vom Stadtrand kennen es nicht, es sei denn, Schallplatten hätten sie darin unterwiesen.

Ich habe meine Erzählungen weiter entfernt angesiedelt, sei es im Raum oder in der Zeit. So kann die Vorstellungskraft freier arbeiten. Wer soll sich 1970 noch genau erinnern, wie gegen Ende des vorigen Jahrhunderts die Vorstädte Palermo oder Lomas aussahen? So unglaublich es klingt, es gibt Wichtigtuer, die Polizeiaufsicht führen über die kleinen Unachtsamkeiten. So bemängeln sie, daß Martín Fierro von einer Knochentasche spricht und nicht von einem Knochensack, und rügen, vielleicht zu Unrecht, das rosafarbene Fell eines bestimmten berühmten Pferdes.

Gott erlöse dich, Leser, von langen Vorreden. Das Zitat stammt von Quevedo, der – um keinen Anachronismus zu begehen, der schließlich doch entdeckt werden würde – nie die von Shaw gelesen hat.

Buenos Aires, den 19. April 1970.　　　　　　　　　　J. L. B.

Eindringling

2. *Samuel* 1:26

Es heißt (doch das ist unwahrscheinlich), Eduardo, der jüngere der Nelsons, habe diese Geschichte bei der Totenwache für Cristián erzählt, den älteren, der um die 1890 im Distrikt Morón eines natürlichen Todes starb. Sicher ist, daß im Verlauf der langen, vergessenen Nacht zwischen einem Mate und dem nächsten jemand sie von jemandem hörte und sie Santiago Dabove weitererzählte, von dem ich sie erfuhr. Jahre später wurde sie mir in Turdera, dem Ort der Handlung, abermals erzählt. Die zweite, etwas ausführlichere Fassung bestätigte im Grunde die von Santiago, wenn auch mit den üblichen kleinen Veränderungen und Abweichungen. Ich schreibe sie jetzt nieder, weil in ihr, wenn ich mich nicht irre, ein kurzes und tragisches Spiegelbild dessen enthalten ist, was die ehemaligen Stadtrandfiguren ausmachte. Ich werde es mit Redlichkeit tun, sehe aber bereits voraus, daß ich der literarischen Versuchung erliegen werde, Einzelheiten zu betonen oder hinzuzufügen.

In Turdera hießen sie die Nilsens. Der Pfarrer sagte mir, sein Vorgänger habe sich noch erinnert, im Haus dieser Leute, nicht ohne Überraschung, eine abgegriffene, schwarzgebundene Bibel in gotischer Schrift gesehen zu haben; auf den letzten Seiten habe er handschriftliche Namen und Daten entdeckt. Es war das einzige im Haus vorhandene Buch. Die unheilvolle Chronik der Nilsens, dahingegangen wie alles dahingehen wird. Das Wohnhaus, das nicht mehr steht, war ein unverputzter Backsteinbau; vom Bogengang aus war ein rotgefliester Patio, dahinter einer aus gestampfter Erde zu sehen. Wenige, wenn überhaupt, traten dort ein; die Nilsens verteidigten ihre Einsamkeit. In den kahlen Stuben schliefen sie auf Pritschen; ihr Luxus waren das Pferd, das Pferdegeschirr, der kurze Dolch, protzige Kleidung an Samstagabenden und der streitstiftende Alkohol. Ich weiß, daß sie groß waren und rothaarig. Dänemark oder Irland, Namen, die sie wohl nie gehört hatten, kreisten im Blut der beiden Criollos. Das Stadtviertel fürchtete die Rotschöpfe; es ist möglich, daß sie jemanden getötet hatten. Einmal kämpften sie Schulter an Schulter gegen die Polizei. Es heißt, der jüngere habe sich mit Juan Iberra angelegt und dabei nicht den kürzeren gezogen, was den Sachverständigen zufolge viel heißen will. Sie waren Viehtreiber, Fuhrmänner, Pferdediebe und gelegentlich Falschspieler. Sie galten als Geizhälse, außer wenn Trunk und Spiel sie großzügig machten. Von Verwandten ist nichts bekannt, auch nicht von ihrer Herkunft. Sie besaßen einen Karren und ein Joch Ochsen.

Körperlich unterschieden sie sich von der Zunft, die der Costa Brava ihren anrüchigen Spitznamen verlieh. Dies und was wir nicht wissen trägt zum Verständnis ihrer Einigkeit bei. Sich mit einem verfeinden hieß zwei Feinde einhandeln.

Die Nilsens waren Schürzenjäger, doch hatten sich ihre Liebesabenteuer bislang in Bogengängen oder Bordellen abgespielt. Es gab daher reichlich Kommentare, als Cristián sich Juliana Burgos ins Haus holte. So gewann er zwar ein Dienstmädchen, überschüttete sie aber gleichzeitig mit scheußlichem Flitterkram und gab bei Festen mit ihr an. Bei jenen armseligen Tanzfesten in den Mietskasernen, wo gewisse Tangoschritte verpönt waren, und wo noch mit viel Abstand getanzt wurde. Juliana hatte bräunliche Haut und Schlitzaugen; es brauchte sie einer nur anzusehen, damit sie lächelte. Für ein bescheidenes Viertel, wo Arbeit und Vernachlässigung die Frauen verbrauchen, sah sie nicht übel aus.

Anfangs begleitete Eduardo die beiden. Dann unternahm er eine Reise nach Arrecifes wegen irgendeines Geschäfts; bei seiner Rückkehr brachte er ein Mädchen mit, das er unterwegs aufgegabelt hatte, warf sie aber nach wenigen Tagen hinaus. Er wurde zusehends mürrisch, betrank sich allein in der Ladenschänke und ließ sich mit niemandem ein. Er war in Cristiáns Frau verliebt. Das Viertel, das es womöglich vor ihm wußte, sah mit hämischer Schadenfreude die zwischen den Brüdern schwelende Rivalität voraus.

Als Eduardo eines Abends spät von der Eckkneipe zurückkam, sah er Cristiáns Braunen am Pfosten angebunden. Im Patio erwartete ihn der Ältere im Sonntagsstaat. Die Frau kam und ging, den Mate in der Hand. Cristián sagte:

»Ich gehe zu einer Sauferei bei den Farías. Hier hast du Juliana; gebrauch sie, wenn du willst.«

Sein Tonfall war halb herrisch, halb herzlich. Eduardo starrte ihn eine Weile an; er wußte nicht was tun. Cristián stand auf, verabschiedete sich von Eduardo, nicht von Juliana, die ein Gegenstand war, bestieg sein Pferd und trabte davon, ohne Hast.

Seit jener Nacht teilten sie sich Juliana. Niemand wird die Einzelheiten dieser schmierigen Verbindung erfahren, die das Anstandsgefühl der Vorstadt verletzte. Das Arrangement ging ein paar Wochen gut, konnte jedoch nicht dauern. Untereinander sprachen die Brüder Julianas Namen nicht aus, nicht einmal, um sie zu rufen, aber sie suchten und fanden Gründe, um nicht einig zu sein. Wenn sie über den Verkauf von ein paar Häuten stritten, stritten sie in Wirklichkeit über etwas anderes. Dann wurde Cristián laut, und Eduardo verstummte. Ohne es zu wissen, waren sie aufeinander eifersüchtig. In dem rauhen Vorort gab ein Mann nicht einmal sich selbst gegenüber zu, daß eine Frau einem etwas bedeuten konnte, jenseits von Begierde und Besitz, und doch waren die beiden verliebt. Das demütigte sie irgendwie.

Eines Nachmittags begegnete Eduardo auf der Plaza von Lomas Juan Iberra, der ihn zu der Schönheit, die er sich besorgt hatte, beglückwünschte. Ich glaube, das war die Gelegenheit, bei der Eduardo ihn verwundete. Niemand sollte Cristián in seiner Gegenwart verspotten.

Die Frau bediente die beiden mit tierischer Unterwürfigkeit, konnte indes nicht eine gewisse Vorliebe für den Jüngeren verbergen, der die Teilhaberschaft zwar nicht abgelehnt, aber jedenfalls nicht angeordnet hatte.

Eines Tages befahlen sie Juliana, zwei Stühle in den vorderen Patio zu bringen und sich dort nicht blicken zu lassen, denn sie hätten zu reden. Sie rechnete mit einem langen Gespräch und hielt eine Siesta, wurde aber bald geweckt. Sie ließen sie einen Sack mit ihren Siebensachen füllen, den Rosenkranz aus Glasperlen und das kleine Kruzifix nicht zu vergessen, das ihr ihre Mutter hinterlassen hatte. Ohne ihr etwas zu erklären, hoben sie sie auf den Ochsenkarren und machten sich auf eine stumme und langweilige Reise. Es hatte geregnet; die Wege waren verschlammt, und es mag gegen drei Uhr morgens gewesen sein, als sie in Morón ankamen. Dort verkauften sie sie an die Besitzerin des Bordells. Der Handel war schon vorher abgemacht gewesen; Cristián kassierte den Betrag und teilte ihn später mit dem anderen.

In Turdera wollten die in dem (zur Gewohnheit gewordenen) Dickicht ihrer monströsen Liebschaft verirrten Nilsens wieder ihr altes Leben von Männern unter Männern aufnehmen. Sie kehrten zum Kartenspiel zurück, zum Hahnenkampf, zu gelegentlichen Kneipereien. Manchmal vielleicht glaubten sie sich gerettet, erlaubten sich aber, unabhängig voneinander, nicht oder kaum begründete regelmäßige Abwesenheiten. Kurz vor Jahresende sagte der Jüngere, er habe in der Hauptstadt zu tun. Cristián ritt nach Morón; am Pfosten des bekannten Hauses erkannte er Eduardos Falben. Er trat ein; drinnen war der andere und wartete darauf, an die Reihe zu kommen. Anscheinend sagte Cristián zu ihm:

»Wenn wir so weitermachen, machen wir nur unsere Gäule kaputt. Wir sollten sie wohl besser zur Hand haben.«

Er sprach mit der Besitzerin und zog ein paar Münzen aus seinem Gürtel; dann nahmen die beiden sie mit. Juliana ging mit Cristián; Eduardo spornte seinen Falben an, um sie nicht sehen zu müssen.

Sie kehrten zum erwähnten Zustand zurück. Die niederträchtige Lösung war fehlgeschlagen, da beide der Versuchung des Betrugs erlegen waren. Kain hatte die Hand im Spiel, aber die Zuneigung zwischen den Nilsens war groß –

wer weiß, welche Härten, welche Gefahren sie geteilt hatten! –, und so zogen sie vor, ihre Erbitterung an anderen auszulassen. An einem Unbekannten, an den Hunden, an Juliana, die die Zwietracht gesät hatte.

Der Monat März ging zu Ende, und die Hitze ließ nicht nach. Eines Sonntags (an Sonntagen geht man gewöhnlich früh schlafen) sah Eduardo, der von der Ladenschänke zurückkam, daß Cristián die Ochsen ins Joch spannte. Cristián sagte:

»Komm, wir müssen beim Mulatten Häute abliefern. Ich hab sie schon aufgeladen; wir wollen die Kühle nutzen.«

Der Laden des Mulatten lag, glaube ich, weiter südlich; sie nahmen den alten Viehweg, dann bogen sie in einen Seitenpfad ab. Bei Einbruch der Nacht weitete sich das Feld.

Sie kamen an einem Schilfdickicht vorbei; Cristián warf die Zigarre fort, die er angezündet hatte, und sagte ohne Eile:

»An die Arbeit, Bruder. Nachher helfen uns die Bussarde. Heut hab ich sie getötet. Soll sie hier bleiben mit ihrem Plunder. So richtet sie keinen Schaden mehr an.«

Sie umarmten einander, fast weinend. Nun hielt sie ein weiteres Band: die trostlos geopferte Frau und die Verpflichtung, sie zu vergessen.

Der Unwürdige

Das Bild, das wir von der Stadt haben, ist immer etwas anachronistisch. Das Café ist zur Bar degeneriert; der Bogengang, der die Patios ahnen ließ und die Weinlaube, ist jetzt ein trüber Hausgang mit einem Aufzug im Hintergrund. So glaubte ich Jahre hindurch, auf einer bestimmten Höhe von Talcahuano erwarte mich die Buchhandlung *Buenos Aires*; eines Morgens stellte ich fest, daß ein Antiquitätengeschäft sie abgelöst hatte, und erfuhr, daß Don Santiago Fischbein, der Inhaber, gestorben war. Er war ziemlich beleibt gewesen; ich entsinne mich weniger seiner Gesichtszüge als unserer langen Gespräche. Fest und ruhig pflegte er den Zionismus zu verurteilen, der den Juden zu einem gewöhnlichen Menschen machen würde, wie alle anderen gekettet an eine einzige Tradition und ein einziges Land, ohne die Komplexitäten und Zwiespältigkeiten, die ihn jetzt bereichern. Er stelle gerade eine umfangreiche Anthologie aus dem Werk von Baruch Spinoza zusammen, sagte er mir, befreit von all dem euklidischen Ballast, der die Lektüre erschwert und der phantastischen Theorie illusorische Strenge verleiht. Er zeigte mir eine merkwürdige Ausgabe der *Kabbala denudata* von Rosenroth, die er mir nicht verkaufen wollte, aber in meiner Bibliothek stehen einige Bücher von Ginsburg und Waite, die seinen Stempel tragen.

Eines Nachmittags, an dem wir beide allein waren, vertraute er mir eine Begebenheit aus seinem Leben an, die ich heute berichten kann. Wie vorauszusehen, werde ich manche Einzelheit verändern.

»Ich werde Ihnen etwas enthüllen, was ich noch keinem erzählt habe. Ana, meine Frau, weiß es nicht, und nicht einmal meine engsten Freunde. Es hat sich vor so vielen Jahren abgespielt, daß ich es heute als fremd empfinde. Vielleicht eignet es sich für eine Geschichte, die Sie fraglos mit Dolchen ausschmücken werden. Ich weiß nicht, ob ich Ihnen schon einmal erzählt habe, daß ich aus Entre Ríos bin. Ich will nicht behaupten, daß wir jüdische Gauchos waren; jüdische Gauchos hat es nie gegeben. Wir waren Kaufleute und kleine Bauern. Ich wurde in Urdinarrain geboren, an das ich mich kaum erinnere; als meine Eltern nach Buenos Aires zogen, um einen Laden aufzumachen, war ich noch sehr klein. Ein paar Blocks entfernt floß der Maldonado, dahinter lag unbebautes Gelände.

Carlyle hat geschrieben, die Menschen brauchten Helden. Grossos Geschichtswerk hat mir die Verehrung von San Martín nahegelegt, aber in ihm fand ich nicht mehr als einen Militär, der in Chile gekämpft hat und nun ein Bronzestandbild ist und der Name eines Platzes. Der Zufall hat mir einen ganz anderen Helden geschenkt, und zwar zu unser beider Unglück: Francisco Ferrari. Sie werden seinen Namen zum ersten Mal hören.

Der Stadtteil war nicht so wüst, wie Corrales und Bajo angeblich waren, aber es gab keine Ladenschänke ohne eine Bande von Compadritos. Ferraris Stammkneipe war der Laden Ecke Triunvirato und Thames. Dort hat sich der Vorfall ereignet, der mich zu einem seiner Anhänger gemacht hat. Ich war hingegangen, um ein Viertel Mate zu kaufen. Ein langmähniger Fremder mit Schnurrbart kam herein und wollte einen Gin. Ferrari sagt sanft zu ihm:

›Sagen Sie, haben wir uns nicht vorgestern abend bei Julianas Tanz gesehen? Woher sind Sie?‹

»Aus San Cristóbal‹, sagt der andere.

›Wenn ich Ihnen einen Rat geben darf‹, legt ihm Ferrari nahe, ›dann lassen Sie sich hier nicht wieder sehen. Hier gibt es respektlose Leute, die Ihnen böse mitspielen können.‹

Der aus San Cristóbal zieht ab, mit Schnurrbart und allem. Vielleicht ist er nicht weniger Manns als der andere, aber er weiß, daß die Bande da ist.

Seit diesem Nachmittag war Francisco Ferrari der Held, den ich mit meinen fünfzehn Jahren angehimmelt habe. Er war braun, ziemlich groß, kräftig, ein feiner Kerl nach Art der Zeit. Ging immer in Schwarz. Ein zweiter Vorfall hat uns näher zusammengebracht.

Ich bin mit meiner Mutter und meiner Tante ausgegangen; wir begegnen ein paar Rowdies, und einer von denen sagt sehr laut zu den anderen:

›Laßt sie vorbei. Altes Fleisch.‹

Ich weiß nicht was tun. Da greift Ferrari ein, der gerade aus seinem Haus kommt. Er baut sich vor dem Herausforderer auf und sagt:

›Wenn du dich mit jemand anlegen willst, warum dann nicht gleich mit mir?‹

Er mustert sie, einen nach dem anderen, bedächtig, und keiner erwidert ein Wort. Sie kennen ihn.

Er zuckt mit den Schultern, grüßt uns und geht. Bevor er sich entfernt, sagt er zu mir:

›Wenn du nichts Besseres zu tun hast, komm nachher in die Kneipe.‹

Ich bin fassungslos. Sarah, meine Tante, befindet:

›Ein Kavalier, der Damen Respekt verschafft.‹

Meine Mutter, um mich aus meiner Verblüffung zu retten, bemerkt:

›Ich würde eher sagen, ein Compadre, der keinen neben sich duldet.‹

Ich weiß nicht, wie ich es Ihnen erklären soll. Ich habe mir heute eine Stellung im Leben erworben, besitze diesen Buchladen, der mir Freude macht und dessen Bücher ich lese, erfreue mich mancher Freundschaft wie der unseren, habe Frau und Kinder, bin Mitglied der Sozialistischen Partei, ein guter Argentinier und ein guter Jude. Bin ein geachteter Mann. Heute sehen Sie mich fast kahl; damals war ich ein armer Russenjunge mit rotem Haar in einem Viertel am Stadtrand. Die Leute schauten mich über die Schulter an. Wie alle jungen Burschen wollte ich sein wie die anderen. Ich hatte mir den Santiago zugelegt, um den Jakob verschwinden zu lassen, aber der Fischbein blieb. Wir alle gleichen dem Bild, das die anderen sich von uns machen. Ich habe die Verachtung der Leute gespürt und mich selbst verachtet. Zu jener Zeit, und vor allem in jener Umgebung war es wichtig, mutig zu sein; ich wußte, daß ich feige war. Vor Frauen hatte ich Angst; ich fühlte geheime Beschämung wegen meiner furchtsamen Unberührtheit. Ich hatte keine gleichaltrigen Freunde.

An dem Abend bin ich nicht in die Kneipe gegangen. Wenn ich doch nie hingegangen wäre! Schließlich hatte ich das Gefühl, daß in der Einladung ein Befehl steckte; an einem Samstag nach dem Essen bin ich in das Lokal gegangen.

Ferrari führte an einem der Tische den Vorsitz. Die anderen kannte ich bereits vom Sehen; es mochten sieben sein. Ferrari war der älteste, bis auf einen alten Mann, der wenig und müde sprach; sein Name ist als einziger in meinem Gedächtnis geblieben: Don Eliseo Amaro. Eine Narbe lief quer über sein Gesicht, das breit war und schwammig. Nachher wurde mir gesagt, daß er gesessen hatte.

Ferrari setzte mich zu seiner Linken; Don Eliseo mußte den Platz wechseln. Ich hatte Mühe, meine Gedanken zusammenzuhalten. Ich fürchtete, Ferrari könnte auf den unliebsamen Vorfall vor einigen Tagen anspielen. Nichts dergleichen geschah; sie haben von Frauen geredet, vom Kartenspiel, von Versammlungen, von einem Payador, der kommen sollte und nicht kam, vom Betrieb im Viertel. Anfangs ist es ihnen schwergefallen, mich aufzunehmen; dann haben sie es getan, weil es Ferraris Wille war. Trotz ihrer vorwiegend italienischen Vornamen empfand jeder sich (und die anderen) als Criollo und gar als Gaucho. Einige waren Kärrner oder Fuhrmann oder vielleicht Schlachter; durch den Umgang mit Tieren wirkten sie fast wie Landvolk. Ich glaube, am liebsten wären sie Juan Moreira gewesen. Schließlich haben sie mich Kleiner Russe genannt, aber in dem Spitznamen lag keine Geringschätzung. Von ihnen habe ich rauchen und andere Dinge gelernt.

In einem Bordell der Calle Junín hat mich einmal jemand

gefragt, ob ich nicht Francisco Ferraris Freund wäre. Ich habe verneint; bejahen wäre nach meinem Gefühl Prahlerei gewesen.

Eines Abends kam die Polizei und hat uns abgetastet. Einer mußte mit auf die Wache; mit Ferrari haben sie sich nicht eingelassen. Nach vierzehn Tagen wiederholt sich der Auftritt; dieses zweite Mal kommt auch Ferrari dran, der einen Dolch im Gürtel trägt. Vielleicht hat er die Gunst des Gemeinde-Caudillo verloren.

Heute sehe ich in Ferrari einen armen Teufel, enttäuscht und verraten; damals war er für mich ein Gott.

Die Freundschaft ist nicht weniger geheimnisvoll als die Liebe oder eins der anderen Gesichter jener Wirrnis namens Leben. Irgendwann habe ich geglaubt, das einzige Ding ohne Mysterium wäre das Glück, weil es sich durch sich selbst rechtfertigt. Tatsache ist, daß Francisco Ferrari, der Mutige, der Starke, Freundschaft empfand für mich, den Verächtlichen. Ich fühlte, daß er sich getäuscht hatte und ich dieser Freundschaft nicht würdig war. Ich wollte ihm aus dem Weg gehen, aber das hat er nicht zugelassen. Mit ihrer Mißbilligung hat meine Mutter diesen Zwiespalt in mir noch verschlimmert; sie konnte sich nicht damit abfinden, daß ich mit etwas verkehrte, was sie Gesindel nannte, und daß ich diese Leute auch noch nachäffte.

Das Wesentliche an der Geschichte, die ich Ihnen erzähle, sind meine Beziehungen zu Ferrari, nicht die schmutzigen Tatsachen, die ich heute nicht bereue. So lange die Reue dauert, dauert die Schuld.

Der Alte, der wieder neben Ferrari saß, hat mit ihm geflüstert. Sie hecken wohl etwas aus. Vom anderen Tischende glaube ich den Namen Weidemann zu hören, der eine Weberei am Rand des Stadtviertels hat. Kurz darauf tragen sie mir ohne weitere Erklärungen auf, ich soll um die Fabrik herumgehen und dabei besonders auf die Türen aufpassen. Es wird schon dunkel, als ich den Bach und die Geleise überquere. Ich erinnere mich noch an einige verstreute Häuser, ein Weidengebüsch und ein paar Baulücken. Die Fabrik war neu, wirkte aber verlassen und zerfallen; in meiner Erinnerung verschmilzt ihre rote Farbe mit dem Sonnenuntergang. Ein Gitter lief um sie herum. Außer dem Haupteingang hatte sie zwei Türen, nach Süden, die unmittelbar in die Räume führten.

Ich gestehe, ich begriff nur langsam, was Sie wohl längst begriffen haben. Ich erstattete Bericht, den ein anderer Junge bestätigte. Seine Schwester arbeitete in der Fabrik. Wenn die Bande an einem Samstagabend in der Ladenkneipe fehlt, würde es allen auffallen; deshalb hat Ferrari entschieden, daß der Einbruch am kommenden Freitag erfolgen soll. Ich sollte den Aufpasser machen. Bis dahin wäre es ratsam, daß man uns nicht zusammen sieht. Allein auf der Straße mit ihm, frage ich Ferrari:

›Haben Sie Vertrauen zu mir?‹

›Ja‹, antwortet er. ›Ich weiß, daß du dich wie ein Mann bewähren wirst.‹

In dieser Nacht und den nächsten habe ich gut geschlafen. Am Mittwoch habe ich meiner Mutter gesagt, ich wollte mir im Zentrum einen neuen Cowboy-Film ansehen. Ich habe mein bestes Zeug angezogen und bin in die Calle Moreno gegangen. Die Fahrt im *Lacroze* war lang. Im Polizeirevier mußte ich warten, aber schließlich hat mich einer der Beamten empfangen, ein gewisser Eald oder Alt. Ich sage, ich hätte etwas Vertrauliches mit ihm zu besprechen. Er antwortet, ich könnte unbesorgt reden. Ich enthülle ihm, was Ferrari im Schilde führt. Es wundert mich nicht wenig, daß er dessen Namen im Gegensatz zu dem von Don Eliseo nicht kennt.

›Ah!‹ sagt er. ›Der hat zur Bande des Uruguayers gehört.‹

Er läßt einen anderen Beamten rufen, der aus meinem Stadtteil stammt, und die beiden beraten sich. Einer fragt mich, nicht ohne Anzüglichkeit:

›Und du kommst mit dieser Anzeige, weil du dich für einen guten Bürger hältst?‹

Ich fühle, daß er mich nicht verstehen wird, deshalb entgegne ich:

›Ja, Señor. Ich bin ein guter Argentinier.‹
Sie sagen, ich soll den Auftrag, den mein Chef mir gegeben habe, ausführen, aber nicht pfeifen, wenn ich die Polizei kommen sehe. Beim Abschied warnt mich einer von beiden:
›Sei vorsichtig. Du weißt, was Baldower erwartet.‹
Die Polizisten reden genauso gern Lunfardo wie die Viertkläßler. Ich antworte:
›Hoffentlich schlagen sie mich tot. Es ist das Beste, was mir passieren kann.‹
Vom Frührot des Freitags an fühlte ich Erleichterung, daß der Stichtag gekommen war, und den Gewissensbiß, keine Gewissensbisse zu fühlen. Die Stunden wurden mir überlang. Ich konnte kaum essen. Abends um zehn haben wir uns einen knappen Block von der Weberei entfernt getroffen. Einer von uns fehlt; Don Eliseo sagt, ein Schwächling ist immer dabei. Ich habe gedacht, daß sie hinterher ihm alle Schuld geben würden. Es wollte regnen. Ich hatte Angst, einer könnte bei mir bleiben, aber sie haben mich vor einer der hinteren Türen allein gelassen. Kurz danach sind die Polizisten gekommen, und ein Offizier. Sie waren zu Fuß; um nicht bemerkt zu werden, hatten sie ihre Pferde auf freiem Gelände zurückgelassen. Ferrari hatte die Tür aufgebrochen, deshalb konnten sie geräuschlos hineingehen.

Dann haben mich vier Schüsse fast betäubt. Ich dachte, jetzt bringen sie sich drinnen, in der Dunkelheit, um. Da kamen aber schon die Polizisten raus, mit den Jungs in Handschellen. Dann kamen noch zwei Polizisten, die Francisco Ferrari und Don Eliseo Amaro hinter sich herschleiften. Sie hatten beide abgeknallt. Im Bericht stand hinterher, sie hätten bei der Verhaftung Widerstand geleistet und als erste geschossen. Ich wußte, daß das eine Lüge war, ich habe sie nämlich nie mit einer Schußwaffe gesehen. Die Polizei hat einfach die Gelegenheit benutzt, um eine Schuld zu begleichen. Tage später haben sie mir erzählt, daß Ferrari fliehen wollte, aber eine Kugel hätte genügt. Die Zeitungen haben ihn natürlich zu dem Helden gemacht, der er vielleicht nie war, und den ich geträumt hatte.

Mich haben sie mit den anderen festgenommen und kurz danach freigelassen.«

Die Geschichte des Rosendo Juárez

Es mochte elf Uhr abends sein; ich hatte die Ladenschänke betreten, die heute eine Bar ist, Ecke Bolívar und Venezuela. Aus einem Winkel zischte der Mann mir zu. Es war wohl etwas Autoritäres an ihm, denn ich reagierte sofort. Er saß an einem der Tischchen; ich fühlte auf unerklärliche Weise, daß er sich seit langem nicht von seinem leeren Glas fortbewegt hatte. Er war weder klein noch groß; schien ein ehrbarer Handwerker, vielleicht ein ehemaliger Landarbeiter zu sein. Sein spärlicher Schnauzbart war grau. Verfroren, wie die Leute von Buenos Aires sind, hatte er sein Halstuch nicht abgelegt. Er lud mich ein, etwas mit ihm zu trinken. Ich setzte mich, und wir plauderten. All das geschah irgendwann in den dreißiger Jahren.

Der Mann sagte: »Sie kennen mich nur vom Hörensagen, aber ich kenne Sie, Señor. Ich bin Rosendo Juárez. Der verstorbene Paredes wird Ihnen von mir erzählt haben. Der Alte hatte so seinen Spaß am Lügen; nicht, um die Leute reinzulegen, sondern um sie zu unterhalten. Weil wir jetzt nichts zu tun haben, will ich Ihnen erzählen, was damals in der Nacht wirklich passiert ist. In der Nacht, als der Corralero umgebracht wurde. Sie, Señor, haben aus der Geschichte einen Roman gemacht, und so was kann ich nicht beurteilen, aber ich möchte, daß Sie die Wahrheit über dieses Geflunker erfahren.«

Er machte eine Pause, wie um seine Erinnerungen zu sammeln, und fuhr fort:

»Da passiert einem was, aber erst mit den Jahren versteht man es. Was mir in der Nacht passiert ist, hatte eigentlich schon lange vorher angefangen. Ich bin im Viertel am Maldonado aufgewachsen, noch hinter Floresta. Der Maldonado war damals ein übler Graben, eine Senke, und zum Glück ist er inzwischen zugemauert. Ich bin immer der Meinung gewesen, daß keiner den Gang des Fortschritts aufhalten kann.

Egal, jedenfalls wird jeder da geboren, wo er kann. Ich bin nie auf den Gedanken gekommen herauszufinden, wer mein Vater war. Clementina Juárez, meine Mutter, war eine sehr anständige Frau; sie hat ihr Brot mit Bügeln verdient. Soviel ich weiß, war sie aus Entre Rios oder Uruguay, jedenfalls hat sie oft von Verwandten in Concepción in Uruguay gesprochen. Ich bin wie Unkraut aufgewachsen. Ich hab mit den anderen fechten gelernt, mit einem angerußten Stock. Fußball hatte uns noch nicht erreicht, das war eine Sache der Engländer.

An einem Abend hat in der Kneipe ein Junge namens Garmendia Streit mit mir angefangen. Ich stell mich taub, aber der andere hat schon ein bißchen geladen und macht immer weiter. Wir sind rausgegangen; als wir schon auf dem Weg draußen waren, hat er die Kneipentür halb geöffnet und den Leuten gesagt:

›Keine Sorge, ich bin gleich wieder da.‹

Ich hatte mir ein Messer besorgt; wir sind auf den Bach zugegangen, langsam, und haben uns gegenseitig beobachtet. Er war ein paar Jahre älter als ich; er hatte schon oft mit mir mit Stöcken gefochten, und ich hatte das Gefühl, er wird mich in Stücke schneiden. Dann ist er über ein paar Lehmklumpen gefallen. Ich seh ihn stolpern und stürz mich auf ihn, ohne zu überlegen. Hab ihm das Gesicht mit einem Stich aufgerissen, wir haben kurz gerungen, einen Augenblick lang war alles möglich, und schließlich hab ich ihm einen Stich angebracht, und das war der letzte. Erst später hab ich bemerkt, daß ich von ihm auch ein paar Kratzer abbekommen hatte. In dieser Nacht hab ich gelernt, daß es nicht schwer ist, einen umzubringen oder umgebracht zu werden. Der Bach war ziemlich seicht; um Zeit zu gewinnen, hab ich den Toten halb hinter einem Ziegelofen versteckt. Aus blankem Leichtsinn hab ich ihm den Ring mit Stein abgezogen, den er immer getragen hatte. Ich hab ihn mir angesteckt, den Hut zurechtgerückt und bin in die Kneipe zurückgegangen. Ich bin reingegangen, als ob überhaupt nichts wär, und hab ihnen gesagt:

›Sieht so aus, als ob ich der wär, der zurückkommt.‹

Dann hab ich einen Schnaps bestellt, und den hatte ich auch nötig. Da hat mich dann einer auf meine Blutflecken aufmerksam gemacht.

Die ganze Nacht hab ich mich auf meiner Pritsche hin und her gewälzt; erst im Morgengrauen konnte ich schlafen. Gegen Abend kamen zwei Polizisten mich holen. Meine arme Mutter, Gott hab sie selig, hat geschrien. Sie haben mich behandelt, als ob ich ein Verbrecher wär. Zwei Tage und Nächte haben sie mich im Loch sitzen lassen. Keiner kam mich besuchen, außer Luis Irala, ein echter Freund, aber den wollten sie nicht zu mir lassen. Am dritten Morgen ließ mich der Inspektor holen. Er saß in seinem Sessel, hat mich nicht mal angeschaut, nur gesagt:

›Du bist das also, der den Garmendia erledigt hat?‹

›Wenn Sie es sagen‹, hab ich geantwortet.

›Mich redet man mit Señor an. Bilde dir bloß nichts ein, und keine Ausreden. Hier sind die Zeugenaussagen und der Ring, den wir in deinem Haus gefunden haben. Unterschreib das Geständnis und fertig.‹

Er hat die Feder in die Tinte getaucht und mir gegeben.

›Lassen Sie mich nachdenken, Señor Inspektor‹, sag ich.

›Ich geb dir 24 Stunden im Loch zum Nachdenken. Ich will dich nicht drängen. Wenn du nicht vernünftig bist, kannst du dich an den Gedanken gewöhnen, daß ich dir einen kleinen Erholungsurlaub im Kittchen in Las Heras verschreibe.‹

Wie Sie sich vorstellen können, hab ich das nicht ganz verstanden.

›Wenn du vernünftig bist, kriegst du nur ein paar Tage. Dann laß ich dich raus, und Don Nicolás Paredes hat mir schon gesagt, daß er die Sache für dich regeln will.‹

Zehn Tage waren es. Danach haben sie sich an mich erinnert. Ich hab unterschrieben, was sie haben wollten, und einer von den Polizisten hat mich in die Calle Cabrera gebracht.

An den Pfosten gebunden standen Pferde da, und im Eingang und weiter drinnen mehr Leute als in einem Puff. Sah aus wie eine Parteiversammlung. Don Nicolás, der seinen Mate trank, kam schließlich zu mir. Er hatte es nicht eilig; sagte mir, er würde mich nach Morón schicken, wo sie die Wahlen vorbereiteten. Er hat mich Señor Laferrer empfohlen, der mich testen sollte. Den Brief ließ er von einem Jüngelchen in Schwarz schreiben, der angeblich Verse über Mietskasernen und Mief schrieb, Zeug, das ein gebildetes Publikum nicht interessiert. Ich hab mich für seine freundlichen Bemühungen bedankt und bin gegangen. Als ich rauskam, war kein Polizist mehr hinter mir her.

Die Vorsehung weiß, was sie tut; für mich lief alles bestens. Garmendias Tod, der mir zuerst Schwierigkeiten machte, hat mir einen Weg eröffnet. Natürlich hatten mich die Behörden in der Hand. Wenn ich mich nicht für die Partei nützlich machte, würden sie mich wieder einbuchten, aber mir war wohl und ich hatte Vertrauen zu mir.

Señor Laferrer hat mich gewarnt, daß ich mich bei ihm am Riemen reißen muß, dann könnte ich vielleicht Leibwächter werden. Ich hab getan, was man von mir erwartete. In Morón und später in meinem Stadtviertel hab ich mir das Vertrauen meiner Chefs verdient. Die Polizei und die Partei sorgten dafür, daß ich als harter Bursche bekannt wurde. Ich war ganz gut beim Organisieren von Stimmen bei Wahlen in der Hauptstadt und in der Provinz. Damals ging es bei den Wahlen wild zu; ich will aber Ihre Aufmerksamkeit nicht mit blutigen Geschichten langweilen, Señor. Ich hab die Radikalen nie ausstehen können, die noch immer am Bart ihres Chefs Alem hängen. Es gab keinen, der nicht vor mir Respekt gehabt hätte. Ich hab mir eine Frau besorgt, die Lujanera, und einen feinen Goldfuchs. Jahrelang hab ich Moreira gespielt, der seinerzeit bestenfalls einen anderen Zirkusgaucho nachgemacht hat. Ich bin aufs Kartenspiel und auf den Absinth gekommen.

Alte Leute wie ich reden immer viel zu viel, aber ich komme jetzt zu dem, was ich Ihnen erzählen will. Ich weiß nicht, ob ich Luis Irala schon erwähnt habe. Ein Freund von einer Sorte, wie es nicht mehr viele gibt. Er war schon älter, hatte sich nie vor der Arbeit gedrückt, und mich hatte er ins Herz geschlossen. Er hatte sich in seinem Leben nie mit Politik beschäftigt. Er war Schreiner und konnte davon leben. Er hat sich mit keinem angelegt und hätte keinen sich mit ihm anlegen lassen. An einem Morgen kommt er zu mir und sagt:

›Sie haben dir bestimmt schon erzählt, daß die Casilda mich hat sitzenlassen. Rufino Aguilera hat sie mir ausgespannt.‹

Mit dem Kunden hatte ich schon in Morón zu tun gehabt.

Ich sage: ›Ja, den kenne ich. Von den Aguileras ist er noch der am wenigsten verrottete.‹

›Verrottet oder nicht, jetzt kriegt er es mit mir zu tun.‹

Ich hab einen Moment nachgedacht und ihm dann gesagt:

›Niemand nimmt irgendwem was weg. Wenn die Casilda dich hängenläßt, dann, weil sie Rufino will und du ihr nichts mehr bedeutest.‹

›Und was sollen die Leute sagen? Daß ich ein Schlappschwanz bin?‹

›Ich geb dir einen Rat: Laß dich nicht auf Geschichten ein, bloß weil die Leute irgendwas sagen könnten oder bloß weil eine Frau dich nicht mehr will.‹

›Um die geht's mir gar nicht. Ein Mann, der fünf Minuten lang an eine Frau denkt, ist kein Mann, sondern eine Tunte. Die Casilda hat kein Herz. In unserer letzten Nacht hat sie mir gesagt, ich würde alt.‹

›Sie hat dir wohl die Wahrheit gesagt.‹

›Die Wahrheit tut weh. Aber heute geht's mir um Rufino.‹

›Sei vorsichtig. Ich hab Rufino bei den Wahlen in Merlo in Aktion gesehen. Er ist blitzschnell mit dem Messer.‹

›Meinst du, ich hätte Angst vor ihm?‹

›Ich weiß, daß du keine Angst vor ihm hast, aber überleg's dir gut. Zwei Möglichkeiten: Entweder du legst ihn um und gehst in den Knast, oder er legt dich um, und du gehst auf den Friedhof.‹

›Soll so sein. Was würdest du an meiner Stelle tun?‹

›Weiß nicht, aber mein Leben ist nicht gerade ein gutes Beispiel. Ich bin einer, der Parteischläger geworden ist, damit er nicht in den Knast muß.‹

›Ich werde kein Parteischläger werden, egal für wen, ich will nur eine Schuld eintreiben.‹

›Du willst also deine Ruhe und deinen Frieden für einen Unbekannten aufs Spiel setzen, und für eine Frau, die du nicht mehr liebst?‹

Er hat nicht auf mich hören wollen und ist gegangen. Am nächsten Tag kam die Nachricht, daß er Rufino in einer Kneipe in Morón herausgefordert hatte, und Rufino hatte ihn getötet.

Er wollte töten und ist fair getötet worden, von Mann zu Mann. Ich hatte ihm meinen Rat als Freund gegeben, aber ich fühlte mich schuldig.

Tage nach der Aufbahrung bin ich zum Hahnenkampf gegangen. Hahnenkämpfe haben mich nie begeistert, aber an diesem Sonntag ist mir fast schlecht davon geworden. Was geht mit diesen Tieren vor, mußte ich denken, daß sie sich einfach so zerfleischen?

In der Nacht meiner Geschichte, der Nacht des Endes meiner Geschichte, hatte ich mich mit den Jungs bei der Mulattin zum Tanzen verabredet. Nach all den Jahren kann ich mich immer noch an das Kleid mit Blumen erinnern, das meine Frau anhatte. Das Fest fand im Patio statt. Natürlich war irgendein grölender Saufbold dabei, aber ich hab dafür gesorgt, daß die Dinge ordentlich blieben. Es war noch keine zwölf Uhr, als die Fremden aufgetaucht sind. Einer, namens Corralero, der in dieser Nacht heimtückisch umgelegt wurde, hat uns alle zu einer Runde eingeladen. Zufällig sahen wir uns ziemlich ähnlich. Irgendwas lag in der Luft; er ist zu mir gekommen und hat angefangen, mich zu loben. Er wär aus dem Norden und hätt viel von mir gehört. Ich hab ihn reden lassen, ihn aber schon ein bißchen einzuschätzen versucht. Er hat sich am Gin festgehalten, vielleicht, um sich Mut anzutrinken, und schließlich wollte er mit mir kämpfen. Da ist dann das passiert, was noch immer keiner verstehen will. In diesem herausfordernden Schwätzer hab ich mich wie in einem Spiegel gesehen, und ich hab mich geschämt. Ich hatte keine Angst; wenn ich Angst gehabt hätte, hätt ich wahrscheinlich gekämpft. Ich bin einfach so stehengeblieben. Der andere ist mit seinem Gesicht immer näher an meins rangekommen und hat angefangen zu brüllen, damit auch alle es hören:

›Was los ist, ist, daß du nichts als ein Feigling bist.‹

›Soll sein‹, hab ich gesagt. ›Ich hab keine Angst, für einen Feigling gehalten zu werden. Wenn's dir Spaß macht, kannst du auch noch erzählen, daß du mich Hurensohn genannt hast, und daß ich mich hab anspucken lassen. Geht's dir jetzt besser?‹

Die Lujanera hat das Messer rausgezogen, das ich immer im Westenfutter hatte; sie war wie wild, drückt es mir in die Hand. Um's deutlich zu machen, sagt sie:

›Rosendo, ich glaub, du wirst es brauchen.‹

Ich hab es fallen lassen und bin langsam rausgegangen.

Die Leute haben mir den Weg freigegeben, völlig entgeistert. Mir war absolut egal, was sie denken.

Um von diesem Leben wegzukommen, bin ich nach Uruguay gegangen. Da hab ich als Fuhrmann gearbeitet. Seit ich wieder in Buenos Aires bin, hab ich mich hier niedergelassen. San Telmo ist immer eine ordentliche Gegend gewesen.«

Die Begegnung

Für Susana Bombal

Wer morgens die Zeitungen durchblättert, tut es, um zu vergessen, oder für ein zufälliges Gespräch am Abend; deshalb ist es nicht sehr verwunderlich, daß keiner sich mehr – oder nur noch wie im Traum – an den damals vieldiskutierten und berühmten Fall von Maneco Uriarte und Duncan erinnert. Außerdem ereignete sich der Vorfall etwa um 1910, dem Jahr des Kometen und der Jahrhundertfeier, und seit damals haben wir so viele Dinge besessen und verloren. Die Protagonisten sind längst tot; wer Zeuge der Episode war, schwor feierlich Stillschweigen. Auch ich hob die Hand zum Schwur und fühlte die Bedeutung dieses Rituals, mit der ganzen romantischen Ernsthaftigkeit meiner neun oder zehn Jahre. Ich weiß nicht, ob die anderen überhaupt bemerkten, daß ich mein Wort gab; ich weiß nicht, ob sie ihres gehalten haben. Wie auch immer, hier ist nun die Geschichte, mit den unvermeidlichen Veränderungen, die die Zeit und gute oder schlechte Literatur mit sich bringen.

Mein Vetter Lafinur nahm mich an jenem Nachmittag zu einem Spießbraten in der Quinta Los Laureles mit. Ich kann ihre genaue Lage nicht angeben; denken wir uns eines jener Dörfer im Norden, die beschattet und friedlich, zum Fluß abfallen und nichts gemein haben mit der großen Stadt und ihrer Ebene. Die Eisenbahnfahrt dauerte lang genug, um mir langweilig vorzukommen, aber die Zeit der Kinder fließt bekanntlich langsam. Es begann zu dunkeln, als wir das Tor des Landhauses durchschritten. Da waren – ich spürte es – die alten elementaren Dinge: der Geruch von goldbraun geröstetem Fleisch, die Bäume, die Hunde, das Reisig, das Feuer, das die Menschen zusammenbringt.

Es war kaum ein Dutzend Gäste da; lauter Erwachsene. Der älteste, erfuhr ich später, war noch keine dreißig. Ich begriff schnell, daß sie sich auf Gebieten auskannten, in denen ich bis heute unbewandert bin: Rennpferde, Herrenschneider, Autos und notorisch kostspielige Frauen. Niemand störte mich in meiner Schüchternheit, niemand beachtete mich. Das von einem der Peones mit geschickter Bedächtigkeit gebratene Lamm hielt uns lange in dem großen Eßzimmer. Weinjahrgänge wurden erörtert. Eine Gitarre war da; mein Vetter, glaube ich mich zu erinnern, stimmte *La tapera* und *El gaucho* von Elías Regules an und ein paar Stanzen in Lunfardo, im dürftigen Lunfardo jener Jahre, über eine Messerstecherei in einem Bordell der Calle Junín. Der Kaffee kam und die Zigarren. Kein Wort von Heimfahrt. Ich fühlte (der Ausdruck stammt von Lugones) Angst vor dem Allzuspäten. Ich wollte nicht auf die Uhr sehen. Um meine kindliche Einsamkeit unter Erwachsenen zu verbergen, leerte ich lustlos ein oder zwei Gläser. Uriarte forderte Duncan grölend zu einem Zweier-Poker auf. Jemand verwarf diese Spielart als geisttötend und schlug einen Vierer-Tisch vor. Duncan stimmte zu, aber Uriarte beharrte mit einer Hartnäckigkeit, die ich nicht verstand und auch nicht zu verstehen suchte, auf dem ersten. Abgesehen von Truco, dessen wesentliches Ziel es ist, die Zeit mit Teufeleien und Versen zu bevölkern, und den bescheidenen Labyrinthen einer Patience hat mir Kartenspielen nie zugesagt. Ich entwich unbemerkt. Ein unbekanntes, dunkles Landhaus (nur im Eßzimmer brannte Licht) bedeutet einem Jungen mehr als dem Reisenden ein unerforschtes Land. Schritt für Schritt erkundete ich die Räume; ich erinnere mich an ein Billardzimmer, eine Galerie mit rechteckigen und rhombenförmigen Spiegeln, einige Schaukelstühle und ein Fenster, durch das eine Gartenlaube zu sehen war. Ich verlor mich in der Dunkelheit; schließlich fand mich der Hausherr, dessen Namen nach all den Jahren Acevedo oder Acébal lauten mag. Aus Güte oder aus Sammlereitelkeit führte er mich vor eine Vitrine. Als er Licht machte, sah ich, daß sie Stichwaffen enthielt. Es waren Messer, die durch ihren Gebrauch berühmt geworden waren. Er sagte, er besitze ein Stück Land bei Pergamino und habe diese Sachen auf Reisen quer durch die Provinz zusammengetragen. Er öffnete die Vitrine, und ohne die Aufschriften der Schildchen zu beachten, erzählte er ihre bis auf Orte und Daten stets mehr oder minder gleiche Geschichte. Ich fragte, ob unter den Waffen nicht der Dolch Juan Moreiras sei, damals der Archetyp des Gaucho, wie es später Martín Fierro und Don Segundo Sombra wurden. Er mußte leider verneinen, doch könne er mir einen ähnlichen zeigen, mit U-förmigem Kreuz. Ärgerliche Stimmen unterbrachen ihn. Sofort schloß er die Vitrine, und ich folgte ihm.

Uriarte schrie, sein Gegner habe betrogen. Die Gefährten umringten ihn, stehend. Duncan, erinnere ich mich, war größer als die anderen, stämmig, ziemlich schulterschwer, ausdruckslos, fast weißblond; Maneco Uriarte war behende, brünett, vielleicht indiogefärbt, mit frechem, spärlichem Schnurrbart. Offensichtlich waren alle betrunken; ich weiß nicht, ob auf dem Boden zwei oder drei Flaschen lagen oder ob übertriebener Kinobesuch mir diese falsche Erinnerung einflüstert. Uriartes Beleidigungen, zunächst scharf, dann obszön, rissen nicht ab. Duncan schien ihn nicht zu hören; endlich, wie gelangweilt, stand er auf und versetzte ihm einen Faustschlag. Uriarte schrie vom Fußboden auf, er werde diesen Affront nicht dulden, und forderte ihn zum Zweikampf heraus.

Duncan lehnte ab und fügte als Erklärung hinzu: »Ich habe nämlich Angst vor Ihnen.«

Allgemeines Gelächter.

Uriarte, schon wieder stehend, erwiderte: »Ich werde mich mit Ihnen schlagen, und zwar sofort.«

Jemand, Gott verzeih ihm, bemerkte, an Waffen fehle es nicht.

Ich weiß nicht, wer die Vitrine öffnete. Maneco Uriarte nahm die schönste und längste Klinge, die mit dem U-förmigen Kreuz; Duncan, fast ohne hinzusehen, ein Messer mit Holzgriff und einem ziselierten Bäumchen in der Klinge. Ein anderer sagte, es sei typisch Maneco, einen Degen zu wählen.

Keiner wunderte sich, daß ihm in diesem Augenblick die Hand zitterte; jeder, daß Duncan das gleiche widerfuhr.

Die Tradition fordert, daß Männer, die sich zum Zweikampf rüsten, nicht das Haus ihres Gastgebers beleidigen und es daher verlassen. Halb scherzend, halb ernst traten wir in die feuchte Nacht hinaus. Ich war nicht wein-, aber abenteuertrunken; ich wünschte, daß jemand töte, damit ich es nachher erzählen und mich erinnern könne. Vielleicht waren in jenem Augenblick die anderen nicht erwachsener als ich. Auch fühlte ich, daß ein Wirbel, den keiner zu dämmen vermochte, uns mitriß und ins Verderben stürzte. Kein Mensch glaubte im geringsten an Manecos Anklage; alle sahen in ihr die Frucht einer alten, vom Wein aufgeputschten Rivalität.

Wir schritten unter Bäumen, ließen das Gartenhäuschen hinter uns. Uriarte und Duncan gingen voraus; es wunderte mich, daß sie einander beobachteten, als fürchteten beide einen Überraschungsschlag. Wir wanderten an einem Rasenbett vorüber. Duncan sagte mit sanfter Autorität:

»Das ist der richtige Ort.«

Beide blieben unschlüssig in der Mitte stehen.

Eine Stimme schrie: »Laßt das Eisen fallen, das hemmt euch nur, und packt zu.«

Aber schon kämpften die beiden. Anfangs schwerfällig, als fürchteten sie, sich zu verletzen; anfangs blickten sie ihre Stahlklingen an, dann aber die Augen des Gegners. Uriarte hatte seinen Zorn vergessen; Duncan seine Gleichgültigkeit oder Geringschätzung. Die Gefahr hatte sie verwandelt; nun waren sie zwei kämpfende Männer, nicht zwei Jünglinge. Ich hatte mir den Kampf als Chaos aus Stahl vorgestellt, aber ich konnte ihm folgen, oder fast folgen, als ob er ein Schachspiel wäre. Natürlich dürften die Jahre das Gesehene verklärt oder verdunkelt haben. Ich weiß nicht, wie lange es dauerte; manche Vorgänge entziehen sich dem normalen Zeitmaß.

Ohne um den Arm gewickelten Poncho als Schild parierten sie die Stöße mit dem Unterarm. Die bald zerfetzten Ärmel wurden dunkel vom Blut. Mir schien, wir hätten uns geirrt, als wir glaubten, sie seien unbewandert in dieser Art der Fechtkunst. Bald bemerkte ich, daß sie verschieden vorgingen. Ihre Waffen waren ungleich. Duncan, um seinen Nachteil wettzumachen, wollte sehr nah an den anderen heran; Uriarte wich zurück, um zu langen, tiefen Stößen ausholen zu können. Dieselbe Stimme, die auf die Vitrine hingewiesen hatte, schrie:

»Sie bringen sich um. Bremst sie!«

Niemand wagte einzugreifen. Uriarte hatte Boden verloren; nun griff Duncan an. Fast berührten sich ihre Leiber. Uriartes Stahl suchte Duncans Gesicht. Mit einemmal schien er uns kürzer, denn er war in die Brust gedrungen. Duncan lag ausgestreckt auf dem Rasen. Nun sagte er mit kaum hörbarer Stimme:

»Seltsam. Alles ist wie ein Traum.«

Er schloß nicht die Augen, bewegte sich nicht, und ich hatte einen Menschen einen anderen töten sehen.

Maneco Uriarte beugte sich über den Toten und bat ihn, er möge ihm verzeihen. Er schluchzte hemmungslos. Was er soeben verübt hatte, überstieg ihn. Jetzt weiß ich, daß er weniger ein Verbrechen bereute als die Ausführung einer unsinnigen Tat.

Ich wollte nicht mehr hinsehen. Was ich mir gewünscht hatte, war geschehen und erschütterte mich. Lafinur sagte später, sie hätten die Waffe nur mit Mühe herausziehen können. Es wurde beratschlagt. Sie beschlossen, möglichst wenig zu lügen und das Messerduell zu einem Degenduell zu stilisieren. Vier, darunter Acébal, boten sich als Zeugen an. In Buenos Aires läßt sich alles regeln; jemand kennt immer jemanden.

Auf dem Mahagonitisch lag ein Gewirr von englischen Spielkarten und Banknoten, die niemand ansehen oder berühren wollte.

In den folgenden Jahren erwog ich mehr als einmal, die Geschichte einem Freund anzuvertrauen, doch fühlte ich immer, ein Geheimnis zu besitzen sei verlockender als es weiterzuerzählen. Um 1929 veranlaßte mich ein zufälliges Gespräch, das langgehütete Schweigen jäh zu brechen. Der pensionierte Kommissar Don José Olave hatte mir Geschichten von Messerstechern aus dem Retiro-Viertel erzählt; er bemerkte, diese Leute seien jeder Niedertracht fähig, um den Gegner fertigzumachen, und vor Podestá und Gutiérrez habe es kaum Criollo-Duelle gegeben. Ich sagte, ich sei Zeuge eines Duells gewesen, und erzählte ihm den so viele Jahre zurückliegenden Fall.

Er hörte mit professioneller Aufmerksamkeit zu und sagte:

»Sind Sie sicher, daß Uriarte und der andere nie vorher gekämpft hatten? Womöglich hat ein Aufenthalt auf dem Lande ihnen das eine oder andere beigebracht.«

»Nein«, entgegnete ich. »Alle Anwesenden des Abends kannten einander, und alle waren sprachlos.«

Olave fuhr bedächtig fort, als ob er laut überlegte:

»Einer der Dolche hatte ein U-förmiges Kreuz. Von solchen Dolchen sind zwei berühmt geworden: der von Moreira und der von Juan Almada, aus Tapalquén.«

Etwas erwachte in meinem Gedächtnis; Olave fuhr fort:

»Sie haben auch ein Messer mit Holzgriff erwähnt, Marke ›Bäumchen‹. Waffen wie diese gibt es zu Tausenden, aber es gab eine...«

Er hielt einen Augenblick inne und fuhr fort:

»Señor Acevedo hatte ein Landgut bei Pergamino. Genau in dieser Gegend hat sich um die Jahrhundertwende noch ein namhafter Kampfhahn herumgetrieben: Juan Almanza. Vom ersten Totschlag im Alter von vierzehn Jahren an hat er immer so ein kurzes Messer verwendet, weil es ihm Glück brachte. Juan Almanza und Juan Almada hatten einen Haß aufeinander, weil die Leute sie verwechselten. Sie haben einander lange gesucht und nie gefunden. Juan Almanza ist bei einer Wahl von einer verirrten Kugel getötet worden. Der andere, glaube ich, ist im Hospital von Las Flores eines natürlichen Todes gestorben.«

An jenem Nachmittag fiel kein weiteres Wort. Wir grübelten.

Neun oder zehn Männer, die schon tot sind, haben gesehen, was meine Augen sahen – den tiefen Stich im Körper und den Körper unter dem Himmel –, aber was sie sahen, war das Ende einer anderen, älteren Geschichte. Maneco Uriarte hat Duncan nicht getötet; die Waffen kämpften, nicht die Männer. Seite an Seite hatten sie in einer Vitrine geruht, bis Hände sie weckten. Vielleicht rührten sie sich beim Erwachen; deshalb zitterte Uriartes Faust, deshalb zitterte Duncans Faust. Beide konnten kämpfen – nicht ihre Werkzeuge, die Männer –, und sie kämpften gut in jener Nacht. Sie hatten einander lange gesucht, auf den langen Wegen der Provinz, und schließlich trafen sie aufeinander, als ihre Gauchos längst Staub waren. In ihrem Eisen schlummerte und lauerte menschlicher Groll.

Dinge dauern länger als Menschen. Wer weiß, ob die Geschichte hier endet, wer weiß, ob sie einander nicht wieder begegnen werden.

Juan Muraña

Jahrelang habe ich behauptet, ich sei in Palermo aufgewachsen. Heute weiß ich, daß das nur literarische Prahlerei war; Tatsache ist, daß ich hinter einem langen Lanzengitter aufwuchs, in einem Haus mit Garten und der Bibliothek meines Vaters und meiner Großeltern. Das Palermo der Messer und Gitarren (so versichert man mir) lag gleich um die Ecke; 1930 widmete ich Carriego, unserem Nachbarn und Lobsänger der Vorstadtviertel, eine Studie. Der Zufall brachte mich bald darauf mit Emilio Trápani zusammen. Ich war auf dem Wege nach Morón; Trápani, der am Fenster stand, rief mich bei meinem Namen. Ich erkannte ihn nicht sofort; Jahre waren vergangen, seit wir dieselbe Schulbank in der Calle Thames gedrückt hatten. Roberto Godel wird sich daran erinnern.

Wir konnten einander nie leiden. Die Zeit und auch die gegenseitige Gleichgültigkeit hatten uns einander entfremdet. Er hatte mir – das fällt mir nun ein – die Grundbegriffe des damaligen Lunfardo beigebracht. Wir begannen eines jener belanglosen Gespräche, die man mit der Suche nach nutzlosen Fakten beginnt und die uns den Tod eines Mitschülers enthüllen, der längst nur noch ein Name ist. Plötzlich sagte Trápani:

»Man hat mir dein Buch über Carriego geliehen. Darin sprichst du die ganz Zeit von Strolchen; sag mal, Borges, was verstehst du denn wohl von Strolchen?«

Er blickte mich mit einer Art heiligen Schreckens an.

»Ich habe Belege«, entgegnete ich.

Er ließ mich nicht weiterreden und sagte:

»Belege ist das Wort. Ich brauche keine Belege; ich kenne solche Leute.«

Nach kurzem Schweigen fügte er hinzu, als vertraute er mir ein Geheimnis an:

»Ich bin Juan Murañas Neffe.«

Von den Messerstechern, die es in Palermo in den neunziger Jahren gegeben hatte, war Muraña der berüchtigtste. Trápani fuhr fort:

»Florentina, meine Tante, war seine Frau. Die Geschichte könnte dich interessieren.«

Einige rhetorische Redewendungen und einige lange Sätze ließen mich vermuten, daß er davon nicht das erste Mal sprach.

»Es hat meiner Mutter immer mißfallen, daß ihre Schwester ihr Leben an Juan Muraña kettete, der für sie ein Unmensch war und für Tante Florentina ein Mann der Tat. Über das Los meines Onkels waren viele Gerüchte im Umlauf. Man hat sogar erzählt, er wäre eines Nachts, als er ziemlich geladen hatte, beim Einbiegen in die Coronel vom Bock gefallen und hätte sich den Schädel gebrochen. Es wurde auch erzählt, daß ihn die Behörden suchten. Deshalb wäre er nach Uruguay geflohen. Meine Mutter, die ihren Schwager nicht ausstehen konnte, hat mich nie darüber aufgeklärt. Ich war noch sehr klein und erinnere mich nicht mehr an ihn.

Zur Zeit der Hundertjahrfeier wohnten wir in der Russell-Passage, in einem langen schmalen Haus. Die Hintertür, die immer verriegelt war, ging auf die San Salvador. In der Dachstube wohnte meine Tante; sie war schon ziemlich alt und etwas wunderlich. Sie war dünn und knochig und groß, oder schien mir so, und sie sprach nicht viel. Sie hatte Angst vor frischer Luft, ging nie aus, wollte nicht, daß wir in ihre Kammer kamen, und mehr als einmal habe ich sie dabei überrascht, wie sie Eßbares gestohlen und versteckt hat. Im Viertel hieß es, Murañas Tod oder Verschwinden hätte sie verdreht. Ich erinnere mich an sie nur in Schwarz. Sie hatte sich Selbstgespräche angewöhnt.

Das Haus gehörte einem gewissen Señor Luchessi, Besitzer eines Friseurladens in Barracas. Meine Mutter war Flickschneiderin und kam nur mühsam durch. Ohne zu begreifen, worum es ging, habe ich oft geheimnisvolle Wörter gehört: Gerichtsvollzieher, Pfändung, Zwangsräumung wegen

Mietrückstands. Meine Mutter war sehr bekümmert; meine Tante hat immer wieder stur wiederholt: Juan wird nicht zulassen, daß dieser Gringo uns hinauswirft. Sie hat an den Fall erinnert – den wir auswendig kannten –, in dem ein unverschämter Kerl aus der Südstadt es sich erlaubt hatte, den Mut ihres Mannes anzuzweifeln. Sobald der davon erfahren hatte, hat er sich auf die andere Seite der Stadt begeben, ihn gesucht, ihn mit einem Messerstich erledigt und in den Riachuelo geworfen. Ich weiß nicht, ob die Geschichte stimmt; wichtig ist heute nur, daß man sie erzählt und geglaubt hat.

Ich sah mich schon in den Baulücken der Calle Serrano schlafen oder betteln oder einen Korb Pfirsiche feilbieten. Letzteres war verlockend, weil es mich von der Schule erlösen würde.

Ich weiß nicht, wie lange diese triste Lage dauerte. Einmal hat uns dein verstorbener Vater gesagt, daß man Zeit nicht so in Tagen messen kann, wie man Geld in Pesos und Centavos mißt, weil die Pesos gleich sind, aber jeder Tag und vielleicht sogar jede Stunde verschieden. Damals habe ich nicht so ganz verstanden, was er sagte, aber es ist mir im Gedächtnis geblieben.

In einer dieser Nächte hatte ich einen Traum, der in einem Albtraum endete. Ich träumte von meinem Onkel Juan. Ich hatte ihn nie kennengelernt, aber ich habe ihn mir immer mit indianischen Gesichtszügen, stämmig, mit dünnem Schnurrbart und Mähne vorgestellt. Im Traum sind wir südwärts gegangen, zwischen Steinbrüchen und Gestrüpp, aber diese Steinbrüche und dieses Gestrüpp waren gleichzeitig die Calle Thames. Im Traum stand die Sonne hoch am Himmel. Onkel Juan ging ganz in Schwarz. Vor einer Art Baugerüst, in einem Hohlweg, ist er stehengeblieben. Er hatte die Hand in der Jacke, auf Höhe des Herzens, nicht wie einer, der eine Waffe ziehen will, sondern wie um die Hand zu verstecken. Mit sehr trauriger Stimme sagte er mir: Ich habe mich sehr verändert. Dann hat er die Hand aus der Jacke gezogen, und was ich gesehen habe, war eine Geierkralle. Schreiend bin ich in der Dunkelheit erwacht.

Am nächsten Tag hat meine Mutter mich mit zu Luchessi genommen. Ich weiß, daß sie ihn um Zahlungsaufschub bitten wollte; sie hat mich bestimmt mitgenommen, damit der Gläubiger ihre Not sah. Ihrer Schwester hat sie nichts erzählt, denn die hätte einer solchen Erniedrigung nicht zugestimmt. Ich war nie in Barracas gewesen; mir kam es so vor, als ob es dort mehr Leute, mehr Verkehr und weniger unbebaute Grundstücke gäbe. Von der Straßenecke aus konnten wir Polizisten und einen Menschenauflauf vor dem Haus sehen, zu dem wir wollten. Ein Nachbar erzählte von Gruppe zu Gruppe, er wäre gegen drei Uhr morgens von lautem Klopfen wachgeworden; er hätte gehört, wie die Tür aufging und jemand hereinkam. Niemand machte die Tür wieder zu; im Morgengrauen hatten sie Luchessi ausgestreckt im Eingang gefunden, halb angezogen. Er war wie mit Messerstichen gespickt. Der Mann lebte allein; das Gesetz hat nie einen Schuldigen gefunden. Es war nichts gestohlen worden. Jemand erinnerte sich, daß der Verstorbene zuletzt fast nichts mehr sehen konnte. Ein anderer sagte mit autoritärer Stimme: ›Seine Stunde war gekommen.‹ Das Urteil und der Tonfall haben mich beeindruckt; mit den Jahren habe ich dann beobachten können, daß jedesmal, wenn einer stirbt, irgendein Salbader diese Entdeckung macht.

Die Teilnehmer an der Totenwache haben uns zu Kaffee eingeladen, und ich habe eine Tasse getrunken. Im Sarg lag eine Wachsfigur an Stelle des Toten. Ich habe meine Mutter darauf aufmerksam gemacht; einer der Trauergäste fing an zu lachen und hat mir erklärt, daß diese Figur in Schwarz Señor Luchessi war. Ich habe ihn angestarrt wie fasziniert. Meine Mutter mußte mich am Arm wegziehen.

Monatelang wurde von nichts anderem geredet. Damals waren Verbrechen selten; denk nur daran, wie viel über die Fälle Melena, Campana und Silletero gesprochen wurde. Die einzige Person in Buenos Aires, die das Ganze kalt ließ, war

Tante Florentina. Mit der Beharrlichkeit des Alters hat sie immer wiederholt: ›Ich hab euch doch gesagt, daß Juan nicht zulassen würde, daß uns der Gringo das Dach überm Kopf wegnimmt.‹

Eines Tages goß es wie aus Kübeln. Da ich nicht in die Schule gehen konnte, habe ich angefangen, neugierig das Haus zu erforschen. Ich bin zur Dachkammer hochgestiegen. Da war meine Tante, eine Hand auf der anderen; ich hatte das Gefühl, daß sie nicht einmal mehr dachte. Das Zimmer roch feucht. In einer Ecke stand das Eisenbett, mit dem Rosenkranz an einem der Stäbe; in einer anderen eine Holzkiste für die Wäsche. An einer der getünchten Wände hing ein Druck einer Madonna. Auf dem Nachttisch stand der Leuchter.

Ohne die Augen zu heben, sagte meine Tante:

›Ich weiß schon, was dich herführt. Deine Mutter schickt dich. Sie versteht immer noch nicht, daß es Juan war, der uns gerettet hat.‹

›Juan?‹ habe ich mühsam herausgebracht. ›Juan ist vor über zehn Jahren gestorben.‹

›Juan ist hier‹, sagte sie. ›Willst du ihn sehen?‹

Sie hat die Nachttischschublade aufgemacht und einen Dolch herausgeholt. Dann redet sie ganz sanft weiter.

›Hier hast du ihn. Ich habe gewußt, daß er mich nie verlassen würde. Nie hat es auf Erden einen Mann wie ihn gegeben. Er hat den Gringo nicht mal mehr zum Atmen kommen lassen.‹

Da endlich habe ich verstanden. Diese arme verwirrte Frau hatte Luchessi umgebracht. Von Haß, von Wahn und vielleicht von der Liebe getrieben, war sie durch die nach Süden gehende Tür geschlüpft, hatte mitten in der Nacht die endlosen Straßen durchwandert, war schließlich zu dem Haus gekommen und hatte mit ihren großen knochigen Händen den Dolch hineingestoßen. Der Dolch war Muraña, er war der Tote, den sie immer noch anbetete.

Ich werde nie erfahren, ob sie die Geschichte meiner Mutter anvertraut hat. Sie ist kurz vor der Zwangsräumung gestorben.«

Hier endete der Bericht Trápanis, dem ich nie wieder begegnet bin. In der Geschichte dieser Frau, die allein zurückblieb und ihren Mann, ihren Tiger, mit dem grausamen Ding, das er ihr hinterlassen hatte, verwechselte, mit der Waffe seiner Taten, glaube ich ein Sinnbild oder viele Sinnbilder zu sehen. Juan Muraña war ein Mann, der durch die mir vertrauten Straßen ging, der wußte, was die Menschen wissen, der den Geschmack des Todes kannte und der dann ein Messer war, heute die Erinnerung an ein Messer ist und morgen das Vergessen sein wird, das gemeinsame Vergessen.

Die alte Dame

Am 14. Januar 1941 sollte María Justina Rubio de Jáuregui hundert Jahre vollenden. Sie war die einzige Tochter von Kämpfern des Unabhängigkeitskrieges, die noch nicht gestorben war.

Oberst Mariano Rubio, ihr Vater, war das, was ohne Unehrerbietigkeit ein kleinerer Vorkämpfer genannt werden kann. Geboren in der Nähe von La Merced, Sohn von Gutsbesitzern der Provinz, wurde er im Anden-Heer zum Fähnrich befördert, kämpfte bei Chacabuco, bei der Niederlage von Cancha Rayada, bei Maipú, und zwei Jahre später bei Arequipa. Man erzählt sich, am Vorabend dieser Kampfhandlung hätten José de Olavarría und er die Degen getauscht. Anfang April 23 sollte die berühmte Schlacht am Cerro Alto stattfinden, die, da im Tal geschlagen, auch Schlacht vom Cerro Bermejo genannt wird. Stets eifersüchtig auf unsere Ruhmestaten, schreiben die Venezolaner diesen Sieg dem General Simón Bolívar zu, doch der unparteiische Beobachter, der argentinische Geschichtsschreiber läßt sich nicht hinters Licht führen und weiß sehr gut, daß der Lorbeer dem Obersten Mariano Rubio gebührt. Dieser entschied an der Spitze eines kolumbianischen Husarenregiments das ungewisse Säbel- und Lanzengefecht, das die nicht weniger berühmte Schlacht von Ayacucho einleitete, in der er sich gleichfalls schlug. Dabei wurde er verwundet. 1827 war es ihm vergönnt, sich bei Ituzaingó unter Alvears unmittelbarem Befehl durch Tapferkeit auszuzeichnen. Trotz seiner Verwandtschaft mit Rosas war er ein Mann von Lavalle und zersprengte die revolutionären Reitertrupps in einer Kampfhandlung, die er stets Säbelei nannte. Nach der Niederwerfung der Unitarier wanderte er nach Uruguay aus, wo er heiratete. Im Verlauf des Großen Krieges starb er in Montevideo, einer von Oribes Weißen belagerten Festung. Er ging auf die vierundvierzig, und das war fast das

Greisenalter. Er war ein Freund von Florencio Varela. Es ist sehr wahrscheinlich, daß er bei den Professoren der Kriegsschule durchgefallen wäre; er hatte nur Schlachten bestanden, aber keine einzige Prüfung. Er hinterließ zwei Töchter, von denen María Justina, die jüngere, uns hier angeht.

Ende 53 ließen die Witwe des Obersten und ihre Töchter sich in Buenos Aires nieder. Sie forderten nicht den vom Tyrannen beschlagnahmten Landbesitz zurück, aber die Erinnerung an jene verlorenen Meilen, die sie nie gesehen hatten, hallte in der Familie lange nach. Im Alter von siebzehn Jahren heiratete María Justina den Doktor Bernardo Jáuregui, der, obwohl Zivilist, sich in Pavón und Cepeda schlug und in Ausübung seines Berufs während der Gelbfieberepidemie starb. Er hinterließ einen Sohn und zwei Töchter; Mariano, der Erstgeborene, war Steuerinspektor und besuchte häufig die Staatsbibliothek und das Staatsarchiv, gedrängt von dem Vorsatz, eine erschöpfende Biographie des Helden zu schreiben, die er nie beendete und womöglich nie begann. Die ältere, María Elvira, heiratete einen Vetter, einen Saavedra, Beamter im Finanzministerium; Julia einen Señor Molinari, der trotz seines italienischen Nachnamens Lateinlehrer war und hochgebildet. Enkel und Urenkel übergehe ich; es genügt, wenn der Leser sich eine ehrbare, verarmte Familie vorstellt, unter dem Vorsitz eines epischen Schattens und der im Exil geborenen Tochter.

Sie lebten bescheiden in Palermo, unweit der Kirche von Guadalupe; Mariano erinnerte sich noch, dort aus einer Straßenbahn der Linie Gran Nacional eine Lagune gesehen zu haben, gesäumt von der einen oder anderen Hütte aus unverputztem Backstein und nicht aus Blech; die Armut von gestern war weniger arm als die, welche uns heute die Industrie beschert. Auch die Vermögen waren kleiner.

Die Wohnung der Rubios lag im Oberstock eines Kurzwarengeschäfts des Stadtteils. Die Seitentreppe war eng; das rechts verlaufende Geländer ging in eine der Seiten des dunklen Vestibüls über, in dem es einen Kleiderständer gab und einige Stühle. Das Vestibül führte in das Wohnzimmer mit Polstermöbeln, das Wohnzimmer ins Eßzimmer mit Mahagonimöbeln und einer Vitrine. Durch die aus Furcht vor der großen Hitze stets geschlossenen eisernen Fensterläden drang Halblicht. Ich erinnere mich an den Geruch von aufbewahrtem Zeug. Nach hinten lagen die Schlafzimmer, das Bad, ein winziger Patio mit Waschbecken und die Mädchenkammer. Im ganzen Haus gab es keine anderen Bücher als einen Band Andrade, eine Monographie des Helden mit handschriftlichen Anmerkungen, sowie das Hispanoamerikanische Wörterbuch von Montaner und Simón, angeschafft, weil es mit dem dazugehörigen Möbelchen in Raten zahlbar war. Man verfügte über eine Pension, die stets verspätet einlief, außerdem über den Pachtzins eines Grundstücks – einziger Rest der einst riesigen Estancia – in Lomas de Zamora.

Zur Zeit meines Berichts lebte die alte Dame mit der verwitweten Julia und einem Sohn von ihr zusammen. Sie verabscheute nach wie vor Artigas, Rosas und Urquiza; der Erste Weltkrieg, der sie den Haß auf die Deutschen, von denen sie sehr wenig wußte, lehrte, war für sie weniger wirklich als die Revolution von neunzig und der Sturmangriff bei Cerro Alto. Von 1932 an erlosch sie nach und nach; die gewöhnlichen Metaphern sind die besten, weil einzig wahren. Natürlich war sie katholisch, was nicht bedeutet, daß sie an einen Gott geglaubt hätte, der Eines ist und Drei, auch nicht an die Unsterblichkeit der Seelen. Sie murmelte Gebete, die sie nicht verstand, und ihre Hände bewegten den Rosenkranz. Statt Ostern und des Dreikönigstags hatte sie Weihnachten gewählt, so wie man Tee statt Mate wählt. Die Wörter *Protestant, Jude, Freimaurer, Ketzer* und *Atheist* waren für sie gleichbedeutend und besagten nichts. Solange sie konnte, sprach sie nicht von Spaniern, sondern von Goten, wie es ihre Eltern getan hatten. Im Jahre 1910 wollte sie nicht glauben, daß die Infantin, die letzten Endes eine Prinzessin war, wider alle Voraussicht wie jede Galicierin sprach und nicht wie eine argentinische Dame. Bei der Totenwache für ihren Schwiegersohn übermittelte ihr eine reiche Verwandte, die nie ihr Haus betreten hatte, deren Namen sie jedoch gierig in der Gesellschaftsspalte der Tageszeitungen suchte, diese bestürzende Nachricht. Die Namengebung der Señora de Jáuregui blieb veraltet; sie sprach von der Calle de las Artes, von der Calle del Temple, von der Calle Buen Orden, von der Calle de la Piedad, von den beiden Calles Largas, von der Plaza del Parque und der Plaza de los Portones. Die Familie gefiel sich in diesen Altertümlichkeiten, die sie unwillkürlich gebrauchte. Sie sagten Östler und nicht Uruguayer. Sie verließ nie ihre Wohnung; vielleicht ahnte sie gar nicht, daß Buenos Aires sich verändert hatte und wuchs. Die ersten Erinnerungen sind die lebhaftesten; die Stadt, welche die Señora hinter der Haustür vermutete, gehörte fraglos einer früheren Zeit an als jener, zu der man aus dem Zentrum hatte umziehen müssen. Die Ochsen der Fuhrwerke rasteten wohl noch auf der Plaza del Once, und die verblichenen Veilchen überdufteten wohl noch die Villen von Barracas. *Ich träume nur noch von Toten,* war eines der letzten Dinge, die man sie sagen hörte. Sie war nicht dumm, hatte jedoch meines Wissens nie geistige Freuden genossen; es verblieben ihr wohl die, welche die Erinnerung schenkt und dann das Vergessen. Sie war immer großzügig. Ich erinnere mich an ihre ruhigen hellen Augen und an ihr Lächeln. Wer weiß, welcher Aufruhr geherrscht haben mag von einstmals lodernden, nun erloschenen Leidenschaften in dieser alten, einst so anziehenden Frau. Sehr empfänglich für Pflanzen, deren bescheidenes stilles Leben dem ihren verwandt war, pflegte sie Begonien in ihrem Zimmer und berührte die Blätter, die sie nicht sah. Bis 1929, als sie im Halbtraum versank, erzählte sie geschichtliche Begebenheiten, doch stets mit denselben Wörtern und in derselben Reihenfolge, als seien sie das Vaterunser, und ich vermutete, daß sie keinen Bildern mehr entsprachen. Was sie aß, war ihr gleichgültig. Kurz, sie war glücklich.

Schlafen ist bekanntlich die geheimste unserer Handlungen. Wir widmen ihm ein Drittel des Lebens und verstehen es nicht. Für einige ist es nichts als die Verdunklung des Wachens; für andere ein komplexer Zustand, der zugleich das Gestern umfaßt, das Jetzt und das Morgen; für dritte eine ununterbrochene Reihe von Träumen. Zu behaupten, die Señora de Jáuregui habe zehn Jahre in einem ruhigen Chaos verbracht, ist vielleicht ein Irrtum; jeder Augenblick dieser zehn Jahre mag reine Gegenwart gewesen sein, ohne Vorher und Nachher. Wundern wir uns nicht allzusehr über diese Gegenwart, die wir nach Tagen und Nächten zählen und nach Hunderten von Blättern vieler Kalender und nach Ängsten und Fakten; wir durchschreiten sie jeden Morgen vor dem Erwachen und jeden Abend vor dem Schlafen. Alle Tage sind wir zweimal die alte Dame.

Die Jáureguis, wie wir gesehen haben, lebten in einer fragwürdigen Situation. Sie glaubten der Aristokratie anzugehören, aber die tonangebenden Leute kannten sie nicht; sie waren Nachfahren eines Vorkämpfers, aber die Handbücher der Geschichte pflegten seinen Namen auszulassen. Zwar erinnerte eine Straße an ihn, aber diese Straße, die sehr wenige kennen, verlief sich hinter dem Westfriedhof.

Der Tag kam näher. Am 10. stellte sich ein Uniformierter mit einem vom Minister eigenhändig unterzeichneten Brief ein, der darin seinen Besuch für den 14. ankündigte; die Jáureguis zeigten den Brief der gesamten Nachbarschaft und wiesen auf den Briefkopf sowie die eigenhändige Unterschrift hin. Dann kamen die Zeitungsleute wegen der Abfassung einer Notiz. Man lieferte ihnen alle Einzelheiten; offensichtlich hatten sie in ihrem Leben nie von Oberst Rubio reden hören. Nahezu Unbekannte riefen an, um eingeladen zu werden.

Emsig arbeiteten sie für den großen Tag. Sie wachsten die Böden, putzten die Fensterscheiben, enthüllten die Lüster, polierten das Mahagoniholz, brachten das Silberzeug in der Vitrine auf Hochglanz, stellten die Möbel um und ließen das Wohnzimmerklavier offenstehen, damit seine samtene Tastendecke schimmere. Man kam und ging. Der einzige von dem Wirbel unberührte Mensch war die Señora de Jáuregui, die nichts zu begreifen schien. Sie lächelte; Julia staffierte sie mit Hilfe des Dienstmädchens heraus, als sei sie schon tot. Das erste, was die Besucher beim Eintreten sehen würden, sollte das Ölporträt des Vorkämpfers sein, und knapp rechts darunter der Degen seiner vielen Schlachten. Noch in Notzeiten hatten sie sich stets geweigert, ihn zu verkaufen, und sie gedachten ihn dem Historischen Museum zu vermachen. Eine besonders aufmerksame Nachbarin lieh ihnen für die Gelegenheit eine Tonvase mit Malven.

Die Feierlichkeit sollte um sieben beginnen. Man hatte sechs Uhr dreißig vereinbart, weil man wußte, daß niemand gerne zum Lichtanzünden kommt. Um sieben Uhr zehn war noch keine Seele da; man erörterte ziemlich gereizt die Nachteile und Vorteile der Unpünktlichkeit. Elvira, die sich auf ihre Pünktlichkeit etwas einbildete, befand, es sei eine unverzeihliche Rücksichtslosigkeit, Leute warten zu lassen; Julia, Worte ihres Mannes wiederholend, meinte, spät zu kommen sei höflich, wie es bequemer ist, wenn alle es tun, und niemand niemanden belästigt. Um sieben Uhr fünfzehn paßte kein Mensch mehr in die Wohnung. Das ganze Viertel sah und beneidete den Wagen und den Chauffeur der Señora de Figueroa, von der sie fast nie eingeladen wurden, die sie jedoch überschwenglich empfingen, damit niemand argwöhnte, daß man sich nur bei außergewöhnlichen Anlässen sah. Der Präsident entsandte seinen Adjutanten, einen sehr liebenswürdigen Herrn, der sagte, für ihn sei es eine große Ehre, die Hand der Tochter des Helden von Cerro Alto zu schütteln. Der Minister, der sich früh zurückziehen mußte, las eine recht rühmende Rede ab, in der freilich mehr von San Martín die Rede war als vom Obersten Rubio. Die Greisin saß im Sessel, an Kissen gelehnt, und neigte gelegentlich den Kopf oder ließ den Fächer fallen. Eine Gruppe distinguierter Señoras, *Damen des Vaterlandes*, sang die Nationalhymne, die sie nicht zu hören schien. Die Fotografen stellten die Anwesenden in künstlerischen Grüppchen zusammen und verschwendeten ihre Blitzlichter. Die Gläschen mit Portwein und Sherry reichten nicht aus. Man entkorkte mehrere Flaschen Champagner. Die Señora de Jáuregui sprach kein einziges Wort; vielleicht wußte sie nicht mehr, wer sie war. Von dieser Nacht an hütete sie das Bett.

Als die Fremden gegangen waren, behalf die Familie sich mit einen kleinen kalten Nachtmahl. Tabak- und Kaffeegeruch hatten den zarten Benzoëduft verscheucht.

Die Morgen- und Abendblätter logen getreulich; sie bedachten das fast wundersame Gedächtnis der Tochter des Vorkämpfers und nannten sie »ein beredtes Archiv von hundert Jahren argentinischer Geschichte«. Julia wollte ihr die Chroniken zeigen. Im Halbdunkel saß die alte Dame reglos da, mit geschlossenen Augen. Sie hatte kein Fieber; der Arzt untersuchte sie und erklärte, alles stehe zum besten. Nach wenigen Tagen starb sie. Der Einbruch der Menschenmenge, der ungewohnte Betrieb, das Blitzlicht, die Ansprache, die Uniformen, das ununterbrochene Händeschütteln und der lärmende Champagner hatten ihr Ende beschleunigt. Vielleicht dachte sie, die Mazorca sei eingedrungen.

Ich denke an die Toten von Cerro Alto, ich denke an die vergessenen Männer von Amerika und Spanien, die unter den Pferdehufen starben; ich denke daran, daß das letzte Opfer dieses Lanzengetümmels in Peru über ein Jahrhundert später eine alte Dame sein sollte.

Das Duell

Für Juan Osvaldo Viviano

Henry James – dessen Werk mir von einem meiner beiden Protagonisten, der Señora de Figueroa nahegebracht wurde – hätte diese Geschichte vielleicht nicht verschmäht. Er hätte ihr mehr als hundert Seiten der Ironie und Zärtlichkeit gewidmet und hätte sie mit verwickelten und streng doppeldeutigen Zwiegesprächen ausgeschmückt. Auch hätte er ihr womöglich einen Anflug von Melodrama verliehen. Das Wesentliche wäre durch den anderen Schauplatz – London oder Boston – nicht verändert worden. Die Fakten ereigneten sich in Buenos Aires, und dort will ich sie belassen. Ich werde mich auf eine Zusammenfassung des Vorfalls beschränken, zumal seine langsame Entwicklung und seine mondäne Umwelt meinen literarischen Gewohnheiten fern stehen. Diesen Bericht zu diktieren ist für mich ein bescheidenes Nebenabenteuer. Der Leser sei gewarnt: die Begebenheiten sind weniger wichtig als die sie auslösende Situation und die Charaktere.

Clara Glencairn de Figueroa war hochmütig und hochgewachsen und hatte feuerrotes Haar. Weniger intellektuell als einsichtig, war sie nicht erfindungsreich, wußte aber die Erfindungsgabe anderer Männer und sogar anderer Frauen zu schätzen. In ihrer Seele wohnte Gastlichkeit. Sie schätzte Unterschiede; vielleicht reiste sie deshalb so viel. Sie wußte, daß die Umgebung, die das Los ihr beschert hatte, eine bisweilen willkürliche Verbindung von Riten und Zeremonien war, aber diese Riten gefielen ihr, und sie übte sie mit Würde. Ihre Eltern verheirateten sie sehr jung mit Dr. Isidro Figueroa, der unser Botschafter in Kanada war und diesen Posten schließlich mit der Begründung aufgab, in einer Zeit des Telegrafen und Telefons seien Botschaften ein Anachronismus und daher eine unnütze Belastung. Dieser Entschluß brachte ihm den Groll seiner sämtlichen Amtskollegen ein; Clara gefiel das Klima Ottawas – letzten Endes war sie schottischer Herkunft –, und die Pflichten einer Botschafterfrau mißfielen ihr keineswegs, trotzdem dachte sie nicht daran, Einspruch zu erheben. Bald darauf starb Figueroa; nach einigen Jahren der Unentschlossenheit und der inneren Suche ergab Clara sich der Malerei, vielleicht angeregt durch das Beispiel ihrer Freundin, Marta Pizarro.

Es gehört zu Marta Pizarros Typ, daß jeder, der von ihr spricht, sie als Schwester der brillanten, verheirateten und geschiedenen Nélida Sara beschreibt.

Bevor sie den Pinsel wählte, hatte Marta Pizarro als Alternative die Literatur erwogen. Sie hätte sich leicht in Französisch, der Sprache ihrer üblichen Lektüren, auszudrücken vermocht; Spanisch war für sie nicht mehr als ein häusliches Werkzeug, wie das Guaraní für die Damen der Provinz Corrientes. Die Zeitungen hatten ihr Seiten von Lugones und dem Madrider Ortega y Gasset zugänglich gemacht; der Stil dieser Meister bestätigte sie in ihrem Verdacht, daß die Sprache, für die sie prädestiniert war, sich weniger für den Ausdruck des Denkens oder der Leidenschaften eignete als für die geschwätzige Eitelkeit. Von der Musik wußte sie nur, was jeder korrekte Konzertbesucher wissen muß. Sie stammte aus der Provinz San Luis; sie begann ihre Laufbahn mit gewissenhaften Porträts von Juan Crisóstomo Lafinur und von Oberst Pascual Pringles, die, wie vorauszusehen, vom Museum der Provinz erworben wurden. Vom Porträt von Lokalhelden ging sie über zu den alten Häusern von Buenos Aires, deren bescheidene Patios sie in bescheidenen Farben skizzierte und nicht in der grellen Bühnenmalerei, mit der andere sie wiedergeben. Jemand – gewiß nicht die Señora de Figueroa – sagte, all ihre Kunst nähre sich von den Genueser Meistern des 19. Jahrhunderts. Zwischen Clara Glencairn und Nélida Sara (die einmal Dr. Figueroa geliebt haben soll) hatte immer eine gewisse Rivalität bestanden; vielleicht spielte sich das Duell zwischen den beiden ab, und Marta war nur ein Werkzeug.

Bekanntlich geschieht alles zunächst in anderen Ländern und erst sehr spät bei uns. Die heute so ungerechterweise vergessene Malersekte, die sich konkret oder abstrakt nannte, wie um ihre Verachtung der Logik und der Sprache auszudrücken, ist eines von vielen Beispielen. Sie folgerte, glaube ich, daß genau so wie es der Musik erlaubt ist, eine eigene Welt von Tönen zu schaffen, die Malerei, ihre Schwester, sich an Farben und Formen versuchen kann, die nicht die jener Dinge nachschöpfen, die unsere Augen sehen. Lee Kaplan schrieb, jene Bilder, welche die Bürger empörten, gehorchten dem vom Islam geteilten biblischen Verbot, mit Menschenhänden Abbilder von Lebewesen herzustellen. Die Bilderstürmer, so bewies er, stellten die echte Überlieferung der von Ketzern wie Dürer oder Rembrandt verfälschten Bildkunst wieder her. Seine Verleumder beschuldigten ihn, sich auf das Beispiel berufen zu haben, das uns Teppiche, Kaleidoskope und Krawatten liefert. Die ästhetischen Revolutionen legen den Leuten die Versuchung des Unverantwortlichen und Leichten nahe; Clara Glencairn entschied sich dafür, eine abstrakte Malerin zu sein. Sie hatte sich immer zum Kult Turners bekannt; nun schickte sie sich an, die konkrete Kunst mit dessen verschwommener Pracht zu bereichern. Sie legte sich keinerlei Zwang auf, arbeitete mehrere Kompositionen um oder vernichtete sie und stellte im Winter 1954 eine Reihe Temperamalereien in einer Galerie der Calle Suipacha aus, deren Spezialität jene Werke waren, die nach einer militärischen Metapher, die damals in Mode war, Avantgarde genannt wurde. Es ergab sich ein paradoxes Faktum: Die allgemeine Kritik war gnädig, doch das offizielle Organ der Sekte rügte die anomalen Formen, die, wiewohl nicht figurativ, den Aufruhr eines Sonnenuntergangs, eines Urwaldes oder des Meeres andeuteten und sich nicht damit begnügten, strenge runde Scheiben oder Striche zu sein. Vielleicht war die erste, die lächelte, Clara Glencairn. Sie hatte modern sein wollen, und die Modernen verwarfen sie. Die Ausführung ihres Werks war ihr wichtiger als ihr Erfolg, daher arbeitete sie unbekümmert weiter. Unberührt von diesem Vorfall schritt die Malerei fort.

Schon hatte das geheime Duell begonnen. Marta war nicht nur Künstlerin; sie interessierte sich lebhaft für das, was nicht zu Unrecht Kunstverwaltung genannt wird; sie war Prosekretärin der *Giotto-Kreis* genannten Gesellschaft. Als das Jahr 55 halb abgelaufen war, erreichte sie, daß die bereits als Mitglied aufgenommene Clara in den Ausschuß gewählt wurde. Die scheinbar belanglose Tatsache verdient eine Analyse. Marta hatte ihre Freundin unterstützt, doch ist es eine unbestrittene, wiewohl geheimnisvolle Tatsache, daß der Mensch, der einen Gefallen erweist, dem Empfänger gewissermaßen überlegen ist.

Um das Jahr 60 machten einander »zwei Pinsel von internationalem Niveau« – man verzeihe uns den läppischen Jargon – einen ersten Preis streitig. Einer der Kandidaten, der ältere, hatte der Darstellung furchterregender Gauchos von skandinavischer Körpergröße feierliche Ölbilder geweiht; sein Rivale, sehr jung, hatte mittels angewandter Inkohärenz Beifall und Mißbilligung geerntet. Die Juroren, die sämtlich das halbe Jahrhundert überschritten hatten, fürchteten, das Publikum möchte sie veralteter Maßstäbe zeihen, und neigten daher dazu, für den zweiten zu stimmen, der ihnen insgeheim mißfiel. Nach hartnäckigen, anfangs aus Höflichkeit, schließlich aus Langeweile durchgeführten Debatten kamen sie zu keiner Einigung. Im Verlauf der dritten Diskussion befand jemand:

»B scheint mir schlecht; er scheint mir sogar schlechter als die Señora de Figueroa.«

»Würden Sie für sie stimmen?« sagte ein anderer mit einem Anflug von Anzüglichkeit.

»Ja«, erwiderte der erste, bereits gereizt.

Am selben Nachmittag wurde der Preis einstimmig Clara Glencairn zugesprochen. Sie war distinguiert, liebenswert, von makelloser Moral und gab in ihrem Landhaus del Pilar gerne Feste, welche die teuersten Zeitschriften fotografierten. Das klassische Ehrenbankett wurde von Marta geplant und bestritten. Clara dankte ihr mit wenigen treffenden Worten; sie bemerkte, es gebe keinen Gegensatz zwischen dem Traditionellen und dem Neuen, zwischen Ordnung und Abenteuer, die Tradition bestehe aus einem jahrhundertealten Gewebe von Abenteuern. Ihren Ausführungen wohnten zahlreiche Persönlichkeiten der Gesellschaft bei, fast alle Mitglieder der Jury und der eine oder andere Maler.

Wir alle glauben, der Zufall habe uns eine kleinliche Umwelt beschert, und andere seien besser. Der Kult der Gauchos und des *Beatus ille* sind städtische Sehnsüchte; Clara Glencairn und Marta, überdrüssig der müßigen Gesellschaftsroutine, ersehnten die Welt der Künstler, der Menschen, die ihr Leben der Erschaffung schöner Dinge geweiht hatten. Ich vermute, die Glückseligen im Himmel sind der Auffassung, die Vorteile dieses Etablissements seien von den Theologen, die nie dort gewesen sind, übertrieben worden. Vielleicht sind die Verdammten in der Hölle nicht immer glücklich.

Ein paar Jahre später tagte in der Stadt Cartagena der Erste Internationale Kongreß Lateinamerikanischer Bildender Künstler. Jede Republik entsandte ihren Vertreter. Die Thematik – man verzeihe uns den läppischen Jargon – war von brisantem Interesse: Darf der Künstler vom Autochthonen absehen, darf er Fauna und Flora übergehen oder unterschlagen, darf er sich der Problematik sozialer Prägung entziehen, darf er seine Stimme denen verweigern, die den angelsächsischen Imperialismus bekämpfen, und so weiter und so fort? Bevor er Botschafter in Kanada wurde, hatte Dr. Figueroa in Cartagena einen diplomatischen Posten bekleidet; Clara, etwas eingebildet wegen des gewonnenen Preises, wäre gerne als Künstlerin dorthin zurückgekehrt. Ihre Hoffnung wurde enttäuscht; Marta Pizarro wurde von der Regierung ausersehen. Ihr (wiewohl nicht immer überzeugendes) Auftreten war mehrfach brillant – dem unparteiischen Zeugnis der Korrespondenten von Buenos Aires zufolge.

Das Leben fordert eine Leidenschaft. Beide Frauen fanden

sie in der Malerei, richtiger gesagt, in der Beziehung, die diese ihnen auferlegte. Clara Glencairn malte gegen Marta und gewissermaßen für Marta; eine jede war Richter ihrer Rivalin und einsames Publikum. In diesen Bildern, die niemand mehr betrachtete, glaube ich eine – übrigens unvermeidliche – gegenseitige Beeinflussung zu spüren. Dabei darf man nicht vergessen, daß die beiden einander mochten und daß sie im Verlauf ihres geheimen Duells mit rückhaltloser Ehrlichkeit vorgingen.

In jenen Jahren lehnte Marta, die nicht mehr allzu jung war, einen Heiratsantrag ab; nur ihre Schlacht interessierte sie.

Am 2. Februar 1964 starb Clara Glencairn an einer Schlagadergeschwulst. Die Tageszeitungen widmeten ihr spaltenlange Nachrufe von jener Art, die in unserm Land, wo die Frau ein Vorbild der Gattung ist und kein Individuum, noch streng geübt wird. Abgesehen von einer hastigen Erwähnung ihrer malerischen Neigungen und ihres erlesenen Geschmacks wurden gerühmt ihr Glaube, ihre Güte, ihre fast anonyme, unablässige Menschenliebe, ihre vaterländische Herkunft – General Glencairn hatte am Feldzug gegen Brasilien teilgenommen – und ihre Sonderstellung in den höchsten Kreisen. Marta begriff, daß ihr Leben nun keinen Sinn mehr hatte. Nie war sie sich so unnütz vorgekommen. Sie erinnerte sich ihrer ersten, nun ferngerückten Versuche und stellte im National-Salon ein nüchternes Porträt von Clara aus nach Art jener englischen Meister, die beide bewundert hatten. Jemand hielt es für ihr bestes Werk. Sie würde nie mehr malen.

In jenem zartfühlenden Duell, das nur wir wenige Eingeweihte ahnen, gab es weder Niederlagen noch Siege, nicht einmal einen Zusammenstoß und auch keine sichtbaren Umstände außer denen, die ich mit respektvoller Feder nachzuzeichnen versucht habe. Nur Gott (dessen ästhetische Vorlieben wir nicht kennen) vermag die endgültige Palme zu verleihen. Die Geschichte, die im Schatten entstand, endet im Schatten.

Das andere Duell

Es ist viele Jahre her, daß Carlos Reyles, der Sohn des Romanciers, mir diese Geschichte erzählt hat, in Adrogué an einem Sommerabend. In meiner Erinnerung vermengen sich heute die lange Chronik eines Hasses und sein tragisches Ende mit dem Medizingeruch der Eukalyptusbäume und den Stimmen der Vögel.

Wir sprachen wie immer von der verworrenen Geschichte der beiden Vaterländer. Er sagte, mir sei fraglos Juan Patricio Nolan bekannt, der als Draufgänger, Spaßvogel und Schelm Berühmtheit erlangt habe. Ich bejahte, womit ich log. Nolan war ums Jahr neunzig gestorben, aber die Leute dachten noch immer an ihn wie an einen Freund. Auch er hat seine Verleumder gehabt, die nie fehlen. Carlos Reyles erzählte mir eine seiner vielen Teufeleien. Der Vorfall ereignete sich kurz vor der Schlacht bei Manantiales; die Protagonisten waren zwei Gauchos von Cerro Largo, Manuel Cardoso und Carmen Silveira.

Wie und warum entstand ihr Haß? Wie nach einem Jahrhundert die dunkle Geschichte zweier Männer ans Licht holen, deren einziger Ruhm ihr letztes Duell war? Ein Vorarbeiter von Reyles' Vater, der Laderecha hieß und »einen Tigerschnurrbart trug«, hatte durch mündliche Überlieferung gewisse Einzelheiten erfahren, die ich hier ohne sonderliches Zutrauen weitergebe, zumal das Vergessen und das Gedächtnis erfindungsreich sind.

Manuel Cardoso und Carmen Silveira hatten aneinandergrenzende Landstückchen. Wie der Ursprung anderer Leidenschaften ist auch der des Hasses stets dunkel, doch spricht man von einem Streit wegen nicht gebrandmarkter Tiere oder von einem Wettrennen, bei dem Silveira, der der stärkere war, Cardosos Rennpferd aus der Bahn gestoßen hatte. Monate danach fand wohl in der Ladenschänke des Orts eine Dreißiger-Partie Truco zu zweit statt; Silveira beglückwünschte seinen Gegner fast zu jedem Stich, ließ ihn aber schließlich ohne einen Pfennig stehen. Als er das Geld in den Gürtel steckte, dankte er Cardoso für den erhaltenen Unterricht. In diesem Augenblick, glaube ich, wurden sie fast handgreiflich. Die Partie war ziemlich hitzig gewesen; die Anwesenden, die zahlreich waren, trennten sie. Bei derartigen Händeln und zu jener Zeit stand Mann gegen Mann und Stahl gegen Stahl; ein eigenartiger Zug der Geschichte ist, daß Manuel Cardoso und Carmen Silveira wohl mehr als einmal in der Abend- oder Morgendämmerung die Klingen hätten kreuzen können, daß sie sich aber bis zum Schluß nie wirklich gemessen haben. Vielleicht besaßen sie in ihrem armen primitiven Leben kein anderes Gut als ihren Haß und sammelten ihn deshalb an. Ohne es zu ahnen, wurden beide zum Sklaven des anderen.

Ich weiß nicht mehr, ob die Tatsachen, die ich erzählen werde, Wirkung sind oder Ursache. Cardoso, weniger aus Liebe als um etwas zu tun, vergaffte sich in ein Nachbarmädchen, die Serviliana; es genügte, daß Silveira dies erfuhr, um ihr auf seine Weise den Hof zu machen und sie in seine Hütte zu holen. Nach ein paar Monaten setzte er sie vor die Tür, weil er sie satt hatte. Die erbitterte Frau wollte bei Cardoso Schutz suchen; der verbrachte eine Nacht mit ihr und verabschiedete sie am Mittag. Er wollte nicht den Abfall des anderen.

In jenen Jahren, vor oder nach der Serviliana, ereignete sich der Vorfall mit dem Schäferhund. Silveira hing sehr an ihm und hatte ihn Dreiunddreißig getauft. Man fand ihn tot im Graben; Silveira brauchte nicht lange zu überlegen, wer ihn wohl vergiftet haben könnte.

Um den Winter siebzig fand die Revolution von Aparicio sie im gleichen Ladenausschank beim Kartenspiel. An der Spitze eines Freischärlertrupps wiegelte ein brasilianischer Mulatte die Anwesenden auf, sagte, das Vaterland brauche sie, die Unterdrückung der Regierung sei unerträglich; dann verteilte er weiße Kokarden und nahm sie nach dieser Einleitung, die sie nicht verstanden, allesamt mit. Sie durften nicht einmal von ihren Familien Abschied nehmen. Manuel Cardoso und Carmen Silveira fanden sich mit ihrem Los ab; das Leben des Soldaten war nicht härter als das Leben des Gaucho. Bei Wind und Wetter im Sattel zu schlafen, daran waren sie gewohnt; Menschen zu töten kostete die Hand, die gewohnt war, Tiere zu töten, nicht viel. Der Mangel an Einbildungskraft befreite sie von Angst und Kummer, wenngleich bei Beginn der Angriffe Angst sie bisweilen befiel. Das Klirren der Steigbügel und der Waffen ist eines der Dinge, die man stets hört, sobald die Reiterei zur Attacke antrabt. Einer, der anfangs nicht verwundet wurde, hält sich bereits für unverwundbar. Sie hatten kein Heimweh. Der Begriff des Vaterlandes war ihnen fremd; trotz der Kokarden an ihren breitkrempigen Hüten galt ihnen eine Partei soviel wie eine andere. Sie lernten mit der Lanze umzugehen. Im Verlauf der Angriffe und Rückzüge fühlten sie, daß Kampfgefährten zu sein ihnen gestattete, Rivalen zu bleiben. Sie kämpften Schulter an Schulter und wechselten, soweit wir wissen, kein Wort.

Der Herbst einundsiebzig, der schwül war, brachte ihnen das Ende.

Der Kampf, der keine Stunde dauern sollte, erfolgte an einem Ort, dessen Namen sie nie erfuhren. Die Namen setzen später die Geschichtsschreiber ein. Am Vorabend stahl Cardoso sich in das Feldzelt des Anführers und bat ihn flüsternd, er möge ihm, sollten sie am kommenden Tag gewinnen, einen mit roter Kokarde reservieren, da er bislang keinen gekehlt habe und wissen wolle, wie das sei. Sein Vorgesetzter versprach, ihm den Gefallen zu tun, sofern er sich wie ein Mann bewähre.

Die Weißen waren in der Überzahl, aber die anderen verfügten über bessere Bewaffnung und dezimierten sie von einer Anhöhe herab. Nach zwei nutzlosen Attacken, die nicht bis zum Gipfel gelangten, ergab sich der Anführer, schwer verwundet. Auf seine Bitte gaben sie ihm den Gnadenstoß.

Seine Männer streckten die Waffen. Der Hauptmann Juan

Patricio Nolan, der die Roten anführte, befahl mit größter Ausführlichkeit die übliche Hinrichtung der Gefangenen. Er stammte aus Cerro Largo und kannte den alten Hader von Silveira und Cardoso. Er ließ sie kommen und sagte:

»Ich weiß, daß ihr euch nicht riechen könnt und daß ihr's seit langem aufeinander abgesehen habt. Ich habe eine gute Nachricht für euch; bevor die Sonne untergeht, könnt ihr zeigen, wer der Stärkere ist. Ich werde euch stehend kehlen lassen, und dann werdet ihr zu einem Wettlauf antreten. Gott weiß schon, wer gewinnen wird.«

Der Soldat, der sie gebracht hatte, führte sie ab.

Bald lief die Nachricht wie ein Lauffeuer durchs Lager. Nolan hatte beschlossen, mit dem Wettlauf das Nachmittagsprogramm zu krönen, aber die Gefangenen schickten einen Sprecher zu ihm mit der Bitte, auch Zeugen sein und auf einen der beiden setzen zu dürfen. Nolan, ein vernünftiger Mann, ließ sich überzeugen; schon wurden Wetten abgeschlossen mit Geld, Reitausrüstung, Stoßwaffen und Pferden, die zu gegebener Zeit den Witwen und Verwandten zugestellt werden würden. Die Hitze war ungewöhnlich; damit jeder seine Siesta bekam, verschob man den Beginn bis vier Uhr. (Sie hatten Mühe, Silveira wach zu bekommen.) Nolan ließ sie nach Criollo-Art eine Stunde warten. Wahrscheinlich besprach er den Sieg mit seinen Offizieren; der Adjutant kam und ging mit dem Teekessel.

Auf beiden Seiten des Erdwegs warteten vor den Feldzelten die Reihen der Gefangenen, auf dem Boden hockend, die Hände auf den Rücken gefesselt, damit sie leichter zu bewachen waren. Der eine oder andere machte sich mit Schimpfwörtern Luft, einer sagte den Anfang des Vaterunser auf, fast alle waren wie betäubt. Natürlich konnten sie nicht rauchen. Der Wettlauf war ihnen bereits gleichgültig, und doch schauten sie zu.

»Auch mich werden sie am Wickel packen«, sagte einer neidisch.

»Ja, aber im Haufen«, warf ein Nachbar hin.

»Wie dich«, erwiderte der andere.

Mit dem Säbel zog ein Sergeant einen Strich quer über den Weg. Silveira und Cardoso hatte man die Handgelenke losgebunden, damit sie unbehindert laufen konnten. Zwischen beiden lag ein Abstand von fast fünf Metern. Sie stellten die Füße auf den Strich; einige Anführer ermahnten sie, nicht schlappzumachen, denn sie hätten Vertrauen in sie gesetzt und hoch gewettet.

Für Silveira wurde der Mulatte Nolan ausgelost, dessen Großeltern fraglos Sklaven der Familie des Hauptmanns gewesen waren und dessen Namen trugen; für Cardoso der reguläre Kehler, ein schon älterer Mann aus Corrientes, der den Verurteilten stets, um sie aufzuheitern, auf die Schulter klopfte und sagte: »Mut, Freund, die Frauen leiden mehr, wenn sie gebären.«

Mit vorgebeugtem Oberkörper würdigten die ungeduldigen Männer einander keines Blicks.

Nolan gab das Zeichen.

Der über seinen Auftrag stolzgeschwellte Mulatte holte aus und hieb eine ansehnliche Scharte von Ohr zu Ohr; der aus Corrientes begnügte sich mit einem knappen Schnitt. Aus den Kehlen schoß das Blut; die Männer machten ein paar Schritte und fielen vornüber. Cardoso streckte stürzend die Arme aus. Er hatte gewonnen und wußte es vielleicht nie.

Guayaquil

Ich werde nicht den Gipfel des Higuerota in den Gewässern des Friedlichen Golfs verdoppelt sehen, ich werde nicht in den Westlichen Staat reisen, ich werde nicht in jener Bibliothek, die ich mir von Buenos Aires aus auf mancherlei Weise vorstelle und die zweifellos ihre genaue Form und ihre wachsenden Schatten besitzt, Bolívars Schrift entziffern.

Wieder lese ich den vorhergehenden Absatz, um den folgenden abzufassen, und ich bin überrascht von seiner melancholischen und zugleich hochtrabenden Manier. Vielleicht darf man von jener Republik des Karibischen Meers nicht sprechen, ohne, wiewohl von ferne, den Monumentalstil ihres berühmtesten Geschichtsschreibers, des Kapitäns Joseph Korzeniowski, zu spiegeln, wenn in meinem Fall auch ein weiterer Grund vorliegt. Die geheime Absicht, einer etwas peinlichen, aber eigentlich belanglosen Episode einen pathetischen Tonfall zu verleihen, diktierte mir den Eingangsabsatz. Ich werde das Geschehen redlich berichten; das wird mir vielleicht helfen, es zu verstehen. Außerdem heißt etwas gestehen, daß man die Urheberschaft aufgibt, um Zeuge zu werden, um jemand zu werden, der zuschaut und erzählt und nicht mehr der ist, der ausgeführt hat.

Der Vorfall ereignete sich am vergangenen Freitag in diesem Raum, in dem ich schreibe, in dieser heute etwas kühleren Nachmittagsstunde. Ich weiß, wir neigen dazu, unliebsame Dinge zu vergessen; ich möchte daher mein Zwiegespräch mit Dr. Eduardo Zimmermann von der Süd-Universität aufzeichnen, bevor das Vergessen es verwischt. Meine Erinnerung daran ist noch recht lebendig.

Damit mein Bericht verständlich sei, muß ich kurz an das merkwürdige Abenteuer gewisser Briefe Bolívars erinnern, die im Archiv des Dr. Avellanos ausgegraben wurden, dessen *Geschichte von fünfzig Jahren der Mißherrschaft*, die man unter allbekannten Umständen verloren glaubte, im Jahre 1939 von seinem Enkel, Dr. Ricardo Avellanos, entdeckt und veröffentlicht wurde. Nach den Bemerkungen zu schließen, die ich in verschiedenen Veröffentlichungen gesammelt habe, sind diese Briefe nicht besonders interessant, ausgenommen einer aus Cartagena vom 13. August 1822, in dem der Befreier auf Einzelheiten seiner Unterredung mit General San Martín eingeht. Überflüssig, den Wert des Dokuments zu betonen, in dem Bolívar die Ereignisse von Guayaquil wenigstens teilweise enthüllt. Dr. Ricardo Avellanos, hartnäckiger Gegner des Amtsschimmels, weigerte sich, den Briefwechsel der Historischen Akademie zu übergeben, und bot sie verschiedenen lateinamerikanischen Republiken an. Dank des löblichen Eifers unseres Botschafters Dr. Melaza war die argentinische Regierung die erste, das selbstlose Angebot anzunehmen. Man vereinbarte, ein Abgesandter solle sich nach Sulaco, der Hauptstadt des Westlichen Staates, begeben und die Briefe für eine hiesige Veröffentlichung abschreiben. Der Rektor unserer Universität, in der ich das Amt eines Ordinarius für Amerikanische Geschichte bekleide, besaß die Liebenswürdigkeit, mich dem Minister für die Erfüllung dieser Mission zu empfehlen; auch erhielt ich die ziemlich einstimmige Unterstützung der Nationalakademie für Geschichte, der ich angehöre. Nachdem der Tag, an dem der Minister mich empfangen sollte, bereits festgesetzt war, erfuhren wir, daß die Süd-Universität, die (wie ich zu ihren Gunsten annehme) diese Entscheidungen nicht kannte, den Namen von Dr. Zimmermann vorgeschlagen hatte.

Wie der Leser vielleicht vermutet, handelt es sich um einen ausländischen Geschichtswissenschaftler, der, vom Dritten Reich aus seinem Land vertrieben, heute argentinischer Staatsbürger ist. Von seinen fraglos verdienstvollen Arbeiten habe ich nur eine Ehrenrettung der semitischen Republik Karthago prüfen können, welche die Nachwelt nur durch römische Geschichtsschreiber, ihre Feinde, kennt, und eine Art Essay, demzufolge die Regierung nicht sichtbar und leidenschaftlich funktionieren dürfe. Diese These löste den entschiedenen Widerspruch Martin Heideggers aus, der anhand von Fotokopien der Zeitungsüberschriften bewies, daß der moderne Staatschef, weit entfernt, namenlos zu sein, vielmehr der Protagonist sei, der Chorführer, der tanzende David, der das Drama seines Volkes mimt, begleitet vom szenischen Pomp, und ohne Zaudern die Übertreibungen der Rhetorenkunst nutzt. Zugleich wies er nach, daß die Herkunft Zimmermanns hebräisch, um nicht zu sagen: jüdisch sei. Diese Veröffentlichung des verehrten Existentialisten führte zum unverzüglichen Exodus und zur Wandertätigkeit unseres Gastes.

Zweifellos war Zimmermann nach Buenos Aires gekommen, um mit dem Minister zu reden; dieser legte mir persönlich durch Vermittlung eines Sekretärs nahe, mit Zimmermann zu sprechen und ihn über den Stand der Dinge aufzuklären, um das unliebsame Schauspiel zweier uneiniger Universitäten zu vermeiden. Natürlich sagte ich zu. Nach Hause zurückgekehrt, wurde mir mitgeteilt, Dr. Zimmermann habe telefonisch seinen Besuch für sechs Uhr abends angekündigt. Ich wohne bekanntlich in der Calle Chile. Punkt sechs klingelte es.

Mit republikanischer Schlichtheit öffnete ich selbst ihm die Tür und führte ihn in mein Arbeitszimmer. Er blieb stehen, um den Patio anzusehen; die schwarz-weißen Fliesen, die beiden Magnolien und die Zisterne erregten seine Gesprächigkeit. Er war, glaube ich, etwas nervös. Es war nichts Besonderes an ihm; er mochte etwa vierzig sein und war etwas großköpfig. Getönte Gläser verbargen seine Augen; einmal legte er die Brille auf den Tisch und nahm sie wieder auf. Beim Begrüßen stellte ich mit Genugtuung fest, daß ich größer war, und ich schämte mich sofort solcher Genugtuung, da es um kein körperliches und nicht einmal ein moralisches Duell ging, sondern lediglich um eine womöglich unbehagliche *mise au point*. Ich bin ein schlechter oder gar kein Beobachter, erinnere mich aber an das, was ein bestimmter Dichter mit einer dem Beschriebenen entsprechenden Schäbigkeit seine schäbige Kleiderzier genannt hat. Ich sehe noch diese Hülle aus grellem Blau mit einem Übermaß an Knöpfen und Täschchen. Seine Krawatte, wie ich bemerkte, war einer jener Illusionisten-Knoten, die man mit zwei Gummibändern befestigt. Er hatte eine vermutlich schriftenpralle Ledertasche bei sich. Er trug einen maßvollen Schnurrbart in Militärschnitt; im Verlauf des Gesprächs zündete er eine Zigarre an, und nun fühlte ich, daß in diesem Gesicht zu vieles war. *Trop meublé*, sagte ich mir.

Das Nacheinander der Sprache übertreibt ungebührlich die aufgeführten Tatsachen, da jedes Wort einen Ort auf der Buchseite einnimmt und einen Augenblick im Geist des Lesers; über die aufgezählten sichtbaren Belanglosigkeiten hinaus bot der Mann den Eindruck einer wechselvollen Vergangenheit.

In meinem Arbeitszimmer gibt es ein ovales Bild meines Urgroßvaters, der in den Unabhängigkeitskriegen gekämpft hat, und einige Vitrinen mit Degen, Orden und Fahnen. Mit wenigen erläuternden Worten zeigte ich ihm die alten ruhmreichen Dinge; er betrachtete sie rasch wie jemand, der eine Pflicht erfüllt, und ergänzte meine Worte nicht ohne Dreistigkeit, die ich für unfreiwillig und mechanisch halte. Er sagte zum Beispiel.

»Korrekt. Schlacht bei Junín. 6. August 1824. Kavallerieattacke von Juárez.«

»Von Suárez«, verbesserte ich.

Ich vermute, der Irrtum war beabsichtigt. Mit orientalischer Gebärde breitete er die Arme aus und rief:

»Mein erster Irrtum, der nicht der letzte sein wird! Ich ernähre mich von Texten und bringe alles durcheinander; in Ihnen lebt die interessante Vergangenheit.«

Es sprach das spanische *V* fast wie ein *F* aus.

Derartige Schmeicheleien gefielen mir nicht. Mehr interessierten ihn die Bücher. Fast verliebt ließ er den Blick über die Titel wandern, und ich erinnere mich, daß er sagte:

»Ah, Schopenhauer, der immer der Geschichte mißtraut hat... Die gleiche von Grisebach besorgte Ausgabe besaß ich in Prag und glaubte in der Freundschaft mit diesen handlichen Bänden zu altern, aber gerade die in einem Wahnsinnigen verkörperte Geschichte hat mich aus jenem Haus und jener Stadt vertrieben. Und so bin ich bei Ihnen in Amerika, in dem gastlichen Haus von Ihnen...«

Er sprach unkorrekt und flüssig; seine merklich deutsche Aussprache vertrug sich mit einem spanischen Lispeln.

Längst saßen wir, und ich nutzte das von ihm Vorgebrachte, um zur Sache zu kommen. Ich sagte:

»Hier ist die Geschichte gnädiger. Ich hoffe in diesem Haus, in dem ich geboren bin, zu sterben. Hierher hat mein Urgroßvater diesen Degen gebracht, der durch Amerika gewandert ist; hier habe ich die Vergangenheit bedacht und meine Bücher geschrieben. Fast könnte ich sagen, daß ich diese Bibliothek nie verlassen habe, aber jetzt werde ich endlich die Erde bereisen, die ich nur auf den Landkarten bereist habe.«

Mit einem Lächeln milderte ich meinen möglichen rhetorischen Überschwang.

»Spielen Sie auf eine bestimmte Republik der Karibik an?« sagte Zimmermann.

»So ist es. Dieser bevorstehenden Reise verdanke ich die Ehre Ihres Besuchs«, erwiderte ich.

Trinidad brachte uns Kaffee. Mit behutsamer Zuversicht fuhr ich fort:

»Sie werden bereits wissen, daß der Minister mich mit der Mission betraut hat, Bolívars Briefe, die ein Zufall in Dr. Avellanos' Archiv ausgegraben hat, zu transkribieren und mit einem Vorwort zu versehen. Diese Mission krönt mit einer Art glücklicher Schicksalhaftigkeit die Arbeit meines ganzen Lebens, eine Arbeit, die ich in gewisser Weise im Blut trage.«

Gesagt zu haben, was ich sagen mußte, war eine Erleichterung für mich. Zimmermann schien nicht zugehört zu haben; seine Augen blickten nicht auf mein Gesicht, sondern auf die

Bücher hinter mir. Er nickte erst unbestimmt, dann nachdrücklich.

»Im Blut. Sie sind der echte Historiker. Ihre Landsleute sind über die Weiten Amerikas gewandert und haben die großen Schlachten geschlagen, während meine unberühmten Leute kaum aus dem Ghetto aufgetaucht sind. Sie tragen nach Ihren beredten Worten die Geschichte im Blut; Sie brauchen nur aufmerksam dieser verborgenen Stimme zu lauschen. Ich hingegen muß nach Sulaco reisen und Schriften um Schriften, womöglich apokryphe, entziffern. Glauben Sie mir, Doktor, daß ich Sie beneide.«

Weder Herausforderung noch Spott war aus diesen Worten zu vernehmen; sie waren der Ausdruck eines Willens, der aus der Zukunft etwas machte, das ebenso unwiderruflich war wie die Vergangenheit. Seine Argumente waren das wenigste; die Macht wurzelte in dem Menschen, nicht in der Dialektik. Zimmermann fuhr mit pädagogischer Langsamkeit fort:

»In Sachen Bolívar (Verzeihung, San Martín) ist Ihre Stellung, verehrter Meister, sattsam bekannt. *Votre siège est fait.* Ich habe den betreffenden Brief Bolívars noch nicht entziffert, doch drängt sich die Vermutung fast auf, daß Bolívar ihn geschrieben hat, um sich zu rechtfertigen. Jedenfalls wird uns die vielgerühmte Epistel enthüllen, was wir die Perspektive von Bolívar, aber nicht die Perspektive von San Martín nennen könnten. Sobald er veröffentlicht ist, wird man ihn abwägen, prüfen, wird ihn durch das kritische Sieb treiben, und, sofern nötig, widerlegen müssen. Niemand ist für dieses endgültige Gutachten geeigneter als Sie, mit Ihrer Lupe. Das Skalpell, das Ritzmesser, wenn die wissenschaftliche Strenge es erfordert! Erlauben Sie mir gleichwohl hinzuzufügen, daß der Name des Herausgebers des Briefs mit dem Brief verknüpft bleiben wird. Und eine solche Verknüpfung ist für Sie keineswegs zweckdienlich. Das Publikum bemerkt Nuancen nicht.«

Heute begreife ich, daß wir anschließend im wesentlichen nur Überflüssiges besprachen. Vielleicht fühlte ich es im Augenblick; um ihm nicht die Stirn zu bieten, ging ich auf eine Einzelheit ein und fragte, ob er wirklich glaube, daß die Briefe apokryph seien.

»Daß sie von Bolívars Hand stammen«, erwiderte er, »bedeutet nicht, daß die ganze Wahrheit in ihnen enthalten ist. Bolívar hat seinen Empfänger vielleicht täuschen wollen oder hat sich vielleicht selber getäuscht. Sie, ein Geschichtsschreiber, ein Betrachter, wissen besser als ich, daß das Geheimnis in uns selber steckt und nicht in den Worten.«

Diese hochtrabenden Verallgemeinerungen langweilten mich, und ich bemerkte trocken, in dem uns umgebenden Geheimnis sei die Unterredung von Guayaquil, bei dem General San Martín seine Ambitionen aufgab und Amerikas Schicksal Bolívars Händen überließ, gleichfalls ein Geheimnis, das studiert zu werden verdiene.

Zimmermann antwortete:

»Der Erklärungen gibt es so viele ... Manche nehmen an, San Martín sei in die Falle gegangen; andere, wie Sarmiento, er sei ein europäischer Militär gewesen, verirrt in einem Kontinent, den er nie begriffen hat; wieder andere, vor allem Argentinier, schreiben ihm einen Akt der Selbstverleugnung zu; noch andere einen Akt der Müdigkeit. Es gibt auch solche, die vom Geheimbefehl irgendeiner Freimaurerloge sprechen.«

Ich bemerkte, jedenfalls sei es interessant, die genauen Worte zu bergen, die der Protektor Perus und der Befreier einander sagten.

Zimmermann befand:

»Vielleicht waren die ausgetauschten Worte alltäglich. Zwei Männer standen sich in Guayaquil gegenüber; wenn einer die Oberhand gewann, so durch seinen stärkeren Willen und nicht durch dialektische Spiele. Wie Sie sehen, habe ich meinen Schopenhauer nicht vergessen.«

Lächelnd fügte er hinzu:

»*Words, words, words*. Shakespeare, unübertroffener Meister der Worte, verachtete sie. Ob in Guayaquil, ob in Buenos Aires oder in Prag, immer zählen sie weniger als die Personen.«

In diesem Augenblick fühlte ich, daß etwas geschah, oder richtiger, schon geschehen war. Auf gewisse Weise waren wir bereits andere. Die Dämmerung drang ins Zimmer, und noch hatte ich nicht die Lampen angezündet. Wie beiläufig fragte ich:
»Sie sind aus Prag, Doktor?«
»Ich war aus Prag«, erwiderte er.
Um das eigentliche Thema zu meiden, sagte ich:
»Es muß eine seltsame Stadt sein. Ich kenne sie nicht, aber das erste Buch auf Deutsch, das ich las, war der Roman *Der Golem* von Meyrink.«
Zimmermann antwortete:
»Es ist das einzige Buch von Gustav Meyrink, das der Erinnerung wert ist. Die anderen, Machwerke schlechter Literatur und schlechterer Theosophie, vergißt man besser. Jedenfalls geht etwas von Prags Seltsamkeit durch dieses Buch aus Träumen, die sich in anderen Träumen verlieren. Alles ist seltsam in Prag oder, wenn Sie wollen, nichts ist seltsam. Alles kann dort geschehen. In London habe ich in einer bestimmten Dämmerstimmung das gleiche empfunden.«
»Sie haben vom Willen gesprochen«, antwortete ich. »In den *Mabinogion* spielen zwei Könige Schach auf einem Hügelkamm, während drunten ihre Krieger kämpfen. Einer der Könige gewinnt die Partie; ein Reiter trifft mit der Nachricht ein, das Heer des anderen sei besiegt worden. Die Schlacht der Männer war das Spiegelbild der Schlacht auf dem Schachbrett.«
»Ah, ein magischer Vorgang«, sagte Zimmermann.
Ich entgegnete:
»Oder die Äußerung eines Willens auf zwei verschiedenen Ebenen. Eine andere Legende der Kelten erzählt vom Zweikampf zweier berühmter Barden. Einer, der sich auf der Harfe begleitet, singt von der Dämmerung des Tages bis zur Dämmerung der Nacht. Und übergibt unter den Sternen oder dem Mond die Harfe dem anderen. Dieser legt sie zur Seite und steht auf. Der erste bekennt seine Niederlage.«

»Welche Gelehrsamkeit, welche Kraft der Synthese!« rief Zimmermann.

Er fügte, ruhiger geworden, hinzu:

»Ich muß meine Unwissenheit, meine beklagenswerte Unwissenheit in britannischen Dingen gestehen. Sie umfassen wie der Tag Okzident und Orient, während ich auf meinen karthagischen Winkel beschränkt bin, den ich jetzt durch ein Quentchen amerikanischer Geschichte ergänze. Ich bin bloßer Methodiker.«

Die Unterwürfigkeit des Hebräers und die Unterwürfigkeit des Deutschen klangen aus seiner Stimme, doch ich fühlte, daß es ihn nichts kostete, mir recht zu geben und mir zu schmeicheln, da der Erfolg sein war.

Er flehte mich an, mir um die Vorbereitungen zu seiner Reise keine Sorgen zu machen (*Vorkehrungen* war das gräßliche Wort, das er benutzte). Sogleich zog er aus seiner Aktenmappe einen an den Minister gerichteten Brief, in dem ich ihm die Gründe meines Verzichts darlegte sowie die anerkannten Fähigkeiten Dr. Zimmermanns, und schon schob er mir seinen Füller in die Hand, damit ich unterschrieb. Als er den Brief einsteckte, konnte ich nicht umhin, seinen Flugschein Ezeiza-Sulaco zu sehen.

Beim Hinausgehen blieb er wiederum vor den Schopenhauer-Bänden stehen und sagte:

»Unser Meister, unser gemeinsamer Meister mutmaßte, keine Tat sei unfreiwillig. Wenn Sie in diesem Haus, in diesem würdevollen Patrizierhaus bleiben, so weil Sie insgeheim bleiben wollen. Ich achte Ihren Willen und danke ihm.«

Wortlos nahm ich dieses letzte Almosen entgegen.

Ich begleitete ihn zur Haustür. Beim Abschied erklärte er:

»Ausgezeichnet, der Kaffee.«

Ich lese diese ungeordneten Blätter wieder, die ich kurzerhand dem Feuer übergeben werde. Die Unterredung war kurz gewesen.

Ich fühle voraus, daß ich nicht mehr schreiben werde. *Mon siège est fait.*

Das Evangelium nach Markus

Der Vorfall ereignete sich auf der Estancia Los Álamos, im Süden des Distrikts Junín, in den letzten Tagen des Monats März 1928. Sein Protagonist ist ein Student der Medizin, Baltasar Espinosa. Wir können ihn vorläufig als einen der vielen jungen Leute aus Buenos Aires beschreiben, ohne nennenswerte Merkmale außer jener Rednergabe, die ihm mehr als einen Preis im englischen College Ramos Mejía eingebracht hatte, sowie einer fast unbegrenzten Güte. Diskutieren behagte ihm nicht; es war ihm lieber, wenn sein Gesprächspartner recht behielt und nicht er. Wenngleich die Wechselfälle des Spiels ihn fesselten, war er ein schlechter Spieler, weil ihm das Gewinnen mißfiel. Seine offene Intelligenz war träge; mit dreiunddreißig hatte er sich für seine Doktorarbeit noch keinen ihm zusagenden Stoff angeeignet. Sein Vater, ein Freidenker wie die meisten Herren seiner Zeit, hatte ihn in Herbert Spencers Doktrin unterwiesen, aber seine Mutter bat ihn vor einer Reise nach Montevideo, er möge jeden Abend das Vaterunser beten und das Kreuz schlagen. Im Lauf der Jahre hatte er dieses Versprechen nie gebrochen. Es fehlte ihm nicht an Mut; eines Morgens hatte er mit mehr Gleichgültigkeit als Zorn zwei oder drei Faustschläge mit einer Gruppe von Kommilitonen gewechselt, die ihn zur Teilnahme an einem Universitätsstreik zwingen wollten. Aus dem Geist der Nachsicht heraus besaß er vielerlei fragwürdige Meinungen oder Gewohnheiten: Sein Land war ihm weniger wichtig als die Gefahr, in anderen Ländern könne die Auffassung herrschen, wir trügen Federschmuck; er verehrte Frankreich, verachtete aber die Franzosen; von den Amerikanern hielt er wenig, billigte jedoch die Tatsache, daß es in Buenos Aires Wolkenkratzer gibt; er glaubte, die Gauchos der Pampa seien bessere Reiter als die der Hügel- oder Berggebiete. Als Daniel, sein Vetter, ihm vorschlug, die Sommerferien auf Los Álamos zu verbringen, sagte er unverzüglich zu, nicht weil er das Landleben liebte, sondern aus natürlicher Gefälligkeit und weil er keine gültigen Gründe zum Neinsagen suchte.

Das Gutshaus der Estancia war groß und etwas verwahrlost; die Wohnung des Aufsehers namens Gutre lag nahebei. Die Gutres waren zu dritt; der Vater, der Sohn, der besonders ungehobelt war, und ein Mädchen von ungewisser Vaterschaft. Sie waren groß, stark, knochig, mit rötlichschattierter Haut und indianischen Gesichtszügen. Sie sprachen kaum. Die Frau des Aufsehers war vor Jahren gestorben.

Espinosa lernte auf dem Land Dinge, die er nicht wußte und auch nicht vermutete. Zum Beispiel, daß man nicht galoppiert, sobald man sich Häusern nähert, und daß man nur ausreitet, um eine Arbeit zu erledigen. Mit der Zeit hoffte er, die Vögel an ihrem Schrei unterscheiden zu können.

Nach wenigen Tagen mußte Daniel wegen eines Viehverkaufs in die Hauptstadt reisen. Das Geschäft würde ihn höchstens eine Woche in Anspruch nehmen. Espinosa, der der *bonnes fortunes* seines Vetters und dessen unermüdlichen Interesses an den Variationen der Herrenschneiderei müde wurde, zog es vor, mit seinen Lehrbüchern auf der Estancia zu bleiben. Die Hitze nahm zu, und nicht einmal die Nacht brachte Erleichterung. Im Morgengrauen weckte ihn Donnergrollen. Der Wind zerrte an den Kasuarinen. Espinosa hörte die ersten Tropfen fallen und dankte Gott. Die Kaltluft kam jäh. Nachmittags trat der Salado über die Ufer.

Am nächsten Tag dachte Baltasar Espinosa, als er von der Galerie die überschwemmten Felder betrachtete, daß die Metapher, welche die Pampa mit dem Meer vergleicht, zumindest an diesem Morgen keineswegs falsch sei, wenngleich Hudson geschrieben hatte, das Meer erscheine uns größer, weil wir es vom Schiffsdeck aus sehen und nicht vom Pferd aus oder aus Augenhöhe. Der Regen ließ nach; die Gutres, von dem Städter unterstützt oder behindert, retteten einen Gutteil des Viehbestands, wenngleich viele Tiere ertranken. Es gab vier Zufahrtswege nach Los Álamos; alle standen unter

Wasser. Am dritten Tag bedrohte ein Sturzregen das Haus des Aufsehers; Espinosa gab ihnen ein Zimmer, das hinten neben dem Werkzeugschuppen lag. Der Umzug brachte sie einander näher; gemeinsam aßen sie im großen Speisezimmer. Das Gespräch war mühsam; die Gutres, die so vieles vom Landleben wußten, konnten es nicht erklären. Eines Abends fragte Espinosa sie, ob die Leute sich an die Indianerüberfälle erinnerten, als die Kommandantur in Junín lag. Sie bejahten, doch das gleiche hätten sie auf eine Frage über die Hinrichtung von Karl I. entgegnet. Espinosa erinnerte sich, daß sein Vater immer sagte, alle auf dem Land vorkommenden Fälle von Langlebigkeit seien auf schlechtes Gedächtnis oder vage Vorstellung von Jahreszahlen zurückzuführen. Die Gauchos kennen auch meist weder ihr Geburtsjahr noch den Namen ihres Erzeugers.

Im ganzen Haus gab es keinen Lesestoff außer der Zeitschriftenreihe *La Chacra*, einem tierärztlichen Handbuch, einer Luxusausgabe von *Tabaré*, einer *Geschichte des Shorthorn in Argentinien*, einer Anzahl Liebes- und Detektivgeschichten und einem jüngst erschienenen Roman: *Don Segundo Sombra*. Espinosa, um die unvermeidliche Nach-Tisch-Unterhaltung aufzulockern, las den Gutres, Analphabeten, ein paar Kapitel daraus vor. Leider war der Aufseher selbst Viehtreiber gewesen; Erlebnisse eines anderen waren ihm unwichtig. Er sagte, die Arbeit sei leicht, sie nähmen immer ein Lasttier mit allem Nötigen mit, und wäre er nicht Viehtreiber gewesen, er wäre nie bis nach La Laguna de Gómez, bis Bragado gekommen und bis zu den Ländereien der Núñez in Chacabuco. In der Küche hing eine Gitarre; vor der Begebenheit, die ich erzähle, saßen immer die Peones im Kreis; einer stimmte sie, kam aber nie zum Spielen. Das nannte man einen Gitarrenabend.

Espinosa, der sich einen Bart hatte wachsen lassen, blieb gerne vor dem Spiegel stehen, um sein verändertes Gesicht zu betrachten, und er lächelte bei dem Gedanken, daß er in Buenos Aires seine Kameraden mit dem Bericht von der Überschwemmung des Salado langweilen würde. Seltsamerweise vermißte er Orte, die er nie aufgesucht hatte und nie aufsuchen würde; eine Ecke der Calle Cabrera mit einem Briefkasten; einige Löwen aus Mauerwerk an einem Haustor der Calle Jujuy, ein paar Blocks von Once entfernt; einen Laden mit Fliesenboden, dessen Lage er nicht genau kannte. Was seine Brüder und seinen Vater betraf, so wüßten sie bereits von Daniel, daß er durch den angeschwollenen Fluß isoliert war – etymologisch war das Wort zutreffend.

Als er das noch immer vom Wasser umzingelte Haus erforschte, stieß er auf eine englische Bibel. Auf den letzten Seiten hatten die Guthrie – so lautete ihr ursprünglicher Name – ihre Geschichte niedergeschrieben. Sie stammten aus Inverness, waren zu Beginn des 19. Jahrhunderts auf diesem Kontinent angekommen, fraglos als Peones, und hatten sich mit Indios vermischt. Die Chronik endete etwa um 1870; sie konnten nicht mehr schreiben. Nach ein paar Generationen hatten sie ihr Englisch vergessen; als Espinosa sie kennenlernte, bereitete ihnen Spanisch Mühe. Sie hatten keinen Glauben, aber in ihrem Blut hielten sich als dunkle Spuren der harte Fanatismus des Calvinisten und der Aberglaube der Pampa. Espinosa erzählte ihnen von seinem Fund, doch hörten sie kaum zu.

Er blätterte in dem Band, und seine Finger öffneten ihn zu Beginn des Evangeliums nach Markus. Um sich im Übersetzen zu üben und vielleicht herauszufinden, ob sie etwas verstanden, beschloß er, ihnen diesen Text nach dem Essen vorzulesen. Es überraschte ihn, daß sie erst aufmerksam, dann mit stummem Interesse zuhörten. Vielleicht verliehen ihm die goldenen Lettern auf dem Buchdeckel zusätzliche Autorität. Sie haben es im Blut, dachte er. Auch fiel ihm auf, daß die Menschen durch alle Zeiten hindurch immer wieder zwei Geschichten wiederholt haben: die eines verirrten Schiffs, das auf den mittelländischen Meeren eine ersehnte Insel sucht, und die eines Gottes, der sich auf Golgatha kreuzigen läßt. Er erinnerte sich an den Rhetorikunterricht in Ramos Mejía und stand auf, um die Gleichnisse zu predigen.

Die Gutres schlangen das gebratene Fleisch und die Sardinen herunter, um die Verlesung des Evangeliums nicht aufzuhalten. Ein Lämmchen, welches das Mädchen verhätschelte und mit einem himmelblauen Bändchen geschmückt hatte, verletzte sich an einem Stacheldraht. Um die Blutung zu stillen, wollten sie ihm ein Spinngewebe auflegen; Espinosa heilte es mit ein paar Pastillen. Die Dankbarkeit, welche diese Heilung auslöste, verblüffte ihn. Zunächst hatte er den Gutres mißtraut und die mitgebrachten zweihundertundvierzig Pesos in einem seiner Bücher versteckt; nun, infolge des abwesenden Gutsherrn, hatte er dessen Platz eingenommen und gab schüchterne Befehle, die unverzüglich ausgeführt wurden. Die Gutres liefen ihm durch die Räume und Gänge nach, als seien sie verirrt. Während er las, merkte er, daß sie die von ihm auf dem Tisch zurückgelassenen Brotkrumen auflasen. Eines Nachmittags überraschte er sie, wie sie respektvoll und wortkarg von ihm redeten. Nach Beendigung des Evangeliums nach Markus wollte er eines der drei übrigen vorlesen; der Vater jedoch bat, er möge das vorgelesene zum besseren Verständnis wiederholen. Espinosa fühlte, daß sie wie Kinder waren, denen die Wiederholung größere Freude bereitet als eine Abwandlung oder etwas Neues. In einer Nacht träumte er von der Sintflut, was nicht zu verwundern ist; die Hammerschläge vom Bau der Arche Noah weckten ihn, und er dachte, es sei vielleicht Donner. Tatsächlich nahm der schwächer gewordene Regenfall wieder zu. Es war bitter kalt. Sie sagten ihm, der Sturm habe das Dach des Werkzeugschuppens abgedeckt, sie würden es ihm zeigen, sobald die Tragbalken repariert seien. Schon war er kein Fremder mehr, und alle begegneten ihm zuvorkommend und verzärtelten ihn fast. Keiner von ihnen mochte Kaffee, doch für ihn gab es immer ein Täßchen, in das sie Zucker häuften.

Der Sturm begann an einem Dienstag. In der Donnerstagnacht weckte ihn sanftes Pochen an der Tür, die er für alle Fälle stets verschloß. Er stand auf und öffnete: Es war das

Mädchen. Er konnte sie im Dunkeln nicht sehen, merkte aber an ihren Schritten, daß sie barfuß war, dann, im Bett, daß sie nackt aus dem Hinterhaus gekommen war. Sie umarmte ihn nicht, sagte kein Wort; legte sich neben ihn und zitterte. Es war das erste Mal, daß sie einen Mann erkannte. Als sie ging, gab sie ihm keinen Kuß; Espinosa überlegte, daß er ja nicht einmal wußte, wie sie hieß. Von geheimen Gründen getrieben, die er nicht zu erforschen suchte, schwor er sich, die Geschichte keinem Menschen in Buenos Aires zu erzählen.

Der nächste Tag begann wie die voraufgegangenen, außer daß der Vater zu Espinosa kam und fragte, ob Christus sich habe töten lassen, um alle Menschen zu erlösen. Espinosa, der Freidenker war, sich aber verpflichtet fühlte, das Vorgelesene zu rechtfertigen, entgegnete:

»Ja. Um alle von der Hölle zu erlösen.«

Darauf sagte Gutre: »Was ist die Hölle?«

»Ein Ort unter der Erde, wo die Seelen brennen und brennen werden.«

»Werden auch die erlöst werden, die ihn mit den Nägeln festgenagelt haben?«

»Ja«, erwiderte Espinosa, dessen Theologie unsicher war.

Er hatte befürchtet, der Aufseher würde Rechenschaft von ihm fordern über den nächtlichen Vorfall mit seiner Tochter. Nach dem Mittagessen baten sie, die letzten Kapitel noch einmal zu lesen.

Espinosa hielt einen langen Mittagsschlaf, einen leichten, von hartnäckigen Hammerschlägen und unbestimmten Vorahnungen unterbrochenen Schlaf. Gegen Abend stand er auf und trat auf den Flur hinaus. Er sagte, als dächte er laut:

»Das Wasser sinkt. Es fehlt nicht mehr viel.«

»Es fehlt nicht mehr viel«, wiederholte Gutre wie ein Echo.

Die drei waren ihm gefolgt. Sie beugten auf dem Steinboden die Knie und baten um seinen Segen. Dann lästerten sie ihn, spien ihn an und stießen ihn zum Hinterhaus. Das Mädchen weinte. Espinosa begriff, was ihn jenseits der Tür erwartete. Als sie sie öffneten, sah er das Firmament. Ein Vogel schrie; er dachte: Es ist ein Distelfink. Der Schuppen war ohne Dach; sie hatten die Balken herausgerissen für den Bau des Kreuzes.

David Brodies Bericht

In einem Exemplar des ersten Bandes von *Tausendundeine Nacht* von Lane (London, 1840), das mir mein lieber Freund Paulino Keins besorgt hat, entdeckten wir das Manuskript, das ich jetzt ins Spanische übersetzen will. Die treffliche Schönschrift – eine Kunst, welche die Schreibmaschine uns verlernen lehrt – läßt vermuten, daß es zur gleichen Zeit abgefaßt wurde. Bekanntlich hat Lane mit ausführlichen Erläuterungen nicht gespart; die Ränder wimmeln von Zusätzen, von Fragezeichen und bisweilen von Verbesserungen, deren Schrift die des Manuskripts ist. Man könnte sagen: Den Leser fesselten weniger Scheherezades wundersame Erzählungen als die Bräuche des Islam. Von David Brodie, dessen schnörkelverzierte Unterschrift unten steht, habe ich nur feststellen können, daß er ein aus Aberdeen gebürtiger schottischer Missionar war, der den christlichen Glauben im Herzen Afrikas predigte und danach in gewissen Urwaldgebieten Brasiliens, einem Land, in das ihn seine Kenntnisse des Portugiesischen führen sollten. Tag und Ort seines Todes sind mir unbekannt. Das Manuskript ist meines Wissens nie in Druck gegeben worden.

Ich werde den in farblosem Englisch abgefaßten Bericht wortgetreu übertragen, ohne mir andere Auslassungen zu erlauben als die etlicher Bibelverse und eines merkwürdigen Absatzes über die Geschlechtsbräuche der Yahoos, die der gute Presbyterianer schamhaft dem Lateinischen anvertraute. Die erste Seite fehlt.

»... der Gegend, welche die Affenmenschen (*Apemen*) verseuchen, hausen die *Mlch**, die ich Yahoos nennen will, damit meine Leser nicht deren tierische Natur vergessen, und weil

---

* Das ch ist auszusprechen wie in *Loch*. (Anmerkung des Verfassers.)

eine genaue Umschrift mangels Vokalen in ihrer rauhen Sprache nahezu unmöglich ist. Der Stamm zählt, glaube ich, nicht mehr als siebenhundert Individuen, einschließlich der *Nr*, die weiter südlich im Gestrüpp leben. Die von mir veranschlagte Zahl ist eine Mutmaßung, da mit Ausnahme des Königs, der Königin und der Zauberer die Yahoos schlafen, wo die Nacht sie überrascht, ohne festen Wohnort. Das Sumpffieber und die anhaltenden Einfälle der Affenmenschen vermindern ihre Zahl. Nur einige wenige tragen Namen. Um einander zu rufen, bewerfen sie einander mit Schlamm. Auch habe ich Yahoos gesehen, die, um einen Freund zu rufen, sich auf den Erdboden warfen und sich wälzten. Körperlich unterscheiden sie sich nicht von den Kru, bis auf die niedere Stirn und eine gewisse Kupferfärbung, die ihre Schwärze mildert. Sie ernähren sich von Früchten, Wurzeln und Reptilien; sie trinken Katzen- und Fledermausmilch und fischen mit der Hand. Beim Essen verstecken sie sich oder schließen die Augen; alles übrige tun sie vor aller Angesicht, wie die kynischen Philosophen. Sie verschlingen die rohen Leichen der Zauberer und der Könige, um sich deren Fähigkeiten anzueignen. Ich habe ihnen diesen Brauch vorgeworfen; sie berührten sich Mund und Bauch, vielleicht um anzudeuten, daß auch die Toten Nahrung sind oder – doch das ist vielleicht zu subtil – damit ich verstünde, daß alles, was wir essen, irgendwann Menschenfleisch ist.

In ihren Kriegen gebrauchen sie die von ihnen angesammelten Steine und magische Verwünschungen. Sie leben nackt; die Künste der Bekleidung und der Tätowierung sind ihnen unbekannt.

Bemerkenswert ist, daß sie zwar über ein weites, grasbewachsenes Hochplateau mit klaren Wasserquellen und schattenspendenden Bäumen verfügen, sich aber dennoch lieber in den Sümpfen zusammendrängen, die unterhalb des Plateaus liegen, wie um sich an den Plagen der Äquatorsonne und der Unreinheit zu ergötzen. Die Hänge sind rauh und bilden eine Art Wall gegen die Affenmenschen. In Schottlands

Hochland errichteten die Clans ihre Burgen auf Hügelkämmen; ich habe den Zauberern diesen Brauch als nachahmenswert empfohlen, doch vergebens. Trotzdem erlaubten sie mir, eine Hütte auf der Hochebene zu bauen, wo die Nachtluft frischer ist.

Der Stamm wird von einem König regiert, dessen Macht unumschränkt ist; ich vermute jedoch, daß die vier Zauberer, die ihm zur Seite stehen und ihn gewählt haben, die wahren Herrscher sind. Jedes Neugeborene wird einer eingehenden Untersuchung unterzogen; weist es bestimmte Male auf, die mir nicht enthüllt wurden, wird es zum König der Yahoos erhoben. Unverzüglich verschneiden sie ihn (*he is gelded*), brennen ihm die Augen aus und hacken ihm Hände und Füße ab, damit die Welt ihn nicht von der Weisheit ablenke. Er lebt eingeschlossen in einer Alcázar (*Qzr*) benannten Höhle, die nur die vier Zauberer und das Paar der Sklavinnen, die ihn bedienen und mit Dung salben, betreten dürfen. Gibt es Krieg, holen die Zauberer ihn aus der Höhle, stellen ihn dem Stamm zur Schau, um ihren Mut anzustacheln, und tragen ihn auf den Schultern ins wildeste Kampfgetümmel, als Banner oder Talisman. In solchen Fällen stirbt er gewöhnlich sofort unter den Steinwürfen der Affenmenschen.

In einem anderen Alcázar wohnt die Königin, der es nicht gestattet ist, ihren König zu sehen. Sie geruhte mich zu empfangen; sie war lächelnd, jung und anmutig, soweit es ihre Rasse möglich macht. Armreifen aus Metall und Elfenbein sowie Halsbänder aus Zähnen schmücken ihre Nacktheit. Sie betrachtete mich, beschnupperte mich, berührte mich und bot sich mir schließlich an, unter den Augen all ihrer Kammerfrauen. Mein Priestergewand (*my cloth*) und meine Gewohnheiten hießen mich diese Ehre ablehnen, die sie den Zauberern zu gewähren pflegt und den meist muselmanischen Sklavenjägern, deren *káfilas* (Karawanen) das Königreich durchziehen. Sie grub mir zwei- oder dreimal eine goldene Schmucknadel ins Fleisch; solche Stiche sind königliche Gunstbezeugungen, und nicht wenige Yahoos bringen sie sich selber bei, um vorzutäuschen, daß diese von der Königin herrühren. Die aufgezählten Zierate kommen aus anderen Gebieten; die Yahoos halten sie für Naturprodukte, weil sie unfähig sind, den einfachsten Gegenstand herzustellen. Für den Stamm war meine Hütte ein Baum, obgleich viele ihn im Bau sahen und mir dabei halfen. Unter anderem besaß ich eine Uhr, einen Korkhelm, einen Kompaß und eine Bibel; die Yahoos starrten diese an, wogen sie und wollten wissen, woher ich sie hätte. Oft packten sie meinen Hirschfänger an der Klinge; fraglos sahen sie ihn als etwas anderes an. Ich weiß nicht, ob sie einen Stuhl hätten begreifen können. Ein mehrräumiges Haus wäre für sie ein Labyrinth, doch vielleicht verlören sie sich ebensowenig darin wie eine Katze, obgleich diese es sich nicht vorstellen kann. Alle staunten über meinen Bart, der damals rötlich war; sie streichelten ihn ausgiebig.

Sie sind unempfindlich für Schmerz und Freude bis auf das Behagen, das ihnen rohes und fauliges Fleisch sowie Übelriechendes bereiten. Mangel an Phantasie treibt sie zur Grausamkeit.

Ich habe von der Königin und vom König gesprochen; nun komme ich zu den Zauberern. Ich habe gesagt, es seien vier; das ist die größte Zahl, die ihre Arithmetik umfaßt. Sie zählen mit den Fingern eins, zwei, drei, vier, viele; unendlich beginnt beim Daumen. Dasselbe, hat man mir gesagt, trifft auf die Stämme zu, welche die Umgebung von Buenos-Ayres unsicher machen. Obschon Vier die letzte ihnen zur Verfügung stehende Zahl ist, prellen die mit ihnen Handel treibenden Araber sie nicht, weil beim Tauschhandel alles aufgeteilt wird, in Posten von eins, zwei, drei und vier, die ein jeder neben sich hinlegt. Die Abschlüsse verlaufen langsam, lassen aber weder Irrtum noch Täuschung zu. Vom Volk der Yahoos sind die Zauberer wirklich die einzigen, die mein Interesse erregt haben. Das gemeine Volk hält sie für fähig, jeden in eine Ameise oder eine Schildkröte zu verwandeln; ein Stammesglied, das meine Ungläubigkeit bemerkte, zeigte mir einen Ameisenhaufen, als sei dieser ein Beweis. Gedächtnis fehlt den Yahoos ganz oder fast ganz; sie sprechen von den durch einen Leopardeneinfall verursachten Schäden, doch wissen sie nicht, ob sie oder ihre Eltern ihn erlebt haben oder ob sie einen Traum erzählen. Die Zauberer besitzen ein allerdings verschwindend geringes Gedächtnis; sie können sich abends an Vorfälle erinnern, die sich morgens oder am Vorabend abgespielt haben. Sie erfreuen sich auch der Gabe der Voraussicht; sie erklären mit ruhiger Gewißheit, was sich in zehn oder fünfzehn Minuten ereignen wird. Sie sagen beispielsweise: *Eine Mücke wird mir den Nacken streifen* oder *Wir werden gleich den Schrei eines Vogels hören*. Hunderte von Malen bin ich Zeuge dieser merkwürdigen Gabe gewesen. Viel habe ich über sie nachgegrübelt. Wir wissen, daß die Vergangenheit, die Gegenwart und die Zukunft, Nichtigkeit für Nichtigkeit, in Gottes prophetischem Gedächtnis, in Seiner Ewigkeit beschlossen sind; seltsamerweise können die Menschen unbegrenzt rückwärts, doch nicht vorwärts schauen. Wenn ich mich mit aller Deutlichkeit des hochbordigen Schnellseglers erinnere, der aus Norwegen kam, als ich kaum vier Jahre zählte, wie sollte ich mich dann darüber verwundern, daß jemand fähig ist, vorauszusehen, was gleich geschehen wird? Philosophisch gesehen ist die Erinnerung nicht weniger wunderbar als die Vorausschau der Zukunft; der morgige Tag ist uns näher als der Zug der Hebräer durchs Rote Meer, an den wir uns jedoch erinnern. Es ist dem Stamm verboten, zu den Sternen aufzublicken, ein den Zauberern vorbehaltenes Privileg. Jeder Zauberer hat einen Schüler, den er von Kind an in den Geheimlehren unterweist und der ihm bei seinem Tod nachfolgt. So sind sie immer vier; diese Zahl ist magisch, da es die letzte ist, welche der menschliche Geist erfaßt. Auf ihre Weise bekennen sie sich zur Lehre von Hölle und Himmel. Beide sind unterirdisch. In der Hölle, die hell ist und trocken, werden die Kranken wohnen, die Greise, die Mißhandelten und die Affenmenschen, die Araber und die Leoparden; im Himmel, den sie sich sumpfig und düster vorstellen, der König, die Königin, die Zauberer, die, welche auf der Erde glücklich, hart und blutrünstig gewesen sind. Auch verehren sie einen Gott, dessen Name Dung ist, und den sie vielleicht nach dem Eben- und Abbild des Königs ersonnen haben; er ist ein verstümmeltes Wesen, blind, rachitisch und von unbegrenzter Macht. Er pflegt die Form einer Ameise oder einer Schlange anzunehmen.

Niemanden wird es nach dem Gesagten verwundern, daß mir im Verlauf meines Aufenthaltes nicht die Bekehrung eines einzigen Yahoos gelungen ist. Die Formel *Vater unser* verwirrte sie, da ihnen der Begriff der Vaterschaft fehlt. Sie verstehen nicht, daß ein vor neun Monaten ausgeführter Akt irgendeine Beziehung zur Geburt eines Kindes bergen kann; eine so ferne und unwahrscheinliche Ursache lassen sie nicht zu. Im übrigen kennen alle Frauen den fleischlichen Verkehr, und nicht alle sind Mütter.

Die Sprache ist verwickelt. Sie ähnelt keiner anderen, von der ich Kunde habe. Wir können nicht von Teilen des Hauptsatzes sprechen, da es keine Hauptsätze gibt. Jedes einsilbige Wort entspricht einer allgemeinen Vorstellung, die aus dem Zusammenhang und aus den Grimassen hervorgeht. Das Wort *nrz* zum Beispiel deutet auf Zerstreuung oder Flecken; es kann den gestirnten Himmel bedeuten, einen Leoparden, einen Vogelschwarm, die Pocken, das Bespritzte, den Akt des Verströmens oder die auf die Niederlage folgende Flucht. *Hrl* dagegen verweist auf das Zusammengepreßte oder das Dichte; es kann den Stamm bedeuten, einen Baumstamm, einen Stein, einen Haufen Steine, deren Anhäufen, die Versammlung der vier Zauberer, die fleischliche Vereinigung und ein Gehölz. Auf andere Art ausgesprochen oder durch andere Grimassen begleitet, kann jedes Wort einen entgegengesetzten Sinn annehmen. Staunen wir nicht übermäßig; in unserer Sprache heißt das Zeitwort *to cleave* spalten und beipflichten. Natürlich gibt es weder Reden noch auch nur Stummelsätze.

Die geistige Fähigkeit des Abstrahierens, die ein derartiges Idiom postuliert, legt nahe, daß die Yahoos trotz ihrer Barbarei kein primitives, sondern ein degeneriertes Volk sind. Diese Mutmaßung bestätigen die Inschriften, die ich auf dem Kamm der Hochebene entdeckt habe, und deren Schriftzeichen, die den von unseren Vorfahren eingegrabenen Runen ähneln, der Stamm nicht mehr entziffern kann. Es ist, als hätte dieser die geschriebene Sprache vergessen und nur die mündliche behalten.

Der Zeitvertreib der Leute sind Kämpfe abgerichteter Kater und Hinrichtungen. Jemand wird angeklagt, gegen das Schamgefühl der Königin verstoßen oder vor eines anderen Augen gegessen zu haben; es gibt weder Zeugenaussage noch Geständnis, und der König diktiert seinen Verdammungsspruch. Der Verurteilte erleidet Foltern, an die ich mich nicht erinnern möchte; dann steinigen sie ihn. Die Königin hat das Recht, den ersten Stein zu werfen und den letzten, der meist überflüssig ist. Die Menge rühmt ihre Geschicklichkeit und die Schönheit ihrer Geschlechtsteile, bewirft sie mit Rosen und Übelriechendem und jubelt ihr dabei stürmisch zu. Die Königin lächelt, wortlos.

Ein anderer Brauch des Stamms sind die Dichter. Einem Mann fällt es ein, sechs oder sieben gemeinhin rätselhafte Wörter zusammenzustellen. Er kann sich nicht beherrschen und sagt sie schreiend auf, stehend, im Mittelpunkt eines Kreises, den die auf der Erde lagernden Zauberer und das Volk bilden. Wenn das Gedicht nicht erregt, geschieht nichts; wenn die Wörter des Dichters sie überwältigen, rücken alle unter der Herrschaft heiligen Schreckens (*under a holy dread*) schweigsam von ihm ab. Sie fühlen, daß der Geist ihn berührt hat; niemand spricht mit ihm oder blickt ihn an, nicht einmal seine Mutter. Nun ist er kein Mensch mehr, sondern ein Gott, und jeder kann ihn töten. Der Dichter, wenn er kann, sucht Zuflucht in den Sandwüsten des Nordens.

Ich habe bereits berichtet, wie ich ins Land der Yahoos kam. Der Leser wird sich erinnern, daß sie mich umringten, daß ich mit der Flinte in die Luft schoß, und daß sie den Knall für eine Art magischen Donnerschlags hielten. Um diesen Irrtum zu nähren, suchte ich stets unbewaffnet zu gehen. Eines Frühlingsmorgens bei Tagesanbruch überfielen uns plötzlich die Affenmenschen; die Waffe in der Faust, rannte ich den Hang hinab und tötete zwei dieser Tiere. Die übrigen flohen, entsetzt. Schüsse sind bekanntlich unsichtbar. Zum ersten Mal in meinem Leben hörte ich, wie man mir zujubelte. Dann, glaube ich, geschah es, daß die Königin mich empfing. Das Gedächtnis der Yahoos ist unsicher; am selben Nachmittag ging ich fort. Meine Abenteuer im Urwald sind unwichtig. Schließlich stieß ich auf eine Völkerschaft schwarzer Menschen, die zu pflügen, zu säen und zu beten verstanden, und mit denen ich mich auf Portugiesisch verständigte. Ein katholischer Missionar, Pater Fernandes, nahm mich in seine Hütte auf und pflegte mich, bis ich meine mühselige Reise fortsetzen konnte. Anfangs verursachte es mir Ekel, ihn den unverhüllten Mund öffnen und Essensbissen hineinschieben zu sehen. Ich bedeckte mein Gesicht mit der Hand oder wandte die Augen ab; nach wenigen Tagen gewöhnte ich mich daran. Mit Freude gedenke ich unserer Wortgefechte in Sachen Theologie. Es gelang mir nicht, ihn zum wahren Glauben an Jesus zurückzuführen.

Ich schreibe heute in Glasgow. Ich habe über meinen Aufenthalt unter den Yahoos berichtet, doch nicht über den dort erlebten tiefen Schrecken, der mich nie ganz verläßt und mich in den Träumen heimsucht. Noch auf der Straße wähne ich mich von ihnen umringt. Ich weiß wohl, daß die Yahoos ein barbarisches Volk sind, vielleicht das barbarischste des Erdkreises, doch wäre es ungerecht, bestimmte Züge zu vergessen, die sie erlösen. Sie haben Institutionen, erfreuen sich eines Königs, bedienen sich einer auf Gattungsbegriffen fußenden Sprache, glauben wie die Hebräer und die Griechen an den göttlichen Ursprung der Dichtung und ahnen, daß die Seele den Tod des Leibes überlebt. Sie bekräftigen die Wahrheit der Strafe und des Lohns. Kurz: Sie stellen die Kultur dar, wie wir sie trotz unserer vielen Sünden darstellen. Ich bereue nicht, in ihren Reihen gegen die Affenmenschen gekämpft zu haben. Wir haben die Pflicht, sie zu retten. Ich hoffe, die Regierung Ihrer Majestät möge nicht überhören, was dieser Bericht vorzuschlagen wagt.«

Das Sandbuch
(1975)

Vorbemerkung

Dies Buch enthält dreizehn Erzählungen. Die Zahl ist zufällig oder schicksalhaft – die beiden Wörter sind hier streng synonym –, aber nicht magisch. Wenn ich von allen meinen Texten nicht mehr als einen einzigen loskaufen dürfte, fiele meine Wahl, glaube ich, auf »Der Kongreß«, der einerseits der autobiographischste ist (nämlich am reichsten an Erinnerungen), andererseits aber auch der phantastischste. Ich verhehle auch nicht meine Vorliebe für »Das Sandbuch«.

Ferner finden sich hier eine Liebesgeschichte, eine »psychologische« Erzählung und der Bericht über eine dramatische Episode in der Geschichte der La-Plata-Republiken.

Ich wollte in diesen Blinden-Exerzitien dem Beispiel von Wells treu sein: die Verbindung eines ebenmäßig schlichten, zuweilen fast mündlichen Stils mit einem logisch unmöglichen Inhalt. Der neugierige Leser mag den Namen Swift hinzusetzen und den Namen Edgar Allan Poe, der gegen 1838 auf seine prunkvolle Manier verzichtete, um uns die bewundernswerten Schlußkapitel seines »Arthur Gordon Pym« zu hinterlassen.

Ich schreibe nicht für eine auserwählte Minderheit, an der mir nichts gelegen ist, noch für jene umschmeichelte platonische Wesenheit, deren Name »die Massen« lautet. Ich mißtraue beiden dem Demagogen so teuren Abstraktionen.

Ich schreibe für mich selber, für die Freunde und um das Verrinnen der Zeit weniger schmerzhaft zu verspüren.

J. L. B.

Der Andere

Das Ereignis trug sich im Februar 1969 in Cambridge nördlich von Boston zu. Ich habe es damals nicht gleich aufgeschrieben, da ich mir zunächst vorgenommen hatte, zu vergessen, um nicht den Verstand zu verlieren. Jetzt, im Jahre 1972, glaube ich, daß die anderen es wie eine Erzählung lesen werden und daß es mit den Jahren vielleicht auch für mich selber dazu wird.

Ich weiß noch, daß es nahezu unerträglich war, solange es dauerte, und mehr noch während der schlaflosen Nächte, die folgten. Das bedeutet nicht, daß ein Bericht darüber auch einen Dritten betroffen machen müßte.

Es wird zehn Uhr vormittags gewesen sein. Ich saß zurückgelehnt auf einer Bank am Charles River. Einige hundert Meter zu meiner Rechten war ein hohes Gebäude, dessen Namen ich nie gewußt habe. Das graue Wasser führte große Eisschollen. Unvermeidlich lenkte der Fluß meine Gedanken auf die Zeit. Heraklits Jahrtausendbild. Ich hatte gut geschlafen; am Nachmittag zuvor war es mir, glaube ich, gelungen, die Studenten meines Seminars zu interessieren. Weit und breit war kein Mensch zu sehen.

Plötzlich kam es mir so vor (den Psychologen zufolge entspricht so etwas Zuständen von Müdigkeit), als hätte ich diesen Augenblick bereits einmal durchlebt. Am anderen Ende der Bank hatte jemand Platz genommen. Ich wäre lieber allein gewesen, aber ich wollte nicht sofort aufstehen, um nicht unhöflich zu erscheinen. Der andere hatte angefangen zu pfeifen. In diesem Augenblick verspürte ich die erste der vielen Beklemmungen dieses Vormittags. Was er pfiff, was er zu pfeifen versuchte (ich war nie sehr musikalisch), war die kreolische Tanzweise *La tapera* von Elías Regules. Die Weise versetzte mich in einen Patio zurück, der verschwunden ist, und sie erinnerte mich an Alvaro Melián Lafinur, der vor so vielen

Jahren gestorben ist. Dann kamen die Worte. Es waren die der ersten Dezime. Die Stimme war nicht die von Alvaro, wollte dieser aber ähnlich klingen. Ich erkannte sie mit Schrecken.

Ich rückte näher an ihn heran und sagte:

»Señor, sind Sie Uruguayer oder Argentinier?«

»Argentinier, aber seit vierzehn wohne ich in Genf«, war die Antwort.

Ein langes Schweigen folgte. Ich fragte:

»Rue Malagnou siebzehn, gegenüber der russischen Kirche?«

Er sagte ja.

»In diesem Fall«, sagte ich entschlossen, »heißen Sie Jorge Luis Borges. Auch ich bin Jorge Luis Borges. Wir befinden uns im Jahr 1969 und in der Stadt Cambridge.«

»Nein«, antwortete er mit meiner eigenen, ein wenig fernen Stimme.

Nach einer Weile beharrte er:

»Ich bin hier in Genf, auf einer Bank, ein paar Schritte von der Rhône entfernt. Das Seltsame ist, daß wir uns ähneln, aber Sie sind viel älter und haben graues Haar.«

Ich antwortete:

»Ich kann dir beweisen, daß ich nicht lüge. Ich werde dir Dinge sagen, die ein Unbekannter nicht wissen kann. Zu Hause gibt es ein silbernes Mategefäß mit einem Schlangenfuß, das unser Urgroßvater aus Peru mitgebracht hat. Ferner ist da die silberne Waschschüssel, die am Sattelbogen gehangen hat. Im Schrank deines Zimmers stehen zwei Reihen Bücher. Die drei Bände *Tausendundeine Nacht* von Lane mit Stahlstichen und Anmerkungen in kleinerem Druck zwischen den Kapiteln, Quicherats lateinisches Wörterbuch, Tacitus' *Germania* auf Lateinisch und in der Übersetzung von Gordon, ein *Don Quijote* aus dem Verlag Garnier, die *Tablas de Sangre* von Rivera Indarte mit einer Widmung der Autors, der *Sartor Resartus* von Carlyle, eine Biographie von Amiel und hinter den übrigen versteckt ein broschierter Band über die sexuellen Sitten der Balkanvölker. Auch einen Nachmittag in einer

Beletage-Wohnung an der Place Dubourg habe ich nicht vergessen.«

»Dufour«, berichtigte er.

»Ach ja, Dufour. Reicht dir das?«

»Nein«, antwortete er. »Diese Beweise beweisen nichts. Wenn *ich* das hier träume, dann ist es nur natürlich, daß ich auch weiß, was ich weiß. Ihre umständliche Aufzählung besagt gar nichts.«

Der Einwand war berechtigt. Ich antwortete:

»Wenn dieser Vormittag und diese Begegnung Träume sind, dann muß jeder von uns der Meinung sein, daß er selber der Träumer ist. Vielleicht erwachen wir aus dem Traum, vielleicht nicht. In der Zwischenzeit sind wir offensichtlich gezwungen, den Traum zu akzeptieren, so wie wir das Universum akzeptiert haben und daß wir gezeugt wurden und daß wir mit den Augen sehen und daß wir atmen.«

»Und wenn der Traum anhält?« sagte er besorgt.

Um ihn und mich zu beruhigen, täuschte ich eine Selbstsicherheit vor, die mir völlig abging. Ich sagte:

»Mein Traum dauert schon siebzig Jahre lang. Letzten Endes gibt es niemanden, der beim Erinnern nicht sich selber begegnete. Das ist es, was uns jetzt widerfährt, nur daß wir zu zweit sind. Willst du nicht etwas über meine Vergangenheit wissen, die die Zukunft ist, welche dir bevorsteht?«

Wortlos stimmte er zu. Etwas verwirrt fuhr ich fort:

»Mutter ist wohlauf in ihrem Haus in der Charcas Ecke Maipú in Buenos Aires, aber Vater ist vor etwa dreißig Jahren gestorben. An Herzversagen. Eine halbseitige Lähmung hatte ihn zum Krüppel gemacht; wenn seine linke Hand auf der rechten lag, wirkte es, als liege eine Kinderhand auf der eines Riesen. Er ist voller Ungeduld gestorben, aber ohne Klage. Unsere Großmutter war im selben Haus gestorben. Einige Tage vor dem Tod hat sie uns zusammengerufen und gesagt: ›Ich bin eine sehr alte Frau, die sehr langsam stirbt. Niemand soll sich wegen etwas so Normalem und Geläufigem aufregen.‹ Norah, deine Schwester, ist verheiratet und hat zwei Söhne. Übrigens, wie geht's zu Hause?«

»Gut. Vater und seine dauernden Witze über den Glauben. Gestern abend sagte er, daß Jesus wie die Gauchos war, die sich keine Blöße geben wollen, und daß er deshalb in Gleichnissen predigte.«

Er zögerte und sagte dann:

»Und Sie?«

»Ich weiß nicht, wieviele Bücher du schreiben wirst, aber ich weiß, es sind zuviele. Du wirst Gedichte schreiben, die dir eine Befriedigung verschaffen, welche niemand mit dir teilt, außerdem Erzählungen phantastischer Natur. Du wirst Unterricht geben wie dein Vater und wie so viele andere aus unserer Familie.«

Es gefiel mir, daß er keine Frage über Erfolg oder Mißerfolg der Bücher stellte. Ich wechselte den Ton und fuhr fort:

»Was die Geschichte angeht ... Es hat noch ein Krieg stattgefunden, fast zwischen den gleichen Gegnern. Frankreich hat prompt kapituliert; England und Amerika lieferten gegen einen deutschen Diktator, der Hitler hieß, die zyklische Schlacht von Waterloo. Buenos Aires brachte um 1946 einen weiteren Rosas hervor, der unserem Verwandten ziemlich ähnlich ist. Fünfundfünfzig rettete uns die Provinz Córdoba wie vordem Entre Ríos. Jetzt steht es übel. Rußland ist dabei, die Erde an sich zu reißen; Amerika ist in den Aberglauben der Demokratie verstrickt und kann sich nicht entschließen, ein Imperium zu sein. Tag für Tag wird unsere Heimat provinzieller. Provinzieller und eingebildeter, als kniffe sie die Augen zu. Es würde mich nicht überraschen, wenn in den Schulen Latein von Guaraní abgelöst würde.«

Ich bemerkte, daß er mir kaum Aufmerksamkeit schenkte. Die elementare Furcht vor dem Unmöglichen und dennoch Sicheren schüchterte ihn ein. Ich, der ich nie Vater war, empfand für diesen armen Jungen, der mir vertrauter war als ein leiblicher Sohn, eine Aufwallung der Liebe. Ich sah, daß seine Hände ein Buch umklammerten. Ich fragte ihn, was es sei.

»*Die Besessenen* oder wie ich meine *Die Dämonen* von Fjodor Dostojewskij«, erwiderte er nicht ohne Eitelkeit.

»Es ist mir entfallen. Wie ist es?« Kaum hatte ich sie ausgesprochen, da hatte ich auch schon das Gefühl, daß die Frage eine Blasphemie war.

»Der russische Meister«, befand er, »ist tiefer als irgend jemand sonst in die Labyrinthe der slawischen Seele eingedrungen.«

Diese rhetorische Probe schien mir ein Beweis, daß er sich gefaßt hatte.

Ich fragte, welche anderen Bände des Meisters er gelesen hätte.

Er zählte zwei oder drei auf, darunter *Der Doppelgänger*.

Ich erkundigte mich, ob er beim Lesen die Figuren richtig auseinanderhalten könne wie bei Joseph Conrad und die Absicht hätte, die Lektüre des Gesamtwerks fortzusetzen.

»Um die Wahrheit zu sagen, nein«, antwortete er mit einer gewissen Überraschung.

Ich fragte ihn, ob er etwas schreibe, und er erzählte mir, daß er einen Gedichtband vorbereite, der den Titel *Die roten Hymnen* tragen solle. Er habe auch an *Die roten Rhythmen* gedacht.

»Warum auch nicht?« sagte ich. »Du könntest auf gute Vorbilder verweisen. Die blaue Lyrik von Rubén Darío und den grauen Gesang von Verlaine.«

Ohne mich zu beachten, erklärte er mir, daß sein Buch die Brüderlichkeit aller Menschen besingen würde. Der heutige Dichter könne seiner Epoche nicht den Rücken kehren.

Ich verfiel in Nachdenken und fragte ihn, ob er sich wirklich als Bruder von allen fühle. Zum Beispiel von allen Angestellten der Bestattungsinstitute, von allen Postboten, von allen Meisterdieben, von allen, die auf der Seite mit den geraden Hausnummern wohnen, von allen Stockheiseren und so weiter. Er erklärte, sein Buch gelte der großen Masse der Unterdrückten und Ausgestoßenen.

»Deine Masse der Unterdrückten und Ausgestoßenen«,

antwortete ich, »ist eine bloße Abstraktion. Es existieren nur Individuen, wenn überhaupt etwas existiert. *Der Mensch von gestern ist nicht der von heute*, der Spruch ist von irgendeinem Griechen. Wir beide auf dieser Bank in Genf oder Cambridge sind vielleicht der Beweis.«

Außer auf den gestrengen Seiten der Geschichte kommen die denkwürdigen Ereignisse ohne denkwürdige Phrasen aus. Ein Mann, der im Sterben liegt, möchte sich an eine Radierung erinnern, die er in seiner Kindheit undeutlich gesehen hat; Soldaten, die gleich in die Schlacht ziehen, sprechen vom Dreck oder vom Unteroffizier. Unsere Situation war beispiellos, und wir waren, offen gesagt, nicht darauf vorbereitet. Fast schicksalhaft sprachen wir über Literatur; ich fürchte, ich habe nichts andres gesagt als das, was ich sonst immer Journalisten sage. Mein *alter ego* glaubte an die Erfindung oder Entdeckung neuer Metaphern; ich an solche, die intimen und offenkundigen Verwandtschaften entsprechen und die unsere Einbildungskraft bereits akzeptiert hat. Das Alter und der Sonnenuntergang, die Träume und das Leben, das Verrinnen der Zeit und das Wasser. Ich entwickelte ihm diese Meinung, die er dann Jahre später in einem Buch entwickeln sollte.

Er hörte mir kaum zu. Plötzlich sagte er:

»Wenn Sie ich gewesen sind, wie ist dann zu erklären, daß Sie Ihre Begegnungen mit einem älteren Herrn vergessen haben, der Ihnen 1918 gesagt hat, auch er sei Borges?«

Diese Schwierigkeit hatte ich noch gar nicht bedacht. Ohne Überzeugung antwortete ich:

»Vielleicht war die Sache so sonderbar, daß ich versucht habe, sie zu vergessen.«

Er wagte eine schüchterne Frage:

»Was macht ihr Gedächtnis?«

Mir wurde klar, daß für einen jungen Mann von noch nicht zwanzig Jahren ein über Siebzigjähriger fast ein Toter war. Ich antwortete:

»Es ähnelt dem Vergessen, aber noch findet es, was ihm aufgetragen wird. Ich lerne Angelsächsisch, und der Klassenletzte bin ich nicht.«

Unser Gespräch hatte schon zu lange gedauert, um das eines Traums zu sein.

Mir kam plötzlich eine Idee.

»Ich kann dir auf der Stelle beweisen«, sagte ich, »daß du nicht von mir träumst. Hör dir gut diesen Vers an, den du, soweit ich mich erinnere, noch nie gelesen hast.«

Langsam rezitierte ich die berühmte Zeile:

L'hydre-univers tordant son corps écaillé d'astres.

Ich spürte seine fast ängstliche Benommenheit. Leise wiederholte ich die Zeile und kostete jedes einzelne ihrer glanzvollen Wörter aus.

»Das ist wahr«, stammelte er. »Niemals könnte ich eine solche Zeile schreiben.«

Hugo hatte uns verbunden.

Zuvor hatte er, wie mir jetzt einfällt, hingebungsvoll jenes kurze Stück zitiert, in dem Walt Whitman einer gemeinsam am Meer verbrachten Nacht gedenkt, in der er wahrhaft glücklich war.

»Wenn Walt Whitman sie besungen hat«, bemerkte ich, »dann, weil er sie herbeisehnte, und nicht, weil es sie gegeben hat. Das Gedicht gewinnt, wenn wir ahnen, daß es Ausdruck eines Verlangens ist, nicht die Geschichte von etwas, das stattgefunden hat.«

Er saß da und schaute mich an.

»Sie kennen ihn nicht«, rief er. »Whitman ist zu keiner Lüge fähig.«

Ein halbes Jahrhundert vergeht nicht umsonst. Auf dem Grund unserer Unterhaltung zweier Personen, die andere Bücher lasen und einen unterschiedlichen Geschmack hatten, wurde mir klar, daß es keine Verständigung zwischen uns gab. Wir waren zu verschieden und zu ähnlich. Wir konnten uns nicht hinters Licht führen, was das Gespräch beschwerlich macht. Jeder von uns beiden war die karikaturhafte Nachbildung des anderen. Die Situation war zu unnormal, als daß sie noch viel länger andauern konnte. Ihm Ratschläge zu erteilen oder mit ihm zu debattieren, war nutzlos, da es ja sein unabwendbares Schicksal war, derjenige zu werden, der ich bin.

Plötzlich erinnerte ich mich an eine Phantasie von Coleridge. Jemand träumt, daß er durch das Paradies kommt, und zum Beweis erhält er eine Blume. Beim Aufwachen findet sich die Blume.

Ich verfiel auf einen analogen Kunstgriff.

»Hör mal«, sagte ich, »hast du irgendwelches Geld bei dir?«

»Ja«, erwiderte er. »Ich habe ungefähr zwanzig Franken. Für heute abend habe ich Simon Jichlinski ins *Crocodile* eingeladen.«

»Sag Simon, daß er eine Arztpraxis in Carouge haben und viel Gutes tun wird ... Jetzt gibst du mir eins von deinen Geldstücken.«

Er holte drei Silbermünzen und einige kleinere Stücke hervor. Verständnislos offerierte er mir eine von den ersteren.

Ich reichte ihm einen jener unvorsichtigen amerikanischen Geldscheine, deren Wert sehr unterschiedlich, deren Format jedoch gleich ist. Er untersuchte ihn begierig.

»Das kann doch nicht sein«, rief er. »Der trägt das Datum neunzehnhundertvierundsechzig.«

(Monate drauf sagte mir jemand, daß Banknoten kein Datum tragen.)

»Das alles ist ein Wunder«, brachte er heraus, »und das Wunderbare macht Angst. Die bei der Wiedererweckung des Lazarus dabei waren, müssen entsetzt gewesen sein.«

Wir haben uns auch gar nicht verändert, dachte ich. Immer diese literarischen Anspielungen.

Er zerriß den Geldschein und steckte die Münze wieder ein.

Ich war entschlossen gewesen, sie in den Fluß zu werfen. Der von der silbernen Münze beschriebene Bogen, der in dem silbernen Fluß verschwindet, hätte meiner Geschichte zu einem lebhaften Bild verholfen, aber das Schicksal wollte es nicht.

Das Übernatürliche, antwortete ich, verliere seinen Schrecken, wenn es zweimal geschehe. Ich schlug ihm vor, uns am Tag darauf wiederzusehen, auf der nämlichen Bank, die sich in zwei Zeiten und an zwei Orten befindet.

Er erklärte sich sofort einverstanden und sagte, ohne auf die Uhr zu sehen, daß es für ihn spät geworden sei. Wir logen beide, und jeder wußte, daß der andere log. Ich sagte, man würde mich bald abholen.

»Abholen?« fragte er.

»Ja. Wenn du mein Alter erreichst, hast du das Augenlicht fast ganz eingebüßt. Du siehst noch die Farbe gelb und Licht und Schatten. Mach dir keine Sorge. Allmähliches Erblinden ist nichts Tragisches. Es ist wie ein langsam erlöschender Sommerabend.«

Wir verabschiedeten uns, ohne uns berührt zu haben. Am nächsten Tag ging ich nicht hin. Der andere wird ebensowenig hingegangen sein.

Ich habe viel über diese Begegnung nachgegrübelt, die ich noch niemandem erzählt habe. Ich glaube, ich habe den Schlüssel gefunden. Die Begegnung fand wirklich statt, aber der andere sprach mit mir in einem Traum, und so kam es, daß er mich vergessen konnte; ich sprach mit ihm im Wachen, und die Erinnerung quält mich immer noch.

Der andere träumte mich, aber er träumte mich nicht konsequent. Er träumte, jetzt begreife ich es, das unmögliche Datum auf der Dollarnote.

Ulrika

*Hann tekr sver Þit Gram ok
leggr i meÞal Þeira bert*
Völsungen-Saga, 27

Meine Erzählung wird getreulich bei der Wahrheit bleiben, oder jedenfalls bei meiner persönlichen Erinnerung an die Wahrheit, was das gleiche ist. Zugetragen hat sich die Sache erst vor kurzer Zeit, aber ich weiß, daß die literarische Gewohnheit zugleich die Gewohnheit ist, Einzelheiten einzufügen und Höhepunkte hervorzuheben. Ich möchte meine Begegnung mit Ulrika (ihren Nachnamen wußte ich nicht und werde ich vielleicht nie wissen) in der Stadt York schildern. Die Chronik wird eine Nacht und einen Morgen umfassen.

Es würde mich nichts kosten, zu behaupten, daß ich sie das erste Mal neben den »Fünf Schwestern« von York erblickte, diesen ungegenständlichen Glasfenstern, die von Cromwells Bilderstürmern verschont wurden, aber Tatsache ist, daß wir uns im Schankraum des *Northern Inn* begegneten, außerhalb der Stadtmauern. Wir waren nur zu wenigen, und sie stand mit dem Rücken zu mir. Jemand bot ihr ein Glas an, und sie lehnte ab.

»Ich bin Feministin«, sagte sie. »Ich will die Männer nicht nachäffen. Ihr Tabak und ihr Alkohol sind mir zuwider.«

Der Satz wollte geistreich sein, und ich erriet, daß sie ihn nicht zum ersten Mal gesagt hatte. Später wurde mir klar, daß er nicht charakteristisch war für sie, aber nicht immer entspricht uns das, was wir sagen.

Sie erzählte, daß sie zu spät zum Museum gekommen sei, aber daß man sie eingelassen habe, als man erfuhr, daß sie Norwegerin war.

Einer der Anwesenden bemerkte:

»Es ist nicht das erste Mal, daß die Norweger nach York kommen.«

»Das stimmt«, sagte sie. »England hat uns gehört, und wir haben es verloren, wenn irgend jemand etwas besitzen oder irgend etwas verloren gehen kann.«

Als ich diese Worte hörte, sah ich sie an. In einer Zeile von William Blake kommen Mädchen von mildem Silber oder wildem Gold vor, aber in Ulrika waren Gold und Milde. Sie war schlank und groß, mit feinen Zügen und grauen Augen. Weniger als ihr Gesicht beeindruckte mich ihr *air* von stillem Mysterium. Sie lächelte schnell, und das Lächeln schien sie zu entrücken. Sie war schwarz gekleidet, eine Seltenheit in den nördlichen Ländern, die ihre gedämpfte Umwelt mit Farben aufzuheitern versuchen. Sie sprach ein einwandfreies und genaues Englisch mit leicht akzentuierten *R*s. Ich bin kein Beobachter, all dies entdeckte ich erst nach und nach.

Wir stellten uns vor. Ich sagte, daß ich eine Professur an der Anden-Universität in Bogotá hätte. Zur Erläuterung setzte ich hinzu, daß ich Kolumbianer sei.

Sie fragte nachdenklich:

»Was ist das, Kolumbianer sein?«

»Ich weiß nicht«, sagte ich. »Es ist ein Glaubensakt.«

»Wie Norwegerin sein«, stimmte sie zu.

Von dem, was wir an diesem Abend redeten, habe ich nichts weiter in Erinnerung. Am Tag darauf ging ich früh in den Speisesaal hinunter. Durch die Fenster sah ich, daß es geschneit hatte; die kahlen Felder verloren sich im Morgenlicht. Sonst war niemand da. Ulrika lud mich an ihren Tisch. Sie sagte, sie gehe gern allein spazieren.

Mir fiel ein Scherz Schopenhauers ein, und ich antwortete:

»Ich auch. Dann können wir also zusammen gehen.«

Auf dem neuen Schnee entfernten wir uns von dem Haus. Keine Seele war auf den Feldern. Ich schlug vor, nach Thorgate zu gehen, einige Meilen flußab. Ich weiß, daß ich bereits in Ulrika verliebt war; keinen anderen Menschen hätte ich an meiner Seite gewünscht.

Plötzlich hörte ich das ferne Geheul eines Wolfs. Ich hatte nie einen Wolf heulen hören, aber ich wußte, daß es ein Wolf war. Ulrika blieb gelassen.

Kurz darauf sagte sie, als denke sie laut:

»Die wenigen armseligen Schwerter, die ich gestern in York Minster gesehen habe, haben mich tiefer bewegt als die großen Schiffe im Museum von Oslo.«

Unsere Wege kreuzten sich. Ulrika würde am gleichen Nachmittag nach London weiterreisen; ich nach Edinburgh.

»Auf der Oxford Street«, sagte sie, »wiederhole ich dann de Quinceys Schritte, der seine Anne suchte, die er in der Menschenmenge Londons verloren hatte.«

»De Quincey«, erwiderte ich, »hat die Suche aufgegeben. Ich suche all die Zeit immer weiter nach ihr.«

»Vielleicht«, sagte sie leise, »hast du sie gefunden.«

Ich begriff, daß etwas Unerwartetes mir auch nicht verboten war, und küßte sie auf Mund und Augen. Sie schob mich mit sanfter Bestimmtheit von sich und erklärte dann:

»Im Wirtshaus von Thorgate gehöre ich dir. Ich bitte dich bis dahin: Berühr mich nicht. Es ist besser so.«

Für einen unverheirateten, schon in die Jahre gekommenen Mann ist die dargebotene Liebe eine Gabe, mit der er nicht mehr rechnet. Das Wunder hat das Recht, Bedingungen zu stellen. Ich dachte an meine Jugendstreiche in Popayán und an ein Mädchen in Texas, hell und schlank wie Ulrika, das mir seine Liebe verweigert hatte.

Ich beging nicht den Fehler, sie zu fragen, ob sie mich liebe. Ich wußte, daß ich nicht der erste war und nicht der letzte sein würde. Dieses Abenteuer, vielleicht mein letztes, wäre für diese strahlende und entschlossene Elevin Ibsens nur eines von vielen.

Hand in Hand setzten wir unseren Weg fort.

»Das alles ist wie ein Traum«, sagte ich, »und ich träume doch nie.«

»Wie jener König«, antwortete Ulrika, »der nicht träumte, bis ihn ein Zauberer in einem Schweinestall schlafen ließ.«

Dann fügte sie hinzu:

»Horch. Gleich singt ein Vogel.«

Kurz darauf hörten wir den Gesang.

»In diesen Gegenden«, sagte ich, »glaubt man, daß einer, der bald stirbt, die Zukunft voraussieht.«

»Und ich sterbe bald«, sagte sie.

Ich sah sie bestürzt an.

»Wir wollen den kürzeren Weg durch den Wald nehmen«, drängte ich. »Dann sind wir schneller in Thorgate.«

»Der Wald ist gefährlich«, antwortete sie.

Wir gingen weiter über die kahlen Felder.

»Ich wünschte, dieser Augenblick dauerte für immer«, murmelte ich.

»*Immer* ist ein Wort, das den Menschen nicht gestattet ist«, behauptete Ulrika, und um die Emphase abzuschwächen, bat sie mich, meinen Namen zu wiederholen, den sie nicht richtig verstanden hatte.

»Javier Otárola«, sagte ich.

Sie wollte ihn nachsprechen, aber es gelang ihr nicht. Genau wie sie scheiterte ich am Namen Ulrika.

»Dann nenne ich dich eben Sigurd«, erklärte sie lächelnd.

»Wenn ich Sigurd bin«, erwiderte ich, »dann bist du Brynhild.«

Sie war stehen geblieben.

»Du kennst die Sage?« fragte ich.

»Aber ja doch«, sagte sie. »Die tragische Geschichte, die die Deutschen mit ihren verspäteten Nibelungen zugrunde gerichtet haben.«

Ich wollte keine Diskussion und erwiderte:

»Brynhild, du gehst, als wünschtest du, daß zwischen den beiden ein Schwert im Bett liegt.«

Plötzlich befanden wir uns vor dem Wirtshaus. Es überraschte mich nicht, daß es wie das andere *Northern Inn* hieß.

Oben von der Freitreppe herab rief mir Ulrika zu:

»Hast du den Wolf gehört? Es gibt keine Wölfe mehr in England. Beeil dich.«

Als wir ins Obergeschoß stiegen, fiel mir auf, daß die Wände im Stil von William Morris tapeziert waren, in einem ganz tiefen Rot mit verschlungenen Früchten und Vögeln. Ulrika trat vor mir ein. Das dunkle Zimmer war niedrig und hatte zwei schräge Dächer. Das ersehnte Bett verdoppelte sich in einem vagen Glas, und das polierte Mahagoni erinnerte mich an den Spiegel der Heiligen Schrift. Ulrika hatte sich bereits entkleidet. Sie nannte mich bei meinem wirklichen Namen, Javier. Ich fühlte, daß es stärker schneite. Von Möbeln und Spiegeln blieb nichts mehr. Zwischen den beiden lag kein Schwert. Wie der Sand verrann die Zeit. Alterslos strömte die Liebe im Dunkel, und zum ersten und letzten Mal besaß ich Ulrikas Bild.

Der Kongreß

> *Ils s'acheminèrent vers un château immense, au frontispice duquel on lisait: »Je n'appartiens à personne et j'appartiens à tout le monde. Vous étiez avant que d'y entrer, et vous y serez encore quand vous en sortirez«.*
>
> Diderot: *Jacques Le Fataliste et son Maître*
> (1769)

Buenos Aires, 1955

Mein Name ist Alejandro Ferri. Er hallt von kriegerischen Echos, aber weder die Erze des Ruhms noch der große Schatten des Mazedoniers – der Satz stammt vom Autor von *Los mármoles*, dessen Freundschaft mich ehrte – entsprechen dem bescheidenen grauen Mann, der im Obergeschoß eines Hotels der Calle Santiago del Estero, in einer Südstadt, die längst nicht mehr Südstadt ist, diese Zeilen aufs Papier wirft. Bald werde ich ein paar Jahre über die siebzig sein; ich habe immer noch einige wenige Schüler, denen ich Englischunterricht gebe. Aus Unentschlossenheit oder Nachlässigkeit oder anderen Gründen habe ich nicht geheiratet, und jetzt bin ich allein. Die Einsamkeit ist mir nicht leid; man braucht genug Kraft, sich selber und die eigenen Manien zu ertragen. Ich bemerke, daß ich alt werde; ein eindeutiges Symptom ist der Umstand, daß mich Neuigkeiten nicht mehr interessieren oder überraschen, vielleicht weil mir klar ist, daß sie nichts eigentlich Neues enthalten und nicht mehr sind als schüchterne Variationen. Als ich jung war, lockten mich die Nachmittage, die Vorstädte und das Unglück; jetzt sind es die Vormittage im Stadtzentrum und die Ruhe des Gemüts. Ich spiele nicht mehr den Hamlet. Ich bin der konservativen Partei beigetreten und einem Schachklub, den ich als manchmal zerstreuter Zuschauer besuche. Wer neugierig ist, kann in irgendeinem obskuren Regal der Nationalbibliothek in der

Calle México ein Exemplar meiner *Kurzen Untersuchung der analytischen Sprache von John Wilkins* ausgraben, ein Werk, dem eine Neuauflage nottäte, wenn auch nur, um seine zahlreichen Irrtümer zu berichtigen oder abzuschwächen. Ich höre, daß der neue Direktor der Bibliothek ein Literat ist, der sich dem Studium der alten Sprachen gewidmet hat, als wären die gegenwärtigen nicht rudimentär genug, und außerdem der demagogischen Verherrlichung eines imaginären Buenos Aires der Messerhelden. Ich hatte nie den Wunsch, ihn kennenzulernen. Ich bin 1899 in dieser Stadt angekommen, und ein einziges Mal konfrontierte mich der Zufall mit einem Messerhelden oder einem Individuum, das als einer galt. Später, wenn die Gelegenheit dazu kommt, werde ich die Episode schildern.

Ich habe schon gesagt, daß ich allein bin; vor Tagen sagte mir ein Zimmernachbar, der mich von Fermín Eguren sprechen gehört hatte, daß dieser in Punta del Este gestorben sei.

Der Tod dieses Mannes, der gewiß niemals mein Freund war, erfüllt mich mit einer hartnäckigen Trauer. Ich weiß, daß ich allein bin; auf Erden bewahre ich als einziger jenes Ereignis, den Kongreß, dessen Erinnerung ich mit niemandem teilen kann. Heute bin ich der letzte Kongreßteilnehmer. Es ist zwar richtig, daß alle Menschen es sind, daß es kein Wesen auf dem Planeten gibt, das es nicht wäre, doch bin ich es auf andere Weise. Ich weiß, daß ich es bin; das unterscheidet mich von meinen unzähligen gegenwärtigen und künftigen Kollegen. Zwar schworen wir am 7. Februar 1904 bei dem Allerheiligsten – gibt es auf der Erde etwas, das heilig ist oder das es nicht ist? –, niemandem die Geschichte des Kongresses zu entdecken, aber ebenso gewiß ist die Tatsache, daß es ebenfalls Teil des Kongresses ist, wenn ich jetzt eidbrüchig werde. Diese Erklärung klingt dunkel, doch vielleicht weckt sie die Neugier meiner etwaigen Leser.

Jedenfalls ist die Aufgabe, die ich mir gestellt habe, nicht leicht. Ich habe mich niemals im Erzählen versucht, nicht einmal in epistolographischer Form, und sehr viel schwerer wiegt es, daß die Geschichte, die ich erzählen will, nicht glaubwürdig ist. Die Feder von José Fernández Irala, dem unverdientermaßen vergessenen Dichter von *Los mármoles*, war für dieses Unternehmen geradezu vorbestimmt, aber nun ist es dafür zu spät. Absichtlich werde ich die Tatsachen nicht verfälschen, doch ahne ich, daß Trägheit und Ungeschick mich mehr als einmal irren lassen werden.

Die genauen Daten sind ohne Belang. Erinnern wir uns, daß ich 1899 aus meiner Heimatprovinz Santa Fe kam. Ich bin nie zurückgekehrt; ich habe mich an Buenos Aires, eine Stadt, die ich nicht besonders mag, gewöhnt, wie man sich an seinen Körper oder ein altes Leiden gewöhnt. Ohne größeres Interesse sehe ich voraus, daß ich bald sterben muß; also muß ich wohl meine zu Abschweifungen neigende Art unterdrücken und den Bericht etwas voranbringen.

Unser Wesen, wenn wir denn ein solches haben, ändert sich mit den Jahren nicht; der Impuls, der mich eines Abends zum Weltkongreß führte, war der nämliche, der mich zu Anfang in die Redaktion von *Última Hora* trieb. Für einen armen jungen Mann aus der Provinz kann es ein romantisches Los darstellen, Journalist zu sein, genau wie ein armer junger Mann aus der Hauptstadt das Los eines Gaucho oder eines Peon auf einem Landgut für romantisch halten mag. Ich schäme mich nicht, daß ich Journalist werden wollte, eine öde Tätigkeit, die mir heute trivial vorkommt. Ich erinnere mich, meinen Kollegen Fernández Irala sagen gehört zu haben, daß der Journalist für das Vergessen schreibt und dabei wünscht, für die Erinnerung und für die Zeit zu schreiben. Er hatte bereits einige der vollkommenen Sonette gefeilt (das Wort war damals allgemein gebräuchlich), die später mit der einen oder anderen leichten Änderung auf den Seiten von *Los mármoles* gedruckt werden sollten.

Genau kann ich nicht angeben, wann ich zum ersten Mal vom Kongreß hörte. Vielleicht war es an dem Nachmittag, als mir der Buchhalter meinen Monatslohn auszahlte und ich Irala vorschlug, mit ihm essen zu gehen, um diesen Beweis zu feiern, daß Buenos Aires mich akzeptiert hatte. Er entschuldigte sich damit, daß er dem Kongreß nicht fernbleiben könne. Sogleich war mir klar, daß er nicht das protzige Gebäude mit der Kuppel meinte, das am Ende eines von Spaniern bevölkerten Boulevards steht, sondern etwas Geheimeres und Wichtigeres. Die Leute sprachen vom Kongreß, einige unverhohlen hämisch, andere mit gesenkter Stimme, andere beunruhigt oder neugierig; alle, glaube ich, ohne Bescheid zu wissen. Nach einigen Sonnabenden lud mich Irala ein, ihn zu begleiten. Die erforderlichen Formalitäten habe er, so vertraute er mir an, bereits erfüllt.

Es wird neun oder zehn Uhr abends gewesen sein. In der Straßenbahn sagte er, daß die vorbereitenden Sitzungen an Sonnabenden stattfänden und daß Don Alejandro Glencoe, vielleicht von meinem Namen veranlaßt, bereits seine Zustimmung gegeben habe. Wir betraten die Confitería del Gas. Die Kongreßteilnehmer, fünfzehn oder zwanzig an der Zahl, saßen um einen langen Tisch; ich weiß nicht, ob es ein Podium gab oder ob die Erinnerung es hinzuerfindet. Auf der Stelle erkannte ich den Präsidenten, den ich niemals gesehen hatte. Don Alejandro war ein Herr von würdigem Aussehen, schon in die Jahre gekommen, mit breiter Stirn, grauen Augen und einem ergrauenden rotblonden Bart. Ich sah ihn immer in einem dunklen Gehrock; die gekreuzten Arme stützte er gewöhnlich auf den Stock. Er war kräftig und groß. Links von ihm saß ein viel jüngerer, ebenfalls rothaariger Mann; seine flammende Farbe erinnerte an Feuer, die des Bartes von Señor Glencoe an Herbstlaub. Rechts von ihm saß ein junger Mann mit langem Gesicht und außerordentlich niedriger Stirn, der wie ein Dandy gekleidet war. Alle hatten Kaffee bestellt und der eine oder andere Absinth. Was meine Aufmerksamkeit als erstes auf sich zog, war die Anwesenheit einer Frau, der einzigen unter so vielen Männern. Am anderen Ende des Tisches saß ein zehnjähriger Junge in einem Matrosenanzug und schlief prompt ein. Ebenfalls anwesend waren ein protestantischer Pfarrer, zwei unverkennbare Juden sowie ein Schwarzer mit Seidentuch und enganliegender Kleidung im Stil der Compadritos an den Straßenecken. Vor dem Schwarzen und dem Jungen standen zwei Tassen Schokolade. An die anderen erinnere ich mich nicht, ausgenommen einen Herrn Marcelo del Mazo, einen Mann von ausgesuchter Höflichkeit und gewählten Worten, den ich nie wiedersah. Ich besitze eine unscharfe und unzulängliche Photographie von einer der Sitzungen, die ich nicht veröffentlichen möchte, weil die Kleidung jener Epoche, die Haartrachten und die Schnurrbärte ihr ein lächerliches und fast notleidendes Aussehen verleihen, das der Szene gar nicht gerecht wird. Alle Vereinigungen neigen dazu, eine eigene Sprechweise und eigene Riten hervorzubringen; der Kongreß, der für mich immer etwas Traumhaftes hatte, schien zu wünschen, daß die Teilnehmer ohne Hast seinen Zweck und desgleichen die Vor- und Nachnamen der Kollegen herausfänden. Ich begriff schnell, daß ich keine Fragen zu stellen hatte, und so unterließ ich es auch, Fernández Irala auszufragen, der mir seinerseits keine Auskunft gab. Ich blieb an keinem Sonnabend weg, aber es vergingen ein oder zwei Monate, ehe ich etwas begriff. Von der zweiten Sitzung an war mein Nachbar Donald Wren, ein Ingenieur der Süd-Eisenbahn, der mir Englischstunden gab.

Don Alejandro sprach sehr wenig; die anderen wandten sich nicht an ihn, aber ich hatte das Gefühl, daß ihre Worte für ihn bestimmt waren und daß sie seine Billigung suchten. Eine Bewegung mit seiner langsamen Hand reichte aus, und das Thema der Debatte wurde gewechselt. Mit der Zeit bekam ich heraus, daß der rotblonde Mann zur Linken den seltsamen Namen Twirl trug. Ich erinnere mich an sein gebrechliches Aussehen, wie es gewissen sehr großen Menschen eigen ist, als verursache ihnen ihre Körpergröße Schwindel und veranlasse sie, sich zu krümmen. Seine Hände, erinnere ich mich, spielten meist mit einem kupfernen Kompaß, den er manchmal auf den Tisch legte. Ende 1914 fiel er als Infanterist in einem irischen Regiment. Derjenige, der immer den Platz zur

Rechten einnahm, war der junge Mann mit der niedrigen Stirn, Fermín Eguren, ein Neffe des Präsidenten. Ich glaube nicht an die Methoden des Realismus, der eins der künstlichsten Genres ist, die es gibt; mir ist es lieber, auf einmal mitzuteilen, was sich nur allmählich enthüllte. Vorher möchte ich dem Leser noch meine damalige Lage ins Gedächtnis rufen: Ich war ein armer junger Mann aus Casilda, ein Bauernsohn, der nach Buenos Aires gekommen war und sich sogleich, so empfand ich es, im innersten Mittelpunkt von Buenos Aires und vielleicht, wer weiß, der Welt befand. Ein halbes Jahrhundert ist seitdem vergangen, und immer noch spüre ich jene anfängliche Verblendung, die gewiß nicht die letzte war.

Hier sind die Tatsachen; ich werde sie in aller Kürze berichten. Don Alejandro Glencoe, der Präsident, war ein Estanciero aus Uruguay, Herr eines Landbesitzes an der Grenze zu Brasilien. Sein Vater, der aus Aberdeen stammte, hatte sich Mitte des vorigen Jahrhunderts auf diesem Kontinent niedergelassen. Er brachte um die hundert Bücher mit, die einzigen, wage ich zu behaupten, die Don Alejandro im Lauf seines Lebens las. (Ich spreche von diesen zusammengewürfelten Büchern, die ich in Händen gehalten habe, weil sich in einem von ihnen die Wurzel meiner Geschichte findet.) Der erste Glencoe hinterließ bei seinem Tod eine Tochter und einen Sohn, der später unser Präsident werden sollte. Die Tochter heiratete einen Eguren und wurde die Mutter von Fermín. Don Alejandro strebte früher einmal danach, Abgeordneter zu werden, doch die politischen Führer versperrten ihm die Tore des Kongresses von Uruguay. Der Mann verbiß sich in seinem Zorn und beschloß, einen anderen Kongreß von größerer Tragweite zu gründen. Er erinnerte sich daran, auf einer der vulkanischen Seiten von Carlyle etwas über jenen Anacharsis Clootz gelesen zu haben, der sich der Göttin Vernunft geweiht hatte und an der Spitze von sechsunddreißig Ausländern vor einer Pariser Versammlung als »Sprecher des Menschengeschlechts« auftrat. Von seinem Beispiel geleitet, faßte Don Alejandro den Vorsatz, einen Kongreß der Welt zu organisieren, in dem alle Menschen aller Nationen vertreten wären. Ort der vorbereitenden Sitzungen war die Confitería del Gas; der Eröffnungsakt war für einen Zeitpunkt in vier Jahren vorgesehen und sollte auf der Besitzung von Don Alejandro stattfinden. Dieser war wie viele Uruguayer kein Anhänger von Artigas, liebte Buenos Aires, hatte jedoch beschlossen, daß der Kongreß in seiner Heimat tagen sollte. Seltsamerweise wurde der ursprünglich ins Auge gefaßte Termin mit einer fast magischen Genauigkeit eingehalten.

Zu Anfang nahmen wir unsere Diäten in Empfang, die nicht unerheblich waren, aber die Begeisterung, die uns alle erfüllte, veranlaßte Fernández Irala, der ebenso arm war wie ich, auf seine zu verzichten, und wir anderen taten es ihm gleich. Dieser Schritt erwies sich als vorteilhaft, da er gestattete, die Spreu vom Weizen zu sondern; die Zahl der Kongreßteilnehmer ging zurück, und es blieben nur die Getreuen übrig. Das einzige bezahlte Amt war das der Sekretärin, Nora Erfjord, die keine anderen Mittel zu ihrem Lebensunterhalt besaß und deren Arbeitslast gewaltig war. Eine Sozietät zu organisieren, welche die gesamte Erde umspannt, ist keine Kleinigkeit. Unablässig wurden Briefe und sogar Telegramme gewechselt. Es kamen Beitrittserklärungen aus Peru, Dänemark und Indien. Ein Bolivianer teilte mit, daß seinem Vaterland jeder Zugang zum Meer fehle und daß dieser beklagenswerte Mangel das Thema einer der ersten Debatten sein müßte.

Twirl, ein Mann von luzider Intelligenz, bemerkte, daß der Kongreß ein Problem philosophischer Natur aufwarf. Eine Versammlung zu planen, die sämtliche Menschen repräsentierte, sei wie eine Festsetzung der genauen Zahl der platonischen Archetypen, ein Rätsel, über das sich die Denker jahrhundertelang die Köpfe zergrübelt haben. Er wies darauf hin, daß Don Alejandro Glencoe, um nur das Nächstliegende zu nennen, die Landbesitzer repräsentieren könne, aber ebensogut die Uruguayer und die großen Vorläufer und die Rotbärtigen und diejenigen, die in einem Sessel sitzen. Nora

Erfjord war Norwegerin. Repräsentierte sie die Sekretärinnen, die Norwegerinnen oder einfach alle schönen Frauen? War ein Ingenieur genug, alle Ingenieure zu repräsentieren, sogar die neuseeländischen?

In diesem Augenblick, glaube ich, mischte sich Fermín ein.

»Ferri repräsentiert die Gringos«, sagte er und lachte schallend los.

Don Alejandro sah ihn streng an und sagte ruhig:

»Herr Ferri repräsentiert hier die Einwanderer, deren Arbeit das Land voranbringt.«

Fermín Eguren konnte mich nie leiden. Er war gleich aus mehreren Gründen eingebildet: weil er Uruguayer war, Criollo, ein unwiderstehlicher Frauenheld, Kunde eines kostspieligen Schneiders; auch auf seine baskische Abstammung bildete er sich unbegreiflicherweise etwas ein, also auf seine Herkunft aus einem Volk, das immer nur am Rande der Geschichte Kühe gemolken hat.

Ein Vorfall trivialster Art besiegelte unsere Feindschaft. Nach einer Sitzung schlug Eguren vor, zusammen zur Calle Junín zu gehen. Der Plan hatte für mich nichts Verlockendes, aber ich willigte ein, um mich nicht seinen Witzeleien auszusetzen. Wir gingen in Begleitung von Fernández Irala. Als wir das Etablissement verließen, kam uns ein Riese von einem Mann entgegen. Eguren, der ein wenig angetrunken gewesen sein muß, versetzte ihm einen Stoß. Der andere versperrte uns den Weg und sagte:

»Wer hier hinauswill, der muß an diesem Messer vorbei.«

Ich erinnere mich an den Glanz des Stahls in der Dunkelheit der Diele. Eguren warf sich erschrocken zurück. Ich war nicht ganz bei Sinnen, aber mein Haß war stärker als mein Schreck. Ich führte die Hand zum Gürtel, als wolle ich eine Waffe ziehen, und sagte mit fester Stimme:

»Das werden wir draußen auf der Straße regeln.«

Der Unbekannte antwortete in verändertem Ton:

»So gefallen mir Männer. Ich wollte Sie auf die Probe stellen, mein Freund.«

Er lachte jetzt leutselig.

»Freund haben Sie gesagt, nicht ich«, antwortete ich, und wir gingen hinaus.

Der Mann mit dem Messer ging in das Bordell. Ich hörte später, daß er Tapia oder Paredes oder so ähnlich hieß und als händelsüchtig galt. Draußen auf dem Gehsteig klopfte mir Irala, der gelassen geblieben war, auf die Schulter und erklärte nachdrücklich:

»Unter den dreien war ein Musketier. Salve, d'Artagnan!«

Fermín Eguren verzieh mir nie, Zeuge seiner Feigheit gewesen zu sein.

Ich habe das Gefühl, daß jetzt, erst jetzt die Geschichte beginnt. Was ich bisher beschrieben habe, hat nur die Bedingungen verzeichnet, die der Zufall oder das Schicksal benötigten, damit sich das Unglaubliche ereigne, nahezu das einzige, was ich je erlebt habe. Don Alejandro Glencoe war nach wie vor der Mittelpunkt des ganzen Treibens, aber nach und nach hatten wir nicht ohne Verwunderung oder Beunruhigung das Gefühl, daß Twirl der wirkliche Präsident war. Diese einzigartige Figur mit dem leuchtenden Schnurrbart verehrte Glencoe und auch Fermín Eguren, jedoch auf eine so übertriebene Art, daß es als Scherz gelten konnte und seine Würde nicht beeinträchtigte. Glencoe hatte den Hochmut seines ungeheuren Vermögens; Twirl erriet, daß er für einen Plan am ehesten zu gewinnen war, wenn man ihn auf dessen enorme Kosten hinwies. Zu Beginn, vermute ich, war der Kongreß nicht mehr gewesen als ein vager Name; Twirl schlug ständig Erweiterungen vor, auf die sich Don Alejandro immer einließ. Es war, als befände man sich im Mittelpunkt eines wachsenden Kreises, der sich endlos ausweitet und entfernt. Er erklärte zum Beispiel, daß der Kongreß nicht ohne eine Bibliothek von Nachschlagewerken auskommen könne; Nierenstein, der in einer Buchhandlung arbeitete, verstand es, uns die Atlanten von Justus Perthes zu besorgen sowie verschiedene umfangreiche Enzyklopädien, von der *Historia naturalis* des Plinius und dem *Speculum* des Vinzenz von Beauvais bis zu den gefälligen Labyrinthen (ich überlese diese Worte mit der Stimme von Fernández Irala) der berühmten französischen Enzyklopädisten, der *Britannica*, des Pierre Larousse, des Brockhaus, des Larsen und des Montaner y Simón. Ich entsinne mich, wie ich mit Ehrfurcht die seidigen Bände einer gewissen chinesischen Enzyklopädie streichelte, deren schön gepinselte Schriftzeichen mir geheimnisvoller erschienen als das Fell eines Leoparden. Das Ende, das sie fanden und das ich gewiß nicht bedaure, verrate ich noch nicht.

Don Alejandro hatte Zuneigung zu Fernández Irala und mir gefaßt, vielleicht weil wir die einzigen waren, die ihm nicht zu schmeicheln versuchten. Er lud uns ein, einige Tage auf der Estancia La Caledonia zu verbringen, wo bereits die Maurer am Werk waren.

Nach einer langen Schiffsreise flußaufwärts und einer Überfahrt auf dem Floß betraten wir eines frühen Morgens das uruguayische Ufer. Dann mußten wir in ärmlichen Pulperías nächtigen und in der Cuchilla Negra viele Gatterzäune öffnen und schließen. Wir fuhren in einer Art Tilbury; die Landschaft schien mir größer und einsamer als die des Bauernhofs, auf dem ich geboren bin.

Immer noch bewahre ich meine beiden Bilder von der Estancia: wie ich sie erwartet hatte und wie ich sie endlich dann wirklich sah. Absurderweise hatte ich mir wie in einem Traum ein unmögliches Zwischending aus der Ebene von Santa Fe und dem Palacio de las Aguas Corrientes vorgestellt; La Caledonia war ein großes Haus aus Lehmziegeln mit einem strohgedeckten Satteldach und einem Laufgang aus Backstein. Sie schien mir für ein rauhes Leben und die Dauer gebaut. Die rohen Mauern waren fast eine Elle stark und die Türen schmal. Niemand war auf den Gedanken gekommen, einen Baum zu pflanzen. Die Sonne traf sie beim Aufgehen wie beim Untergehen. Die Korrale waren aus Stein; das zahlreiche Vieh war mager und trug Hörner; die üppigen Schweife der Pferde reichten bis auf den Boden. Zum ersten Mal kostete ich den Geschmack von frisch geschlachtetem

Rind. Man brachte einige Beutel mit Hartkeksen; der Verwalter sagte mir Tage später, daß er in seinem Leben nie Brot gegessen habe. Irala fragte, wo das Bad sei; Don Alejandro wies ihm mit einer umfassenden Gebärde den Kontinent. Es war eine Mondnacht; ich ging hinaus, um einen Spaziergang zu machen, und überraschte Irala, wie ein Ñandu ihn beäugte.

Die Hitze, die abends nicht nachgelassen hatte, war unerträglich, und alle Gedanken kreisten um die Kühle. Die vielen Zimmer waren niedrig und kamen mir kahl vor; uns wurde eines angewiesen, das nach Süden lag und in dem zwei Pritschen und eine Kommode mit einer silbernen Waschschüssel und einem silbernen Krug standen. Der Fußboden war aus Lehm.

Am nächsten Tag stieß ich auf die Bibliothek und die Carlyle-Bände und suchte die Seiten, die dem Sprecher des Menschengeschlechts Anacharsis Clootz gewidmet sind, der mich zu jenem Morgen und in jene Einsamkeit geführt hatte. Nach dem Frühstück, das sich vom Mittagessen nicht unterschied, zeigte uns Don Alejandro die Bauarbeiten. Wir legten auf freiem Feld eine *legua* zu Pferde zurück. Irala, der ein ängstlicher Reiter war, erlitt einen Unfall. Der Verwalter bemerkte, ohne eine Miene zu verziehen:

»Der Porteño kann sehr gut absitzen.«

Von ferne schon sahen wir die Baustelle. Etwa zwanzig Männer hatten eine Art bruchstückhaftes Amphitheater errichtet. Ich erinnere mich an ein paar Gerüste und ein paar Sitzreihen, durch die man Stücke vom Himmel sehen konnte.

Des öfteren versuchte ich mit den Gauchos zu reden, aber meine Mühe war umsonst. Irgendwie wußten sie, daß sie anders waren. Um sich untereinander zu verständigen, benutzten sie sparsam ein näselndes, dem Brasilianischen angenähertes Spanisch. Zweifellos floß Indio- und Negerblut in ihren Adern. Sie waren kräftig und untersetzt; auf La Caledonia wirkte selbst ich groß, etwas, das mir bis dahin nie widerfahren war. Fast alle trugen sie zwischen den Beinen eingeschlagene Hüfttücher und der eine oder andere eine weite Pluderhose. Sie hatten wenig oder nichts gemein mit den leidenden Figuren bei Hernández oder Rafael Obligado. Unter dem Einfluß von Alkohol wurden sie an Sonnabenden leicht gewalttätig. Es gab keine einzige Frau, und niemals hörte ich eine Gitarre.

Mehr als die Männer dieser Grenze interessierte mich die völlige Veränderung, die mit Don Alejandro vorgegangen war. In Buenos Aires war er ein liebenswürdiger und gemessener Herr; auf La Caledonia wie seine Vorfahren das gestrenge Oberhaupt eines Clans. Sonntagmorgens las er den Peones, die kein Wort verstanden, die Heilige Schrift vor. Eines Abends brachte der Verwalter, ein junger Mann, der das Amt von seinem Vater geerbt hatte, die Nachricht, daß ein Pächter und ein Peon mit Messern aufeinander losgegangen seien. Don Alejandro erhob sich ohne große Eile. Er trat zu dem Kreis der Umherstehenden, legte die Waffe ab, die er für gewöhnlich bei sich trug, übergab sie dem Verwalter, der mir eingeschüchtert vorkam, und bahnte sich zwischen den blanken Waffen den Weg. Dann hörte ich den Befehl:

»Laßt die Messer fallen, Jungs.«

Im gleichen ruhigen Tonfall fügte er hinzu:

»Jetzt gebt ihr euch die Hand und benehmt euch. Ich wünsche hier keinen Zank.«

Die beiden gehorchten. Am Tag darauf erfuhr ich, daß Don Alejandro den Verwalter entlassen hatte.

Ich hatte das Gefühl, von der Einsamkeit eingekreist zu werden. Ich fürchtete, nie wieder nach Buenos Aires zurückzukommen. Ich weiß nicht, ob Fernández Irala diese Furcht teilte, aber wir sprachen viel von Argentinien und von dem, was wir nach der Rückkehr machen würden. Ich vermißte die Löwen eines Portals in der Calle Jujuy in der Nähe der Plaza del Once oder das Licht einer bestimmten Ladenschänke, über deren genaue Lage ich mir nicht klar war, nicht die gewöhnlichen Orte. Immer war ich ein guter Reiter; ich gewöhnte mich an Ausritte und legte weite Strecken zurück. Ich erinnere mich noch an jenen Rappen, den ich immer wieder sattelte und der längst tot sein wird. Vielleicht befand ich mich eines Nachmittags oder eines Abends in Brasilien, denn die Grenze war nichts anderes als eine Linie von Markstein zu Markstein.

Ich hatte gelernt, die Tage nicht mehr zu zählen, als Don Alejandro an einem gewöhnlichen Abend erklärte:

»Jetzt legen wir uns hin. Morgen brechen wir früh auf.«

Ein Stück stromabwärts schon fühlte ich mich so glücklich, daß ich mit Zuneigung an La Caledonia denken konnte.

Wir nahmen die Sonnabendsitzungen wieder auf. Bei der ersten bat Twirl um das Wort. Er sagte mit der üblichen rhetorischen Blumigkeit, daß sich die Bibliothek des Weltkongresses nicht auf Nachschlagewerke beschränken könne und daß die klassischen Werke aller Völker und Sprachen ein wahrhaftes Zeugnis darstellten, das wir nicht ungestraft außer acht lassen könnten. Der Antrag wurde auf der Stelle angenommen; Fernández Irala und Doktor Cruz, der Lateinlehrer war, übernahmen die Aufgabe, die notwendigen Texte auszusuchen. Twirl hatte die Angelegenheit bereits mit Nierenstein besprochen.

Zu jener Zeit gab es keinen einzigen Argentinier, dessen Utopia nicht die Stadt Paris gewesen wäre. Der vielleicht Ungeduldigste von uns war Fermín Eguren. Dann folgte aus ganz anderen Gründen Fernández Irala. Für den Dichter von *Los mármoles* war Paris Verlaine und Leconte de Lisle; für Eguren eine bessere Verlängerung der Calle Junín. Ich vermute, daß er sich mit Twirl abgesprochen hatte. Dieser brachte in einer anderen Sitzung die Debatte auf die Frage, welche Sprache die Kongreßteilnehmer benutzen sollten, und erklärte es für praktisch, zwei Delegierte nach London und Paris zu entsenden, damit sie sich dort ein Bild machten. Um Unvoreingenommenheit vorzutäuschen, schlug er erst meinen Namen vor und nach einem leichten Zaudern den seines Freundes Eguren. Don Alejandro stimmte wie immer zu.

Ich glaube, ich habe schon geschrieben, daß mich Wren im

Austausch gegen einige Italienischstunden in das Studium der unermeßlichen englischen Sprache eingeführt hatte. Wir verzichteten soweit wie möglich auf Grammatik und Übungssätze und machten uns unmittelbar an die Dichtung, deren Formen ja zu Knappheit verpflichten. Meine erste Berührung mit der Sprache, die mein Leben ausfüllen sollte, war das wackere *Requiem* von Stevenson; danach kamen die Balladen, die Percy dem gezierten achtzehnten Jahrhundert offenbart hatte. Kurz vor meiner Abreise nach London lernte ich den Glanz Swinburnes kennen, der mich wie jemanden, der eine Sünde begeht, daran zweifeln ließ, ob die Alexandriner Iralas wirklich so großartig waren.

Ich traf in London Anfang Januar 1902 ein; ich entsinne mich der Liebkosung des Schnees, den ich nie gesehen hatte und für den ich dankbar war. Glücklicherweise mußte ich nicht zusammen mit Eguren reisen. Ich quartierte mich in einer bescheidenen Pension hinter dem Britischen Museum ein, in dessen Bibliothek ich mich vormittags und nachmittags einfand, auf der Suche nach einer Sprache, die des Weltkongresses würdig wäre. Ich ließ die Kunstsprachen nicht außer acht; ich warf einen Blick auf das Esperanto – das Lugones in seinem *Lunario sentimental* als »angemessen, einfach und ökonomisch« bezeichnet – und ins Volapük, das sämtliche sprachlichen Möglichkeiten zu erschöpfen sucht, indem es die Verben dekliniert und die Substantive konjugiert. Ich prüfte die Argumente für und gegen eine Wiederbelebung des Latein, nach dem die Sehnsucht auch nach Ablauf von Jahrhunderten immer noch fortbesteht. Ich hielt mich sogar mit einer Untersuchung der analytischen Sprache von John Wilkins auf, bei der jedes Wort von den Buchstaben, aus denen es besteht, definiert wird. Es war unter der hohen Kuppel des Lesesaals, daß ich Beatrice kennenlernte.

Dies ist die Geschichte des Weltkongresses, nicht die von Alejandro Ferri, die meine, doch umfaßte die erstere die letztere ebenso wie alle anderen. Beatrice war groß, schlank, hatte reine Gesichtszüge und rotblondes Haar, das mich an das des schrägen Twirl hätte erinnern können, mich jedoch nie daran denken ließ. Sie hatte ihr zwanzigstes Lebensjahr noch nicht vollendet. Sie war aus einer der Grafschaften des Nordens gekommen, um an der Universität Philologie zu studieren. Wie ich war sie bescheidener Herkunft. In Buenos Aires italienischer Abstammung zu sein, war damals noch schimpflich; in London entdeckte ich, daß es vielen als romantisches Attribut galt. Es dauerte nur wenige Nachmittage, bis wir ein Liebespaar waren; ich bat sie, mich zu heiraten, doch Beatrice Frost war wie Nora Erfjord Anhängerin des Ibsenschen Glaubensbekenntnisses und wollte sich an niemanden binden. Aus ihrem Mund kam das Wort, das ich nicht auszusprechen wagte. O Nächte, o geteiltes und laues Dunkel, o Liebe, im Schatten fließend wie ein verborgener Strom, o Augenblick des Glücks, in dem jeder alle beide ist, o Unschuld und Einfalt des Glücks, o Vereinigung, in der wir uns verloren, um uns darauf im Schlaf zu verlieren, o erstes Licht des Tags und ich, der ich sie anschaute.

An der rauhen Grenze zu Brasilien hatte mich das Heimweh geplagt; nicht so im roten Labyrinth von London, das mir soviel zu bieten hatte. Trotz der Vorwände, die ich fand, die Abreise hinauszuschieben, mußte ich Ende des Jahres zurückkehren; zusammen feierten wir Weihnachten. Ich versprach ihr, daß Don Alejandro sie einladen würde, an dem Kongreß teilzunehmen; sie antwortete mir unbestimmt, daß es sie schon interessieren würde, der südlichen Hemisphäre einmal einen Besuch abzustatten, und daß einer ihrer Cousins, ein Zahnarzt, sich in Tasmanien niedergelassen habe. Beatrice wollte das Schiff nicht sehen; der Abschied war nach ihrem Verständnis eine Emphase, eine unsinnige Zelebration des Unglücks, und sie verabscheute Emphasen. Wir sagten uns in der Bibliothek Lebewohl, wo wir uns in einem anderen Winter kennengelernt hatten. Ich bin ein Feigling; ich gab ihr meine Adresse nicht, um der Qual zu entgehen, auf Briefe zu warten.

Mir ist aufgefallen, daß die Rückreisen weniger lange dauern als die Hinreisen, aber die Atlantiküberquerung, belastet von Erinnerungen und Kummer, kam mir sehr lang vor. Nichts schmerzte mich so sehr wie der Gedanke, daß parallel zu meinem Leben Beatrice das ihre weiterleben würde, Minute für Minute und Nacht für Nacht. Ich schrieb einen viele Seiten langen Brief, den ich zerriß, als wir in Montevideo den Anker lichteten. Ich kam an einem Donnerstag in der Heimat an; Irala erwartete mich am Pier. Ich bezog aufs neue mein altes Quartier in der Calle Chile; jenen Tag und den folgenden verbrachten wir mit Gesprächen und Spaziergängen. Ich wollte wieder heimisch werden in Buenos Aires. Es bedeutete eine Erleichterung zu wissen, daß Fermín Eguren sich noch immer in Paris aufhielt; der Umstand, daß ich vor ihm zurückgekehrt war, mußte meine lange Abwesenheit in gewisser Weise weniger schwerwiegend erscheinen lassen.

Irala war mutlos. Fermín vergeudete in Europa ungeheure Summen und hatte mehr als einmal die Aufforderung, umgehend zurückzukehren, in den Wind geschlagen. Das war vorherzusehen gewesen. Stärker beunruhigten mich andere Nachrichten; Twirl hatte dem Widerstand von Irala und Cruz zum Trotz Plinius den Jüngeren ins Feld geführt, demzufolge kein Buch so schlecht ist, daß es nicht auch irgend etwas Gutes enthält, und die wahllose Beschaffung von Sammlungen der *Prensa*, von dreitausendvierhundert Exemplaren des *Don Quijote* in verschiedenen Formaten, des Briefwerkes von Balmes, von Dissertationen, Rechnungen, Bulletins und Theaterprogrammen vorgeschlagen. Alles sei ein Zeugnis, hatte er gesagt. Nierenstein unterstützte ihn; »nach drei geräuschvollen Sonnabenden« nahm Don Alejandro den Antrag an. Nora Erfjord hatte ihre Stelle als Sekretärin aufgegeben; sie wurde durch ein neues Mitglied ersetzt, Karlinski, der ein Werkzeug Twirls war. Gewaltige Pakete stapelten sich jetzt ohne Katalog oder Kartei in den Erdgeschoßzimmern und dem Weinkeller von Don Alejandros Haus. Anfang Juli hatte Irala eine Woche in La Caledonia zugebracht; die Bauarbeiter hatten die Arbeit unterbrochen. Auf eine Frage erklärte der Verwalter, daß der Chef es so verfügt habe, und wenn es im Moment zuviel von etwas gäbe, dann Zeit.

Noch in London hatte ich einen Bericht aufgesetzt, dessen Inhalt hier nicht hergehört; am Freitag meldete ich mich bei Don Alejandro zurück, um ihm meinen Text zu übergeben. Fernández Irala begleitete mich. Es war nachmittags, und der Pampa-Wind drang bis ins Haus. Vor der Haustür in der Calle Alsina wartete ein Fuhrwerk mit drei Pferden. Ich erinnere mich an Männer mit gebeugten Rücken, die ihre Ballen im hintersten Patio abluden; gebieterisch erteilte ihnen Twirl Befehle. Als ahnten sie etwas, befanden sich dort ebenfalls Nora Erfjord und Nierenstein und Cruz und Donald Wren und noch einige andere Kongreßteilnehmer. Nora umarmte und küßte mich, und jene Umarmung wie jener Kuß riefen mir andere in Erinnerung. Der Neger, gutmütig und glücklich, küßte mir die Hand.

In einem der Räume stand die viereckige Kellerklappe offen; einige unregelmäßig gemauerte Stufen verloren sich im Dunkel.

Plötzlich hörten wir Schritte. Noch ehe wir ihn sahen, wußte ich, daß niemand anderes als Don Alejandro hereinkam. Es war fast, als liefe er.

Seine Stimme war verändert; es war weder die des gelassenen Herrn, der unseren Sonnabendsitzungen vorstand, noch die des feudalen Landbesitzers, der eine Messerstecherei verhinderte und seinen Gauchos das Wort Gottes predigte, ähnelte allerdings eher der letzteren.

Ohne jemanden anzusehen, befahl er:

»Schaffen Sie das ganze Zeug hier heraus. Daß im Keller kein einziges Buch zurückbleibt.«

Die Arbeit nahm fast eine Stunde in Anspruch. In dem Lehm-Patio errichteten wir einen Haufen, der größer war als die größten von uns. Alle liefen hin und her; der einzige, der sich nicht von der Stelle rührte, war Don Alejandro.

Dann kam der Befehl: »Jetzt zünden Sie diesen Kram an.«

Twirl war sehr bleich. Nierenstein murmelte schwach:

»Der Weltkongreß kann auf diese kostbaren Hilfsmittel nicht verzichten, die ich mit soviel Liebe ausgesucht habe.«

»Der Weltkongreß?« sagte Don Alejandro. Er lachte hämisch, und ich hatte ihn niemals lachen hören.

Es gibt eine geheimnisvolle Freude an der Zerstörung; die aufschießenden Flammen prasselten leuchtend, und wir, die Menschen, drängten uns an den Mauern oder in den Zimmern. Nacht, Asche und der Geruch nach Verbranntem blieben im Patio zurück. Ich erinnere mich an einige verlorene Blätter, die davongekommen waren und weiß auf der Erde lagen. Nora Erfjord, die Don Alejandro mit jener Liebe zugetan war, die junge Frauen für alte Männer empfinden, sagte verständnislos:

»Don Alejandro weiß, was er tut.«

Irala, der Literatur treu, versuchte einen Satz:

»Alle paar Jahrhunderte muß die Bibliothek von Alexandria in Flammen aufgehen.«

Dann erhielten wir die Offenbarung:

»Vier Jahre hat es gebraucht, bis ich verstand, was ich Ihnen jetzt sage. Das Unternehmen, auf das wir uns eingelassen haben, ist so ungeheuer, daß es – jetzt weiß ich es – die gesamte Welt umfaßt. Es besteht nicht aus ein paar Scharlatanen, die in den Schuppen einer entlegenen Estancia vor sich hin dösen. Der Weltkongreß hat mit dem ersten Augenblick der Welt begonnen und wird weitergehen, wenn wir zu Staub geworden sind. Es gibt keinen Ort, an dem er nicht ist. Der Kongreß sind die Bücher, die wir verbrannt haben. Der Kongreß sind die Kaledonier, die die Legionen der Cäsaren vernichtend schlugen. Der Kongreß ist Hiob im Unrat und Christus am Kreuz. Der Kongreß ist jener nichtsnutzige Junge, der mein Vermögen bei den Huren durchbringt.«

Ich konnte nicht an mich halten und unterbrach ihn:

»Don Alejandro, ich habe auch Schuld. Ich hatte den Bericht abgeschlossen, den ich Ihnen hier bringe, und blieb doch weiter in England und warf Ihr Geld hinaus, weil ich eine Frau liebte.«

Don Alejandro fuhr fort:

»Das hatte ich mir schon gedacht, Ferri. Der Kongreß sind meine Stiere. Der Kongreß sind die Stiere, die ich verkauft habe, und die Meilen Landes, die mir nicht mehr gehören.«

Eine fassungslose Stimme ließ sich vernehmen; es war die von Twirl.

»Sie wollen uns doch nicht sagen, daß Sie La Caledonia verkauft haben?«

Don Alejandro antwortete ruhig:

»Doch, ich habe sie verkauft. Es verbleibt mir keine Handbreit Boden, aber mein Ruin tut mir nicht leid, denn jetzt habe ich begriffen. Vielleicht sehen wir uns nie wieder, da uns der Kongreß nicht braucht, aber an diesem letzten Abend gehen wir alle zusammen aus und nehmen den Kongreß in Augenschein.«

Er war trunken von Siegesgefühl. Seine Festigkeit und sein Glaube bemächtigten sich unser. Keiner dachte auch nur für einen Augenblick, daß er verrückt wäre.

Auf dem Platz nahmen wir eine offene Kutsche. Ich richtete mich auf dem Bock neben dem Kutscher ein, und Don Alejandro befahl:

»Meister, wir machen eine Fahrt durch die Stadt. Auf geht's, wohin Sie wollen.«

Oben auf dem Trittbrett lächelte der Schwarze unausgesetzt. Ich werde nie erfahren, ob er etwas begriff.

Die Wörter sind Symbole, die ein gemeinsames Gedächtnis voraussetzen. Was ich jetzt beschreiben will, gehört mir allein; die, mit denen ich es gemein hatte, sind tot. Die Mystiker berufen sich auf eine Rose, einen Kuß, einen Vogel, der alle Vögel ist, eine Sonne, die jeglicher Stern und die Sonne ist, einen Krug Wein, einen Garten oder den Geschlechtsakt. Keine von diesen Metaphern taugt mir für jene lange Nacht des Jubels, die uns müde und glücklich am Saum des Morgens absetzte. Wir sprachen fast nichts, während die Räder und die Hufe über die Steine klapperten. Vor dem Morgengrauen, in der Nähe eines dunklen und bescheidenen Gewässers, das viel-

leicht der Maldonado, vielleicht der Riachuelo war, stimmte Nora Erfjords hohe Stimme die Ballade von Patrick Spens an, und Don Alejandro sang den einen oder anderen Vers tief und falsch mit. Die englischen Worte trugen mir nicht das Bild von Beatrice zu. In meinem Rücken murmelte Twirl:
»Ich wollte Böses tun, und jetzt bewirke ich Gutes.«
Etwas von dem, was wir undeutlich wahrnahmen, ist mir geblieben – die rötliche Mauer der Recoleta, die gelbe Mauer des Gefängnisses, ein paar Männer, die an einer geraden Straßenecke tanzten, eine schachbrettgemusterte Vorhalle mit einem Schmiedeeisengitter, Eisenbahnschranken, mein Haus, ein Markt, die unergründliche und feuchte Nacht – aber auf keines dieser flüchtigen Dinge, die vielleicht auch ganz andere waren, kommt es an. Es kommt darauf an, das Gefühl gehabt zu haben, daß unser Plan, über den wir uns öfter als einmal lustig gemacht hatten, in Wahrheit und im geheimen existierte und das Universum war und wir selber. Ohne größere Hoffnung habe ich während all der Jahre den Geschmack jener Nacht gesucht; einige Male glaubte ich ihn in der Musik, in der Liebe, in der undeutlichen Erinnerung wiederzufinden, aber er ist nicht wiedergekehrt, außer eines frühen Morgens in einem Traum. Als wir schworen, daß keiner jemandem etwas verraten sollte, war es schon Sonnabendmorgen.

Ich habe sie nie wiedergesehen, Irala ausgenommen. Wir sprachen nie über die Geschichte; jedes unserer Worte wäre eine Entweihung gewesen. 1914 starb Don Alejandro Glencoe und wurde in Montevideo bestattet. Irala war schon im Jahr davor gestorben.

Nierenstein begegnete ich einmal in der Calle Lima, und wir taten so, als hätten wir uns nicht gesehen.

There Are More Things

Dem Andenken von Howard P. Lovecraft

Ich war gerade drauf und dran, das Abschlußexamen an der Universität von Texas in Austin abzulegen, als ich erfuhr, daß mein Onkel Edwin Arnett am anderen Ende des Kontinents an einem Aneurysma gestorben war. Ich empfand, was wir empfinden, wenn jemand stirbt: den nun schon gegenstandslosen Kummer darüber, daß es uns nichts gekostet hätte, freundlicher zu sein. Der Mensch vergißt, daß er ein Toter ist, der mit Toten verkehrt. Ich studierte Philosophie; ich erinnerte mich, daß mein Onkel, ohne auch nur einen einzigen Namen zu nennen, mir ihre schönen Wirrnisse enthüllt hatte, dort in dem Roten Haus in der Nähe von Lomas. Eine der Apfelsinen, die es zum Nachtisch gab, diente ihm als Hilfsmittel, mich in Berkeleys Idealismus einzuführen; das Schachbrett genügte ihm für die eleatischen Paradoxa. Jahre später lieh er mir dann die Abhandlungen Hintons, der die Wirklichkeit einer vierten Raumdimension nachweisen will, welche der Leser mittels komplizierter Übungen mit Farbwürfeln intuitiv erfassen könne. Nicht vergessen werde ich die Prismen und Pyramiden, die wir in dem Stockwerk zusammensetzten, wo sich das Arbeitszimmer befand.

Mein Onkel war Ingenieur. Bevor er seine Stellung bei der Eisenbahn aus Altersgründen aufgab, beschloß er, sich in Turdera niederzulassen, was ihm die Vorteile einer fast ländlichen Abgeschiedenheit und die Nähe von Buenos Aires bot. Wie nicht anders zu erwarten, war der Architekt sein enger Freund Alexander Muir. Dieser strenge Mann bekannte sich zur strengen Lehre von Knox; mein Onkel war wie fast alle Señores seiner Zeit Freidenker oder besser gesagt Agnostiker, denn ihn interessierte die Theologie wie Hintons trügerische Würfel oder die geordneten Albträume des jungen Wells. Er mochte Hunde; er hatte einen großen Hirtenhund, dem er zur Erinnerung an sein fernes Heimatdorf Lichfield den Namen Samuel Johnson gegeben hatte.

Das Rote Haus stand auf einer Anhöhe, nach Westen hin von überschwemmtem Gelände umgeben. Die Araukarien auf der anderen Seite des Gitterzauns nahmen ihm nichts von seinem bedrohlichen Aussehen. Anstelle von Dachterrassen hatte er schiefergedeckte Satteldächer und einen viereckigen Uhrturm, und das alles schien auf die Wände und die wenigen Fenster zu drücken. Von klein auf fand ich mich mit dieser Häßlichkeit ab, wie man sich mit all den unvereinbaren Dingen abfindet, die nur darum, weil sie koexistieren, den Namen Universum tragen.

1921 kehrte ich in die Heimat zurück. Um Erbstreitigkeiten zu vermeiden, war das Haus versteigert worden; es wurde von einem Ausländer erworben, Max Preetorius, dessen Gebot um das Doppelte über dem zweithöchsten lag. Als die Urkunden unterschrieben waren, traf er nachmittags mit zwei Gehilfen ein, und sie schafften alle Möbel, alle Bücher, alle Hausgeräte auf den Abladeplatz nicht weit vom Camino de las Tropas. (Mit Bedauern denke ich an die Diagramme der Hintonschen Raumvolumina und den großen Erdglobus zurück.) Anderentags erschien er zu einer Unterredung bei Muir und schlug ihm gewisse Umbauten vor, die dieser empört ablehnte. Schließlich nahm sich eine Firma aus der Hauptstadt der Arbeiten an. Die Tischler des Ortes weigerten sich, das Haus neu zu möblieren; ein gewisser Mariani aus Glew ließ sich am Ende auf die Bedingungen ein, die ihm Preetorius auferlegte. Vierzehn Tage lang mußte er bei geschlossenen Türen nachtsüber arbeiten. Nachts auch bezog der neue Bewohner das Rote Haus. Die Fenster wurden nicht mehr geöffnet, aber in der Dunkelheit waren helle Streifen auszumachen. Der Milchmann fand eines Morgens den Hirtenhund tot auf dem Gehsteig, geköpft und verstümmelt. Im Winter wurden die Araukarien gefällt. Niemand sah Preetorius wieder, der das Land anscheinend sofort verlassen hatte.

Natürlich beunruhigten mich derlei Nachrichten. Ich weiß,

daß mein auffälligster Charakterzug meine Neugier ist, die mich einmal dazu trieb, eine mir völlig fremde Frau zu heiraten, nur um in Erfahrung zu bringen, wer sie war und wie sie war, Laudanum zu nehmen (ohne nennenswertes Ergebnis), die transfiniten Zahlen zu erkunden und mich auf das gräßliche Abenteuer einzulassen, das ich hier erzählen will. Unseligerweise nämlich beschloß ich, der Sache nachzugehen.

Mein erster Gang führte mich zu Alexander Muir. Ich hatte ihn aufrecht und dunkelhaarig in Erinnerung, mager auch, aber dabei nicht unbedingt ohne Kraft; jetzt hatten ihn die Jahre gebeugt, und sein schwärzlicher Bart war grau geworden. Er empfing mich in seinem Haus in Temperley, das erwartungsgemäß dem meines Onkels ähnelte, da sie ja beide den soliden Regeln des guten Dichters und schlechten Baumeisters William Morris entsprachen.

Das Gespräch war knapp; nicht umsonst ist das Symbol Schottlands die Distel. Ich ahnte trotzdem, daß der starke Ceylon-Tee und der reichliche Haufen *scones* (die mein Gastgeber brach und mit Butter bestrich, als wäre ich noch ein Kind) in Wirklichkeit ein frugales calvinistisches Festmahl waren, dem Neffen seines Freundes zugedacht. Seine theologischen Streitgespräche mit meinem Onkel waren ein langes Schachspiel gewesen, das jedem Spieler die Zusammenarbeit mit dem Gegner abverlangte.

Die Zeit verging, und ich kam nicht auf mein Thema zu sprechen. Eine unbehagliche Pause trat ein, dann nahm Muir das Wort.

»Junger Mann«, sagte er, »Sie haben sich hier doch nicht eingefunden, um mit mir über Edwin oder die Vereinigten Staaten zu sprechen, die mich herzlich wenig interessieren. Was Sie um den Schlaf bringt, ist der Verkauf des Roten Hauses und dieser seltsame Käufer. Mich auch. Offen gesagt, die Geschichte gefällt mir nicht, aber ich werde Ihnen alles sagen, was ich weiß. Viel ist es nicht.«

Kurz darauf fuhr er ohne Eile fort:

»Bevor Edwin starb, bat mich der Verwalter in sein Büro.

Bei ihm war der Pfarrer. Sie schlugen mir vor, die Pläne für eine katholische Kapelle zu entwerfen. Meine Arbeit sollte gut bezahlt werden. Ich habe auf der Stelle nein gesagt. Ich bin ein Diener des Herrn und kann nicht den Greuel begehen, Götzenaltäre zu errichten.«

Hier hielt er inne.

»Das ist alles?« wagte ich zu fragen.

»Nein. Dieser Judensohn Preetorius wollte, daß ich mein Werk zerstöre, um an seiner Stelle etwas ganz Monströses zu erbauen. Der Formen des Greuels sind viele.«

Er sprach diese Worte mit Ernst und erhob sich.

Als ich um die Ecke ging, traf ich auf Daniel Iberra. Wir kannten uns, wie man sich in der Kleinstadt kennt. Er schlug mir vor, zusammen nach Hause zu gehen. Raufbolde haben mich nie interessiert, und ich sah eine schäbige Litanei mehr oder weniger apokrypher und brutaler Wirtshausgeschichten voraus, doch schickte ich mich drein und sagte ja. Es war fast Nacht. Als wir nach einigen Straßenblocks das Rote Haus auf der Anhöhe sahen, wandte sich Iberra ab. Ich fragte, warum. Seine Antwort fiel anders aus, als ich erwartete.

»Ich bin die rechte Hand von Don Felipe. Kein Mensch hat mich je feige genannt. Du wirst dich an Urgoiti erinnern, diesen Kerl, der mir aus Merlo nachgespürt hatte, und wie es dem ergangen ist. Also. Vor ein paar Tagen komme ich nachts von einer Sauferei. Ungefähr hundert Ellen von der Quinta sehe ich was. Der Schecke scheut, und wenn ich ihn nicht wieder in die Gewalt gekriegt und in die Gasse gelenkt hätte, dann wäre ich vielleicht nicht mehr hier. Das hatte es schon in sich, was ich da gesehen habe.«

Aufgebracht setzte er ein Schimpfwort hinzu.

In jener Nacht schlief ich nicht. Bis zum Morgengrauen dachte ich an einen Stich in der Art Piranesis, den ich nie gesehen oder gesehen und vergessen hatte und der das Labyrinth darstellte. Es war ein Amphitheater aus Stein, von Zypressen umgeben und höher als die Spitzen der Zypressen. Es hatte weder Türen noch Fenster, aber dafür eine endlose Reihe senkrechter schmaler Spalten. Mit einem Vergrößerungsglas versuchte ich den Minotaurus zu erkennen. Endlich entdeckte ich ihn. Etwas Monströseres gibt es nicht; er wirkte weniger wie ein Stier denn wie ein Bison, lag mit seinem menschlichen Körper auf den Boden hingestreckt und schien zu schlafen und zu träumen. Wovon zu träumen oder von wem?

Am gleichen Nachmittag ging ich am Haus vorbei. Das Tor des Gitterzauns war geschlossen, einige Stäbe waren verbogen. Was vordem der Garten gewesen war, war jetzt ein Gestrüpp von Unkraut. Rechts war ein flacher Graben, und seine Ränder waren zertreten.

Ein Schritt blieb mir noch, und ich schob ihn tagelang auf, nicht nur weil ich ihn völlig zwecklos fand, sondern auch weil er mich zum Unvermeidlichen, zum Äußersten treiben würde.

Ohne große Hoffnung fuhr ich nach Glew. Mariani, der Tischler, war ein dicklicher und rötlicher, schon älterer Italiener von der vulgärsten und herzlichsten Sorte. Bei seinem bloßen Anblick ließ ich die listigen Pläne fallen, die ich mir am Vorabend zurechtgelegt hatte. Ich reichte ihm meine Karte, die er pompös mit lauter Stimme entzifferte – er stolperte ehrfurchtsvoll, als er zu dem *Doktor* kam. Ich sagte, daß ich mich für die Möbel interessiere, die er für den einstigen Besitz meines Onkels in Turdera angefertigt hatte. Der Mann redete und redete. Ich will nicht den Versuch machen, seine vielen gebärdenreichen Worte wiederzugeben; jedenfalls erklärte er mir, seine Devise sei, den Kunden jeden Wunsch zu erfüllen, auch wenn er noch so verschroben sei, und daß er seine Arbeit bis aufs I-Tüpfelchen genau ausgeführt habe. Nachdem er einige Kästen durchwühlt hatte, zeigte er mir einige Papiere, die ich nicht verstand und die von dem nicht dingfest zu machenden Preetorius unterschrieben waren. (Ohne Zweifel hielt er mich für einen Anwalt.) Beim Abschied gestand er mir, daß er Turdera und erst recht das Haus für alles Gold in der Welt nicht wieder betreten würde. Er fügte hinzu, daß der Kunde König sei, aber seiner unmaßgeblichen Meinung nach sei der Señor Preetorius verrückt. Dann schwieg er beschämt. Mehr konnte ich ihm nicht entlocken.

Diesen Mißerfolg hatte ich vorausgesehen, aber etwas vorhersehen heißt noch nicht, daß es auch eintrifft.

Immer wieder sagte ich mir, daß es kein anderes Geheimnis gibt als die Zeit, diese unendliche Verkettung des Gestern, des Heute, der Zukunft, des Immer und des Nie. Diese tiefgründigen Gedanken waren vergebens; nachdem ich den Nachmittag dem Studium von Schopenhauer und Royce gewidmet hatte, fand ich mich Abend für Abend auf den Lehmwegen, die um das Rote Haus führen. Einige Male bemerkte ich oben ein sehr helles Licht; andere Male glaubte ich ein Ächzen zu hören. So ging es bis zum neunzehnten Januar.

Es war einer jener Tage in Buenos Aires, an denen man sich vom Sommer nicht nur mißhandelt und beleidigt, sondern geradezu erniedrigt fühlt. Es muß elf Uhr abends gewesen sein, als das Gewitter sich entlud. Erst der Südwind und dann der strömende Regen. Ich sah mich nach einem Baum um. Beim jähen Licht eines Blitzes fand ich mich einige Schritte von dem Gitterzaun entfernt. Ich weiß nicht, ob ich das Tor mit Furcht oder mit Hoffnung zu öffnen versuchte. Unerwartet gab es nach. Vom Gewitter getrieben, schritt ich voran, Himmel und Erde drohten mir. Auch stand die Haustür halb offen. Eine Regenbö peitschte mir ins Gesicht, und ich trat ein.

Drinnen waren die Fliesen entfernt, und ich trat auf struppiges Weidegras. Im Haus roch es süßlich und ekelerregend. Rechts oder links, ich weiß es nicht mehr, stieß ich an eine Steinrampe. Hastig ging ich hinauf. Fast unwillkürlich drehte ich am Lichtschalter.

Das Speisezimmer und die Bibliothek meiner Erinnerung waren jetzt, da die dazwischenliegende Wand weggerissen war, ein einziger großer kahler Raum mit dem einen oder anderen Möbelstück. Ich will nicht versuchen, sie zu beschreiben, da ich trotz des schonungslosen grellen Lichts nicht sicher bin, sie gesehen zu haben. Ich will das erklären. Um etwas zu sehen, muß man es verstehen. Der Sessel setzt den menschlichen Körper voraus, seine Gelenke und Gliedmaßen; die Schere die Tätigkeit des Schneidens. Was soll man von einer Lampe oder einem Wagen sagen? Der Wilde kann die Bibel eines Missionars nicht erkennen; der Passagier sieht nicht das gleiche Takelwerk wie die Matrosen. Wenn wir das Universum wirklich sähen, würden wir es vielleicht verstehen.

Keine der unsinnigen Formen, die jene Nacht mir darbot, entsprach der menschlichen Gestalt oder einem vorstellbaren Verwendungszweck. Ich empfand Abscheu und Schrecken. In einem Winkel entdeckte ich eine senkrechte Leiter, die in den anderen Stock führte. Zwischen den breiten Eisensprossen, deren es nicht mehr als zehn gegeben haben dürfte, waren unregelmäßige Zwischenräume. Diese Leiter, die Hände und Füße postulierte, war verständlich und tröstete mich irgendwie. Ich löschte das Licht und wartete eine Zeitlang im Dunkel. Ich hörte nicht das mindeste Geräusch, doch die Gegenwart all der unbegreiflichen Dinge beunruhigte mich. Endlich entschloß ich mich.

Oben angekommen, drehte meine furchtsame Hand zum zweiten Mal am Lichtschalter. Der Albtraum, auf den schon das untere Stockwerk vorausdeutete, entfaltete sich hier im oberen erst richtig. Es gab viele Gegenstände oder einige wenige miteinander verbundene Gegenstände. Jetzt fällt mir eine Art langer, sehr hoher, U-förmiger Operationstisch mit kreisförmigen Vertiefungen an den äußeren Enden ein. Ich meinte, es könne sich um das Bett des Bewohners handeln, dessen monströse Anatomie sich mir solchermaßen indirekt wie die eines Tieres oder eines Gottes durch ihren Schatten enthüllte. Von irgendeiner Stelle bei Lukan, vor Jahren gelesen und dann vergessen, kam mir das Wort *amphisbaena* auf die Lippen, welches andeutete, aber keineswegs erschöpfte, was meine Augen damals sahen. Ich erinnere mich ebenfalls an ein V aus Spiegeln, das sich in der Dunkelheit oben verlor.

Wie sähe der Bewohner aus? Was könnte er suchen auf diesem Planeten, für ihn nicht gräßlicher als er selber für uns? Aus welchen geheimen Bereichen der Astronomie oder der Zeit, aus welchem uralten und jetzt unermeßlichen Morgengrauen wäre er in diese südamerikanische Vorstadt und gerade diese Nacht gelangt?

Ich hatte das Gefühl, ins Chaos eingedrungen zu sein. Draußen hatte der Regen aufgehört. Bei einem Blick auf die Uhr stellte ich mit Erstaunen fest, daß es fast zwei war. Ich ließ das Licht brennen und machte mich vorsichtig an den Abstieg. Dort hinabzuklettern, wo ich heraufgekommen war, war nicht unmöglich. Hinabzuklettern, bevor der Bewohner zurückkehrte. Ich vermutete, daß er die beiden Türen nicht geschlossen hatte, weil er sie nicht schließen konnte.

Meine Füße berührten die vorletzte Sprosse der Treppe, als ich das Gefühl hatte, daß etwas die Rampe emporkam, beklemmend und langsam und mehrzählig. Die Neugier war stärker als die Angst, und ich schloß die Augen nicht.

Die Sekte der Dreißig

Das Originalmanuskript kann man in der Universitätsbibliothek von Leiden einsehen; sein Text ist lateinisch, aber der eine oder andere Gräzismus berechtigt zu der Annahme, daß es aus dem Griechischen übersetzt wurde. Leisegang zufolge datiert es aus dem vierten Jahrhundert nach Christus. Gibbon erwähnt es beiläufig in einer Anmerkung zum fünfzehnten Kapitel seines *Decline and Fall*. Der anonyme Verfasser berichtet:

»... Die Sekte war niemals zahlreich, und heute hat sie nur noch wenige Anhänger. Von Eisen und Feuer dezimiert, schlafen sie am Wegesrand oder in den Ruinen, die der Krieg übriggelassen hat, da es ihnen ja untersagt ist, sich Wohnstätten zu errichten. Für gewöhnlich gehen sie unbekleidet einher. Die Tatsachen, die meine Feder verzeichnet, sind wohlbekannt; mein gegenwärtiger Vorsatz ist, schriftlich festzuhalten, was ich über ihre Lehre und ihre Gewohnheiten in Erfahrung bringen konnte. Ich habe mich lange mit ihren Lehrmeistern unterhalten, und es ist mir nicht gelungen, sie zum Glauben des Herrn zu bekehren.

Was meine Aufmerksamkeit als erstes auf sich zog, war die Unterschiedlichkeit ihrer Ansichten über die Toten. Die Ungebildetsten meinen, daß ihre Bestattung von den Geistern der aus dem Leben Geschiedenen besorgt wird; andere, die sich an den Buchstaben halten, erklären, daß Jesu Ermahnung *Lasset die Toten ihre Toten begraben* eine Verurteilung der pompösen Eitelkeit unserer Bestattungsrituale sei.

Der Rat, alle Habe zu verkaufen und sie den Armen zu geben, wird von allen streng befolgt; die ersten Empfänger geben sie an andere weiter und die wiederum an andere. Dies ist eine ausreichende Erklärung für ihre Armut und Nacktheit, die sie dem paradiesischen Zustand nahe bringen. Inbrünstig wiederholen sie die Worte: *Sehet die Raben: Sie säen nicht, sie ern-*

ten nicht, sie haben nicht Scheuer noch Speicher; und Gott nähret sie doch. Seid ihr denn nicht viel mehr denn sie? Der Text ächtet die Vorsorge: *So denn Gott das Gras auf dem Felde also kleidet, das doch heute stehet und morgen in den Ofen geworfen wird; sollte er das nicht viel mehr euch tun, o ihr Kleingläubigen? Darum sollt ihr euch nicht sorgen und sagen: Was werden wir essen? Was werden wir trinken? Noch sollt ihr in ängstlicher Sorge sein.*

Das Gebot *Wer ein Weib ansiehet, ihrer zu begehren, der hat schon mit ihr die Ehe gebrochen in seinem Herzen* ist eine unzweideutige Aufforderung zur Keuschheit. Trotzdem lehren viele Anhänger der Sekte, daß alle die Ehe gebrochen hätten, da es keinen Mann unter der Sonne gibt, der nicht auch eine Frau angesehen hätte, sie zu begehren. Und da der Wunsch nicht weniger sündig ist als die Tat, können sich die Gerechten gefahrlos der wüstesten Unzucht hingeben.

Die Sekte meidet Kirchen; ihre Schriftgelehrten predigen im Freien, von einem Hügel oder einer Mauer oder zuweilen von einem Boot am Ufer aus.

Der Name der Sekte hat zu hartnäckiger Rätselei Anlaß gegeben. Der einen Vermutung zufolge soll er die Zahl der übriggebliebenen Gläubigen angeben, was lachhaft, jedoch auch prophetisch ist, da die Sekte aufgrund ihrer perversen Lehre zum Aussterben bestimmt ist. Eine andere leitet ihn von der Höhe der Arche ab, die dreißig Spannen betragen haben soll; eine weitere unter Verfälschung der Astronomie von der Anzahl der Nächte, die den lunaren Monat bilden; eine noch andere von der Taufe des Heilands; eine letzte schließlich vom Alter Adams, als er sich aus dem roten Staub erhob. Alle Vermutungen sind gleichermaßen irrig. Nicht minder lügenhaft ist der Katalog von dreißig Gottheiten oder Thronen, deren eine Abraxas wäre, dargestellt mit Hahnenkopf, Menschenarmen und Menschenleib und gewundenen Schlangen als Beinen.

Ich bin im Besitz der Wahrheit, doch vermag ich sie nicht vernünftig zu begründen. Die unschätzbare Gabe, sie anderen mitzuteilen, ist mir nicht gewährt. Daß doch andere, glücklicher als ich, die Anhänger durch das Wort erlösten. Durch das Wort oder durch das Feuer. Besser ist es, hingerichtet zu werden, denn sich selber den Tod zu geben. Ich beschränke mich darum hier auf die Schilderung der grauenhaften Ketzerei.

Das Wort ist Fleisch geworden, um Mensch unter den Menschen zu sein, die Es ans Kreuz schlagen und durch Es erlöst werden sollten. Es wurde vom Schoß einer Frau aus dem Volk geboren, auserwählt nicht allein, die Liebe zu predigen, sondern auch den Martertod zu erleiden.

Es war erforderlich, die Dinge unvergeßlich einzuprägen. Der Tod eines Menschenwesens durch das Richtschwert oder den Schierling wäre nicht ausreichend, die Vorstellungskraft der Menschen bis zum Ende aller Tage zu versehren. Der Herr verfügte die Geschehnisse auf dramatische Art. So erklären sich das Abendmahl, jene Worte Jesu, die den Verrat vorhersagen, der wiederholte Hinweis auf einen der Jünger, die Segnung von Brot und Wein, die Schwüre des Petrus, die einsame Nachtwache in Gethsemane, der Schlaf der Zwölf, das menschliche Bittgebet des Sohnes, der Schweiß wie Blutstropfen, die Schwerter, der verräterische Kuß, der sich die Hände waschende Pilatus, die Geißelung, die Verspottung, die Dornenkrone, der Purpur und das Szepter aus Rohr, der Essig mit Galle, das Kreuz auf der Hügelkuppe, das dem guten Übeltäter gegebene Versprechen, die bebende Erde und die Finsternis.

Das göttliche Erbarmen, dem ich so viele Gnaden verdanke, hat es mir gestattet, den wahren und geheimen Grund für den Namen der Sekte zu entdecken. In Kerioth, wo sie wahrscheinlich entstand, besteht ein Konventikel fort, der sich Dreißig Silberlinge nennt. Dieser Name war der ursprüngliche und gibt uns den Schlüssel in die Hand. Bei der Kreuzigungstragödie – ich schreibe es mit der schuldigen Ehrfurcht nieder – gab es freiwillige und unfreiwillige Mitwirkende, alle unentbehrlich, alle unglückselig. Unfreiwillig wirkten die Priester mit, die die Silbermünzen aussetzten, unfreiwillig das Volk, das sich für Barabbas entschied, unfreiwillig der Landpfleger von Judäa, unfreiwillig die Römer, die das Kreuz Seines Martyriums aufstellten und die Nägel einschlugen und das Los warfen. Einzig zwei Freiwillige gab es: den Erlöser und Judas. Dieser warf die dreißig Münzen von sich, die der Preis für die Erlösung der Seelen waren, und erhängte sich unmittelbar darauf. Zu der Zeit zählte er dreiunddreißig Jahre, wie der Menschensohn. Die Sekte verehrt die beiden gleichermaßen und spricht die anderen frei.

Es gibt keinen einzigen Schuldigen; es gibt niemanden, der nicht, ob wissentlich oder nicht, dem Plan gehorchte, den die Göttliche Vorsehung ersonnen hatte. Alle haben heute Teil an der Glorie.

Meine Hand sträubt sich, einen weiteren Greuel niederzuschreiben. Wenn die Eingeweihten das angegebene Alter erreichen, lassen sie sich verspotten und auf einer Bergkuppe kreuzigen, um dem Beispiel ihrer Meister nachzufolgen. Dieser verbrecherische Verstoß gegen das fünfte Gebot muß mit all der Strenge unterbunden werden, die die menschlichen wie die göttlichen Gesetze immer vorgeschrieben haben. Daß die Verwünschungen des Firmaments, daß der Haß der Engel...«

Das Ende des Manuskripts war nicht aufzufinden.

Die Nacht der Gaben

Wir hörten die Geschichte in der alten Confitería Águila in der Calle Florida auf der Höhe der Piedad.

Diskutiert wurde das Problem der Erkenntnis. Jemand erwähnte die platonische These, derzufolge wir alles bereits in einer früheren Welt gesehen hätten, so daß Erkennen eigentlich ein Wiedererkennen ist; mein Vater sagte, glaube ich, Bacon habe geschrieben, wenn Lernen Sich-Erinnern ist, dann ist Unwissen nichts anderes als Vergeßlichkeit. Ein anderer Gesprächsteilnehmer, ein älterer Herr, den diese Metaphysik ein wenig hilflos gemacht haben dürfte, faßte sich ein Herz und ergriff das Wort. Sicher und ohne Hast sagte er:

»Die Sache mit den platonischen Urbildern will mir nicht in den Kopf. Niemand erinnert sich an das erste Mal, als er Gelb sah oder Schwarz oder auf den Geschmack einer Frucht kam, vielleicht weil er noch sehr klein war und nicht wissen konnte, daß damit eine lange Serie ihren Anfang nahm. Allerdings gibt es andere erste Male, die niemand vergißt. Ich könnte Ihnen erzählen, was mir eine bestimmte Nacht beschert hat, an die ich immer wieder zurückdenke, die Nacht vom 30. April 1874.

Die Sommer waren früher länger, aber ich weiß nicht, warum wir bis zu diesem Datum auf der Estancia einiger Cousins blieben, den Dornas, einige wenige Meilen von Lobos entfernt. Damals machte mich einer der Peones, Rufino, mit dem Landleben bekannt. Ich war nicht ganz dreizehn; er war erheblich älter und galt als beherzt. Er war sehr geschickt; bei den Scheinkämpfen kriegte immer der andere Ruß ins Gesicht. An einem Freitag hat er mir vorgeschlagen, Samstag abends ins Dorf zu gehen, um uns zu amüsieren. Natürlich habe ich ja gesagt, ohne so richtig zu wissen, um was es ging. Ich habe ihn gewarnt, daß ich nicht tanzen könnte; er hat gesagt, daß man das ganz leicht lernt. Nach dem Essen, so gegen halb acht, sind wir aufgebrochen. Rufino hatte sich aufgeputzt wie ein Gaucho, der zu einer Fiesta geht, und trug stolz einen silbernen Dolch; aus Furcht vor Witzen hatte ich mein kleines Messer zu Hause gelassen. Bald schon kamen die ersten Häuser in Sicht. Sie sind nie in Lobos gewesen? Macht nichts; in der Provinz gibt es keine Kleinstadt, die nicht der anderen gleicht, selbst darin, daß sie sich verschieden glaubt. Die gleichen Gassen aus Lehm, die gleichen Löcher, die gleichen niedrigen Häuser, wie geschaffen dazu, einen Reiter wichtiger zu machen. An einer Ecke sind wir abgestiegen vor einem himmelblau oder rosa gestrichenen Haus, auf dem La Estrella [der Stern] stand. Am Pfosten waren ein paar Pferde mit gutem Sattelzeug festgemacht. Durch die angelehnte Vordertür konnte ich einen Lichtstreifen sehen. Hinter der Diele war ein großer Raum mit Holzbänken an der Seite, und zwischen den Bänken ein paar dunkle Türen, die wer weiß wohin führten. Ein kleiner Hund mit gelbem Fell kam bellend an und wollte mit mir spielen. Es waren reichlich Leute da; ein halbes Dutzend Frauen mit geblümten Kitteln kam und ging. Eine achtunggebietende Frau ganz in Schwarz schien mir die Herrin des Hauses zu sein. Rufino hat sie begrüßt und gesagt:

›Hier bring ich Ihnen einen neuen Freund, der nicht besonders gut zu Pferd ist.‹

›Das lernt er schon noch, keine Sorge‹, antwortete die Señora.

Ich habe mich geschämt. Um abzulenken oder zu zeigen, daß ich noch ein Junge war, habe ich angefangen, am Ende einer Bank mit dem Hund zu spielen. Auf dem Küchentisch brannten ein paar Talgkerzen in Flaschen, und ich erinnere mich auch noch an den kleinen Herd hinten in einer Ecke. An der weißgetünchten Wand gegenüber war ein Bild der Gnadenreichen Jungfrau.

Irgendwer hat zwischen dem einen und anderen Scherz eine Gitarre gestimmt, mit einiger Mühe. Ich war zu schüchtern, um einen Wacholderschnaps abzulehnen, der mir im Mund wie Feuer brannte. Unter den Frauen war eine, die mir anders vorkam als die übrigen. Gerufen wurde sie La Cautiva [die Gefangene]. Sie hatte etwas Indianisches an sich, aber die Züge waren wie gemalt und die Augen sehr traurig. Der Zopf hing ihr bis zum Gürtel. Rufino hatte bemerkt, wie ich sie ansah, und sagte zu ihr:

›Erzähl doch nochmal von diesem Indio-Überfall, um das Gedächtnis aufzufrischen.‹

Das Mädchen hat geredet, als ob sie allein wäre, und irgendwie spürte ich, daß sie an nichts anderes denken konnte, und daß dies das einzige war, was sie je erlebt hatte. So hat sie erzählt:

›Als ich aus Catamarca hergebracht wurde, war ich noch ganz klein. Was hätte ich von Indio-Überfällen wissen können. Auf der Estancia hat man aus lauter Angst nicht davon geredet. Wie ein Geheimnis hab ich rausgekriegt, daß die Indios wie eine Wolke einfallen und Leute umbringen und Vieh stehlen können. Die Frauen verschleppen sie immer ins Landesinnere und machen alles mit ihnen. Ich hab alles mögliche angestellt, um das nicht zu glauben. Mein Bruder Lucas, den sie später aufgespießt haben, hat mir geschworen, daß das alles Lügen sind, aber wenn etwas wahr ist, braucht einer es nur einmal zu sagen, und schon weiß man, daß es stimmt. Von der Regierung kriegen sie Schnaps und Mate, damit sie ruhig bleiben, aber sie haben sehr umsichtige Zauberer, die sie beraten. Auf einen Befehl des Kaziken brechen sie mühelos zwischen den weit verstreuten Festungen durch. Vor lauter Grübeln hab ich mir fast gewünscht, daß sie endlich kommen, und immer wieder dahin geguckt, wo die Sonne untergeht. Ich weiß nicht, wie lang es gedauert hat, aber vor dem Überfall gab's Reif und Sommer und Viehmarkierungen, und der Sohn vom Aufseher ist gestorben. Es war, als ob der Pampawind sie bringt. Ich hab eine Distelblume in einem Graben gesehen und von den Indios geträumt. Am frühen Morgen ist es dann passiert. Die Tiere haben es vor den Menschen gewußt, wie beim Erdbeben. Das Vieh war unruhig, und in der Luft sind die Vögel hin und her geflogen.

Zum Kucken sind wir zu der Stelle, wo ich immer ausgeschaut hab.‹

›Wer hat euch Bescheid gesagt?‹ fragte jemand.

Als ob sie immer noch ganz weit weg wäre, hat das Mädchen den letzten Satz wiederholt.

›Zum Gucken sind wir zu der Stelle, wo ich immer ausgeschaut hab. Das war, als ob sich die ganze Wüste in Bewegung setzt. Durch die eisernen Fenstergitter haben wir zuerst die Staubwolke gesehen und dann die Indios. Das war ein richtiger Überfall. Sie haben sich mit der Hand auf den Mund geschlagen und geschrien. In Santa Irene gab es ein paar Gewehre, aber die konnten uns bloß taub und die Angreifer noch wütender machen.‹

Die Cautiva hat geredet wie einer, der ein Gebet auswendig aufsagt, aber ich konnte auf der Straße die Indios der Wüste hören und die Schreie. Ein Stoß, und sie sind im Saal, und es ist, als ob sie in Stücke von einem Traum geritten kommen. Es waren Betrunkene vom Stadtrand. Jetzt, in der Erinnerung, kommen sie mir sehr groß vor. Der an der Spitze hat Rufino, der nah bei der Tür war, mit dem Ellenbogen gestoßen. Rufino ist bleich geworden und ausgewichen. Die Señora, die sich nicht von der Stelle gerührt hatte, ist aufgestanden und hat uns gesagt:

›Das ist Juan Moreira.‹

Nach so langer Zeit weiß ich nicht mehr, ob ich mich an den Mann jener Nacht erinnere, den Banditen Moreira, oder an einen anderen, den ich später oft auf Viehmärkten gesehen habe. Ich denke an die Mähne und den schwarzen Bart von Podestá, aber auch an ein rötliches, pockennarbiges Gesicht. Der kleine Hund kommt angerannt, um ihn zu begrüßen. Moreira zieht ihm eins mit der Reitpeitsche über und streckt ihn auf den Boden. Er ist auf den Rücken gefallen und gestorben, mit zuckenden Pfoten. Hier fängt jetzt die Geschichte eigentlich erst an.

Ganz leise verdrücke ich mich zu einer der Türen; sie führt auf einen engen Gang und zu einer Treppe. Oben habe ich mich in einem dunklen Zimmer versteckt. Ich weiß nicht mehr, was für Möbel darin waren, außer einem sehr niedrigen Bett. Ich habe gezittert. Unten ging das Geschrei immer weiter, und irgendwas aus Glas ist zerbrochen. Ich habe Frauenschritte heraufkommen hören und einen flüchtigen Lichtspalt gesehen. Dann hat mich die Stimme der Cautiva gerufen; es war wie ein Flüstern.

›Ich bin da, um zu dienen, aber nur für Friedfertige. Komm her, ich tu dir nichts Böses.‹

Den Kittel hatte sie schon ausgezogen. Ich habe mich neben sie gelegt und ihr Gesicht mit den Händen gesucht. Ich weiß nicht, wieviel Zeit vergangen ist. Es gab keine Worte, nicht mal einen Kuß. Ich habe ihren Zopf gelöst und mit dem Haar gespielt, das ganz rauh war, und danach mit ihr. Wir haben uns nie wiedergesehen, und ihren Namen habe ich nie erfahren.

Dann hat uns ein Schuß betäubt. Die Cautiva sagt:

›Du kannst über die andere Treppe hinaus.‹

Das habe ich gemacht, und ich fand mich auf der Lehmstraße wieder. Es war eine Mondnacht. Ein Polizeisergeant mit Gewehr und aufgepflanztem Bajonett stand Wache an der Mauer. Er hat gelacht und gesagt:

›Sieh mal an, du bist ja ein Frühaufsteher.‹

Ich habe wohl etwas geantwortet, aber er hat mich nicht beachtet. Ein Mann kam über die Mauer geklettert. Mit einem Satz hat der Sergeant ihm den Stahl in den Leib gestoßen. Der Mann geht zu Boden und bleibt auf dem Rücken liegen, stöhnend und blutend. Dabei ist mir der Hund eingefallen. Um ihn endgültig zu erledigen, hat der Sergeant nochmal das Bajonett in ihn gerammt. Mit einer Art Freude sagt er:

›Moreira, heut hat dir das Schießen nichts genützt.‹

Von allen Seiten kamen Uniformierte herbei, die das Haus umzingelt hatten, und dann die Nachbarn. Andrés Chirino hatte Mühe, die Waffe herauszureißen. Alle wollten ihm die Hand schütteln. Lachend hat Rufino gesagt:

›Der Schurke hier geht nie mehr tanzen.‹

Ich ging von Gruppe zu Gruppe und erzählte den Leuten,

was ich gesehen hatte. Plötzlich fühlte ich mich sehr müde; vielleicht hatte ich Fieber. Ich habe mich verdrückt, Rufino gesucht, und wir sind heimgeritten. Vom Pferd aus haben wir das weiße Licht des Morgens gesehen. Mehr als müde, fühlte ich mich betäubt durch diesen Sturzbach von Dingen.«

»Durch den großen Strom dieser Nacht«, sagte mein Vater. Der andere stimmte zu.

»So ist es. In der knappen Zeitspanne weniger Stunden hatte ich die Liebe kennengelernt und den Tod gesehen. Allen Menschen wird alles offenbart oder wenigstens all das, was kennenzulernen einem Menschen gegeben ist, aber mir wurden diese beiden wesentlichen Dinge zwischen Abend und Morgen enthüllt. Die Jahre vergehen, und ich habe die Geschichte so oft erzählt, daß ich nicht mehr weiß, ob ich mich wirklich an sie selber erinnere oder nur an die Worte, mit denen ich sie erzähle. Vielleicht war es der Cautiva mit ihrem Indio-Überfall ähnlich ergangen. Aber jetzt ist es gleich, ob ich es war oder ein anderer, der mitangesehen hat, wie Moreira umgebracht wurde.«

Spiegel und Maske

Geschlagen war die Schlacht von Clontarf, in der der Norweger gedemütigt wurde, da sprach der Hohe Herrscher mit dem Dichter und sagte zu ihm:

»Die leuchtendsten Heldentaten verlieren ihren Glanz, werden sie nicht in Worte gemünzt. Ich will, daß du meinen Sieg und mein Lob singst. Ich werde Aeneas sein; du mein Vergil. Hältst du dich für fähig, diese Tat zu vollbringen, die uns beide unsterblich machen wird?«

»Ja, König«, sagte der Dichter. »Ich bin der Ollam. Zwölf Winter lang habe ich die Disziplinen der Metrik studiert. Ich kenne die dreihundertsechzig Fabeln auswendig, die den Grund der echten Poesie bilden. Die Zyklen von Ulster und Munster sind in den Saiten meiner Harfe. Die Gesetze ermächtigen mich, die archaischsten Worte der Sprache und die komplexesten Metaphern in all ihrer Fülle zu verwenden. Ich beherrsche die geheime Schrift, die unsere Kunst vor den zudringlichen Blicken des gemeinen Volkes schützt. Ich kann die Liebesleidenschaften feiern, die Viehraubzüge, die Seefahrten, die Kriege. Ich kenne die mythologischen Abstammungen sämtlicher Königshäuser Irlands. Ich bin im Besitz der Kräfte der Kräuter, der astrologischen Bedeutungen, der Mathematik und des kanonischen Rechts. In öffentlichem Wettstreit habe ich meine Rivalen besiegt. Ich habe mich in der Satire geübt, die Hautkrankheiten hervorruft, sogar den Aussatz. Ich weiß das Schwert zu führen, wie ich in deiner Schlacht bewiesen habe. Nur eines vermag ich nicht: dir zu danken für das Geschenk, das du mir machst.«

Der König, den lange Reden anderer schnell ermüdeten, sagte erleichtert:

»Das alles weiß ich sehr wohl. Gerade hat man mir berichtet, die Nachtigall habe in England bereits geschlagen. Wenn die Regen- und Schneefälle enden, wenn die Nachtigall aus ihren südlichen Gefilden heimkehrt, singst du deinen Lobgesang vor dem Hof und dem Kollegium der Dichter. Ich lasse dir ein ganzes Jahr. Du feilst jede Letter und jedes Wort. Die Belohnung wird, wie du weißt, weder meiner königlichen Gepflogenheit noch deiner inspirierten Nachtwachen unwürdig sein.«

»König, die höchste Belohnung besteht darin, dein Angesicht zu schauen«, sagte der Dichter, der auch ein Höfling war.

Er verneigte sich ehrerbietig und ging davon, im Kopf bereits die Ahnung eines Verses.

Nach Ablauf der Frist, die eine der Epidemien und Aufstände war, trug er den Panegyrikos vor. Er deklamierte ihn mit langsamer Sicherheit, ohne einen Blick ins Manuskript zu werfen. Der König nickte ihm immer wieder zustimmend zu. Alle ahmten sie seine Bewegung nach, bis hin zu denen, die sich in den Türen drängten und kein Wort verstanden. Am Ende sprach der König:

»Ich nehme deine Arbeit an. Sie ist ein weiterer Sieg. Du hast jedem Wort seine wahre Bedeutung gegeben und jedem Substantiv das Epitheton, das ihm die ersten Dichter verliehen. In dem ganzen Lobgesang gibt es kein Bild, das die Klassiker nicht benutzt hätten. Der Krieg ist das schöne Männergewirk, und das Schwertwasser ist das Blut. Das Meer hat seinen Gott, und die Wolken lassen die Zukunft schauen. Mit Geschick hast du den Reim gehandhabt, die Alliteration, die Assonanz, die Silbenlängen, die Kunstfertigkeiten der gelehrten Rhetorik, die weise Abwechslung der Versmaße. Wenn die gesamte Literatur Irlands verloren ginge – *omen absit* –, sie könnte ohne Einbuße aufgrund deiner klassischen Ode rekonstruiert werden. Dreißig Schreiber werden sie ein Dutzend Mal abschreiben.«

Nach einer Pause fuhr er fort:

»Alles ist gut, und doch ist nichts geschehen. Das Blut schlägt nicht schneller in den Adern. Die Hände haben nicht nach den Bogen gegriffen. Niemand ist erbleicht. Niemand hat einen Schlachtruf ausgestoßen, niemand die Brust den Wikingern dargeboten. Nach Jahresfrist werden wir einem anderen Lobgesang Beifall spenden, Dichter. Als Zeichen unserer Huld nimm diesen Spiegel, der aus Silber ist.«

»Ich danke und verstehe«, sagte der Dichter.

Die Gestirne des Himmels zogen wieder ihre helle Spur. Aufs neue sang die Nachtigall in den sächsischen Wäldern, und es kehrte der Dichter mit seiner Handschrift zurück, die weniger umfangreich war als die vorige. Er sagte den Text nicht auswendig her; er las ihn mit unverkennbarer Unsicherheit ab, ließ gewisse Passagen aus, als verstehe er selber sie nicht ganz, oder als wolle er sie nicht entweihen. Der Wortlaut war sonderbar. Es war keine Beschreibung der Schlacht, es war die Schlacht. In seiner kriegerischen Unordnung regten sich der Gott, der dreieinig ist, die heidnischen Gottheiten Irlands und jene, die Jahrhunderte später am Anfang der Älteren Edda kämpften. Die Form war nicht weniger seltsam. Ein Substantiv im Singular konnte ein Verb im Plural regieren. Die Präpositionen gehorchten den geläufigen Normen nicht. Herbes wechselte mit Lieblichem. Die Metaphern waren willkürlich oder wirkten so.

Der König wechselte einige Worte mit den Schriftgelehrten, die ihn umgaben, und sprach dann folgendermaßen:

»Deinem ersten Lobgesang konnte ich bestätigen, daß er eine glückliche Zusammenfassung alles dessen war, was vor ihm in Irland gesungen wurde. Dieser übertrifft alles Vorausgegangene, und er macht es zunichte. Er erstaunt, verwundert und blendet. Die Ungebildeten verdienen ihn nicht, jedoch die Gelehrten, die wenigen. Das einzige Exemplar soll in einer Elfenbeinschatulle verwahrt werden. Aus der Feder, die ein so überragendes Werk hervorgebracht hat, können wir ein noch größeres Werk erwarten.«

Lächelnd setzte er hinzu:

»Wir sind Gestalten einer Fabel, und man tut recht, sich zu entsinnen, daß in Fabeln die Dreizahl herrscht.«

Der Dichter wagte zu murmeln:

»Die drei Gaben des Zauberers, die Triaden und die unbezweifelbare Trinität.«

Der König fuhr fort:

»Als Unterpfand unserer Huld nimm diese goldene Maske.«

»Ich danke und habe begriffen«, sagte der Dichter.

Der Jahrestag kam heran. Die Palastwachen bemerkten, daß der Dichter kein Manuskript bei sich hatte. Nicht ohne Bestürzung sah der König ihn an; fast war der Dichter jemand anderer. Etwas, das nicht die Zeit war, hatte seine Züge zerfurcht und verwandelt. Die Augen schienen weiter zu sehen oder erblindet zu sein. Der Dichter bat, einige Worte mit dem König zu sprechen. Die Sklaven räumten den Saal.

»Hast du die Ode nicht verfaßt?« fragte der König.

»Doch«, sagte traurig der Dichter. »Hätte unser Herr Christus es mir nur verboten.«

»Kannst du sie hersagen?«

»Ich wage es nicht.«

»Ich gebe dir den Mut, an dem es dir gebricht«, erklärte der König.

Der Dichter sprach das Gedicht. Es war eine einzige Zeile.

Ohne daß sie auch nur laut gesprochen wurde, ließen der Dichter und sein König sie auf sich wirken, als sei sie ein heimliches Bittgebet oder eine Blasphemie. Der König war nicht weniger erstaunt und nicht weniger bestürzt als der andere. Beide sahen einander an, sehr bleich.

»In den Jahren meiner Jugend«, sagte der König, »fuhr ich zur See in Richtung Sonnenuntergang. Auf einer Insel sah ich silberne Windhunde, die goldene Eber töteten. Auf einer anderen nährten wir uns vom Duft zauberischer Äpfel. Auf einer weiteren sah ich Mauern aus Feuer. Auf der fernsten von ihnen durchquerte ein gewölbter freischwebender Fluß den Himmel, und Fische und Boote schwammen in seinen Wassern. Dies alles sind Wunder, aber sie können sich nicht mit deinem Gedicht vergleichen, das sie in gewisser Weise umgreift. Welcher Zauberei verdankst du es?«

»In der Morgendämmerung«, sagte der Dichter, »hörte ich mich einige Worte sprechen, die ich zu Anfang nicht verstand. Diese Worte sind ein Gedicht. Ich fühlte, daß ich eine Sünde begangen hatte, vielleicht jene, die der Heilige Geist nicht vergibt.«

»Die wir beide jetzt teilen«, murmelte der König. »Die Sünde, die Schönheit erkannt zu haben, die eine den Menschen unerlaubte Gabe ist. Jetzt ist es an uns, sie zu büßen. Ich habe dir einen Spiegel und eine goldene Maske gegeben; hier habe ich das dritte Geschenk, das das letzte sein wird.«

Er drückte ihm ein Kurzschwert in die Rechte.

Von dem Dichter wissen wir, daß er sich beim Verlassen des Palastes das Leben nahm; vom König, daß er ein Bettler ist, der durch Irland zieht, welches vordem sein Reich war, und daß er das Gedicht niemals wiederholt hat.

Undr

Ich muß den Leser darauf hinweisen, daß man die von mir übersetzten Seiten vergeblich im *Libellus* (1615) des Adam von Bremen suchen wird, der bekanntlich im elften Jahrhundert lebte und starb. Lappenberg fand sie in einem Manuskript der Bodleian-Bibliothek in Oxford und hielt sie aufgrund der Vielzahl der dafür sprechenden Indizien für einen späteren Einschub, veröffentlichte sie jedoch als Kuriosum in seinen *Analecta Germanica* (Leipzig, 1894). Die Meinung eines bloßen argentinischen Liebhabers zählt nicht viel; der Leser mag von ihnen halten, was er will. Meine Version ist nicht wörtlich, aber sinngetreu.

Adam von Bremen schreibt:

»... Von den Völkern an der Grenze der Wüste, welche sich auf der anderen Seite des Meerbusens ausbreitet, jenseits der Länder, in denen das Wildpferd lebt, verdient vor allem das der Urnen Erwähnung. Die ungewissen oder phantastischen Erzählungen der Händler, die Gefahren der Reise und die Raubüberfälle der Nomaden erlaubten mir nie, sein Territorium zu erreichen. Es steht für mich jedoch fest, daß seine unsicheren und weitverstreuten Dörfer sich in den Niederungen der Weichsel befinden. Im Unterschied zu den Schweden bekennen sich die Urnen zum wahren christlichen Glauben, den weder der Arianismus noch der blutige Dämonenkult beflecken, aus denen die Königshäuser Englands und der anderen Völker des Nordens ihre Herkunft ableiten. Es sind Hirten, Bootsleute, Zauberer, Waffenschmiede und Flechter. Aufgrund der Unbarmherzigkeit der Kriege treiben sie kaum Ackerbau. Die Ebene und die Stämme, die sie durchstreifen, haben sie sehr geschickt im Umgang mit Pferd und Bogen gemacht. Immer gleicht man am Ende seinen Feinden. Die Lanzen sind länger als die unseren, da sie ja die von Reitern und nicht die von Bauern sind.

Wie zu vermuten, ist ihnen der Gebrauch von Feder, Tintenhorn und Pergament unbekannt. Sie meißeln ihre Schriftzeichen ein wie unsere Vorfahren die Runen, die Odin ihnen offenbarte, nachdem er sich sich selber geopfert und neun Nächte lang an einer Esche gehangen hatte.

Diesen allgemeinen Bemerkungen möchte ich die Geschichte meines Gesprächs mit dem Isländer Ulf Sigurdarson hinzufügen, einem Mann von ernsten und gemessenen Worten. Wir begegneten uns in Uppsala in der Nähe des Tempels. Das Holzfeuer war erloschen; durch die unregelmäßigen Spalten in der Wand drangen die Kälte und die Morgendämmerung. Draußen hinterließen die Grauwölfe, die das Fleisch der für die drei Götter bestimmten Heiden fressen, ihre vorsichtige Spur im Schnee. Unser Gespräch hatte auf Latein begonnen, wie unter Kirchenmännern üblich, bald jedoch gingen wir zur Sprache des Nordens über, die von Ultima Thule bis zu den Märkten Asiens reicht. Der Mann sagte:

›Ich stamme von Skalden ab; mir genügte das Wissen, daß die Dichtung der Urnen aus einem einzigen Wort besteht, um mich auf die Suche nach ihnen zu machen und die Reise auf mich zu nehmen, die mich in ihr Land führen sollte. Nicht ohne Mühsal und Beschwerden erreichte ich es nach Ablauf eines Jahres. Es war Nacht; ich bemerkte, daß die Männer, die mir auf meinem Wege begegneten, mich sonderbar ansahen, und der eine oder andere Stein wurde nach mir geschleudert. Ich sah den Lichtschein einer Schmiede und trat ein.

Der Schmied bot mir Herberge für die Nacht. Sein Name war Orm. Er sprach mehr oder minder die gleiche Sprache wie wir. Wir wechselten einige wenige Worte. Von seinen Lippen hörte ich zum ersten Male den Namen des Königs, nämlich Gunnlaug. Ich wußte, daß er seit dem letzten Krieg Fremde mit Argwohn betrachtete und sie für gewöhnlich kreuzigen ließ. Um diesem Los zu entgehen, das einem Menschen weniger angemessen ist als einem Gott, machte ich mich an die Niederschrift einer *drápa*, welche die Siege, den Ruhm und das Erbarmen des Königs feierte. Kaum hatte ich sie auswendig gelernt, als zwei Männer mich abholten. Mein Schwert wollte ich ihnen nicht übergeben, aber ich ließ mich führen.

Noch standen Sterne am Morgenhimmel. Wir kamen über einen offenen Platz mit Hütten an den Seiten. Man hatte mir von Pyramiden berichtet; was ich auf dem ersten der Plätze sah, war ein gelber Holzpfahl. Auf der Spitze erblickte ich die schwarze Figur eines Fisches. Orm, der uns begleitet hatte, sagte mir, daß dieser Fisch Das Wort sei. Auf dem nächsten Platz sah ich einen roten Pfahl mit einer Scheibe. Orm wiederholte, das sei Das Wort. Ich bat ihn, es mir zu verraten. Er sagte, er sei ein einfacher Handwerker und wisse es nicht.

Auf dem dritten Platz, der der letzte war, sah ich einen schwarzbemalten Pfahl mit einem Muster, das ich vergessen habe. Im Hintergrund befand sich eine lange gerade Mauer, deren Enden ich nicht ausmachen konnte. Später stellte ich fest, daß sie kreisförmig war, ein Lehmdach trug, keine Verbindungstore besaß und die ganze Stadt umgab. Die an der Umzäunung festgebundenen Pferde waren klein und hatten dichte Mähnen. Den Schmied ließ man nicht hinein. Drinnen waren bewaffnete Männer; alle standen. Gunnlaug, der König, der an einer Krankheit litt, lag mit halbgeschlossenen Augen auf einer Art Pritsche, die mit einigen Kamelfellen bedeckt war. Er war ein verbrauchter gelblicher Mann, eine heilige und fast vergessene Sache; alte lange Narben liefen über seine Brust. Einer der Soldaten bahnte mir den Weg. Jemand hatte eine Harfe herbeigebracht. Kniend stimmte ich leise die *drápa* an. Es fehlte ihr nicht an den Redefiguren, Alliterationen und den Betonungen, die die Gattung verlangt. Ob der König sie verstand, weiß ich nicht, jedenfalls gab er mir einen Silberring, den ich noch immer besitze. Unter dem Kissen konnte ich undeutlich die Schneide eines Dolches erkennen. Rechts von ihm befand sich ein Schachbrett mit hundert Feldern und ein paar ungeordneten Figuren.

Die Wache stieß mich nach hinten. Ein Mann nahm meine Stelle ein, und zwar stehend. Er schlug die Saiten, als stimme er sie, und wiederholte leise das Wort, das ich hatte ergründen wollen und nicht ergründete. Jemand sagte ehrfürchtig: *Jetzt bedeutet es gar nichts.*

Hier und da sah ich Tränen. Der Mann hob oder senkte die Stimme, und die fast gleichen Akkorde waren monoton oder besser: unendlich. Ich wünschte, der Gesang möge kein Ende nehmen, und er wäre mein Leben. Plötzlich brach er ab. Ich vernahm das Poltern der Harfe, als der Sänger, zweifellos erschöpft, sie zu Boden schleuderte. Wir gingen ohne Ordnung hinaus. Ich war einer der letzten. Mit Verwunderung bemerkte ich, daß es dunkel wurde.

Ich ging ein paar Schritte. Eine Hand auf meiner Schulter hielt mich auf. Jemand sagte zu mir:

›Der Ring des Königs war dein Talisman, aber du wirst gewiß bald sterben, denn du hast Das Wort gehört. Ich, Bjarni Thorkelsson, werde dich retten. Ich stamme von Skalden ab. In deinem Dithyrambus bezeichnetest du das Blut als Schwertwasser und die Schlacht als Männerkampf. Ich erinnere mich, diese Wendungen vom Vater meines Vaters gehört zu haben. Du und ich, wir sind Dichter; ich werde dich retten. Heutzutage benennen wir nicht mehr jede Tat, an der unser Gesang sich entzündet; wir verschlüsseln sie in einem einzigen Wort, welches Das Wort ist.‹

Ich erwiderte:

›Ich konnte es nicht verstehen. Ich bitte dich, sag mir, wie es lautet.‹

Er schwankte einige Augenblicke und antwortete:

›Ich habe geschworen, es nicht zu verraten. Außerdem kann niemand den anderen etwas lehren. Du mußt es selber finden. Beeilen wir uns, damit dein Leben nicht in Gefahr gerät. Ich verstecke dich in meinem Haus, wo sie dich nicht wagen werden zu suchen. Wenn der Wind günstig ist, fährst du morgen mit dem Schiff nach Süden.‹

So nahm das Abenteuer seinen Anfang, das so viele Winter dauern sollte. Ich werde weder seine Zufälle berichten noch versuchen, die genaue Abfolge seiner Ereignisse ins

Gedächtnis zu rufen. Ich war Ruderer, Sklavenhändler, Sklave, Holzfäller, Karawanenräuber, Sänger, Grundwasser- und Metallsucher. Ein Jahr lang war ich gefangen in Quecksilberminen, die die Zähne lockern. Ich kämpfte Seite an Seite mit Männern aus Schweden in der Garde von Mikligarthr (Konstantinopel). An der Küste des Asowschen Meers liebte mich eine Frau, die ich nicht vergessen werde; ich verließ sie, oder sie verließ mich, was auf dasselbe hinausläuft. Ich wurde verraten und beging Verrat. Mehr als einmal bestimmte mich das Schicksal zum Töten. Ein griechischer Soldat forderte mich heraus und ließ mir die Wahl zwischen zwei Schwertern. Eins war eine Handbreit länger als das andere. Ich begriff, daß er mir Angst machen wollte, und wählte das kürzere. Er fragte mich warum. Ich antwortete, die Entfernung von meiner Faust zu seinem Herzen bleibe gleich. An einer Küste des Schwarzen Meeres befindet sich die Runengrabschrift, die ich für meinen Gefährten Leif Arnarson einritzte. Ich habe gegen die Blauen Männer von Serkland gekämpft, die Sarazenen. Im Verlauf der Zeit bin ich viele Personen gewesen, doch dieser Wirbel war ein langer Traum. Das Wichtige war Das Wort. Manchmal glaubte ich nicht mehr daran. Ich sagte mir oft, daß es unvernünftig sei, das schöne Spiel der Verbindung schöner Worte miteinander sein zu lassen, und daß es keinen Grund gebe, nach dem einzigen, vielleicht wahnhaften zu suchen. Diese Überlegung brachte mich nicht davon ab. Ein Missionar schlug mir das Wort Gott vor, das ich zurückwies. An einem Fluß, der sich zu einem Meer hin weitete, glaubte ich eines Morgens auf die Lösung gestoßen zu sein.

Ich kehrte in das Land der Urnen zurück und gab mir Mühe, das Haus des Sängers zu finden.

Ich trat ein und sagte meinen Namen. Es war schon Nacht. Vom Boden her sagte Thorkelsson, er werde eine Kerze in dem Bronzekandelaber entzünden. Sein Gesicht war dermaßen gealtert, daß ich nicht umhin konnte, daran zu denken, daß auch ich alt war. Wie üblich fragte ich ihn nach seinem König. Er erwiderte:

›Er heißt nicht mehr Gunnlaug. Heute heißt er anders. Berichte mir alles von deinen Reisen.‹

Ich tat es so übersichtlich wie möglich und mit weitschweifigen Einzelheiten, die ich hier beiseite lasse. Bevor ich zu Ende war, fragte er mich:

›Hast du in jenen Ländern oft gesungen?‹

Die Frage traf mich unerwartet.

›Zu Anfang sang ich, um meinen Lebensunterhalt zu verdienen‹, sagte ich. ›Später entfremdete mich eine Furcht, die ich nicht verstehe, dem Gesang und der Harfe.‹

›Es ist gut‹, stimmte er zu. ›Du kannst mit deiner Geschichte fortfahren.‹

Ich gehorchte. Danach entstand ein langes Schweigen.

›Was hat die erste Frau dir gegeben, die du besessen hast?‹ fragte er.

›Alles‹, antwortete ich.

›Auch mir hat das Leben alles gegeben. Allen gibt das Leben alles, aber die meisten wissen es nicht. Meine Stimme ist müde, und meine Finger sind schwach, aber hör zu.‹

Er sagte das Wort *undr*, das Wunder bedeutet.

Ich fühlte mich hingerissen von dem Gesang des Sterbenden, doch ich sah in seinem Gesang und seinem Spiel meine eigenen Anstrengungen, die Sklavin, die mir die erste Liebe schenkte, die Männer, die ich tötete, den kalten Tagesanbruch, die Morgendämmerung auf dem Meer, die Ruder. Ich nahm die Harfe und sang zu einem anderen Wort.

›Schon gut‹, sagte der andere, und ich mußte mich ihm nähern, um ihn zu hören. ›Du hast mich verstanden.‹«

Utopie eines müden Mannes

> *Er nannte es Utopia, ein griechisches Wort,*
> *das bedeutet: Es gibt keinen solchen Ort.*
>
> Quevedo

Es gibt keine zwei gleichen Hügel, aber alle Ebenen der Erde sind sich gleich. Ich ging durch eine Ebene. Ohne viel Neugier fragte ich mich, ob ich in Oklahoma oder in Texas war oder in jener Gegend, die die Literaten Pampa nennen. Weder zur Rechten noch zur Linken sah ich einen Drahtzaun. Wie bei anderen Gelegenheiten wiederholte ich mir langsam diese Zeilen von Emilio Oribe:

> *Inmitten der grenzenlosen panischen Ebene*
> *Und Brasilien nahe*

die wachsen und wachsen und immer mehr Gewicht gewinnen.

Der Weg war holperig. Es begann zu regnen. In zwei- oder dreihundert Meter Entfernung erblickte ich das Licht eines Hauses. Es war niedrig und rechteckig und von Bäumen umstanden. Die Tür öffnete mir ein Mann, dessen Größe mir beinahe Angst einflößte. Er war grau gekleidet. Ich spürte, daß er jemanden erwartete. Die Tür war ohne Schloß.

Wir betraten ein großes Zimmer mit Wänden aus Holz. An der Decke hing eine Lampe und warf gelbliches Licht. Aus irgendeinem Grund befremdete mich der Tisch. Auf dem Tisch stand eine Wasseruhr, die erste, die ich je zu sehen bekam, außer einer auf einem Stahlstich. Der Mann wies mir einen der Stühle.

Ich versuchte es mit einigen Sprachen, wir konnten uns jedoch nicht verständigen. Als er schließlich sprach, war es Latein. Ich suchte meine schon weit zurückliegenden Gymnasialerinnerungen zusammen und bereitete mich auf das Gespräch vor.

»An der Kleidung«, sagte er, »erkenne ich, daß du aus einem anderen Jahrhundert kommst. Die Verschiedenheit der Sprachen war der Verschiedenheit der Völker und sogar den Kriegen günstig; die Welt ist zum Latein zurückgekehrt. Es gibt Leute, die fürchten, es könne wieder zum Französischen, Limousinischen oder zum Papiamento degenerieren, aber eine unmittelbare Gefahr besteht nicht. Im übrigen interessiert mich weder das, was war, noch das, was sein wird.«

Ich sagte nichts, und er fügte hinzu:

»Willst du mitkommen, falls es dir nichts ausmacht, jemanden essen zu sehen?«

Da ich sah, daß er meine Verlegenheit bemerkte, sagte ich ja.

Wir gingen durch einen Korridor mit Seitentüren, der in eine kleine Küche führte, in der alles aus Metall war. Mit der Mahlzeit auf einem Tablett kehrten wir zurück: Schalen mit Cornflakes, eine Weintraube, eine unbekannte Frucht, deren Geschmack mich an Feigen erinnerte, und ein großer Krug Wasser. Ich glaube, Brot gab es keines. Mein Gastgeber hatte scharfe Gesichtszüge, und etwas ganz und gar Ungewöhnliches war um seine Augen. Ich werde dieses strenge und bleiche Gesicht, das ich nie wiedersehen werde, niemals vergessen. Beim Sprechen machte er keine Handbewegungen.

Mich behinderte der Zwang zum Latein, aber schließlich sagte ich:

»Erstaunt dich mein plötzliches Auftauchen nicht?«

»Nein«, erwiderte er, »solche Besuche kommen bei uns alle hundert Jahre vor. Sie dauern nicht lange; spätestens morgen bist du wieder zu Hause.«

Die Gewißheit seiner Stimme beruhigte mich. Ich hielt es für angezeigt, mich vorzustellen:

»Mein Name ist Eudoro Acevedo. Ich bin 1897 geboren, in der Stadt Buenos Aires. Ich bin schon siebzig Jahre alt. Ich bin Professor für Englische und Amerikanische Literatur und schreibe phantastische Erzählungen.«

»Ich entsinne mich«, antwortete er, »zwei phantastische Erzählungen ohne Mißfallen gelesen zu haben. Die *Reisen des Kapitäns Lemuel Gulliver*, die viele für wahr halten, und die *Summa Theologica*. Aber sprechen wir nicht von Geschehenem. Geschehenes kümmert niemanden mehr. Es ist höchstens Ausgangspunkt für Erfindung und Nachdenken. In den Schulen bringen sie uns den Zweifel bei und die Kunst des Vergessens. Vergessen werden soll vor allem Persönliches und Ortsverhaftetes. Wir leben in der Zeit, die sukzessiv ist, aber wir versuchen, *sub specie aeternitatis* zu leben. Aus der Vergangenheit verbleiben uns ein paar Namen, und die Sprache neigt dazu, sie auszulöschen. Wir scheuen überflüssige Einzelheiten. Es gibt weder Chronologie noch Geschichte. Auch Statistiken gibt es nicht. Du hast mir gesagt, daß du Eudoro heißt; ich kann dir meinen Namen nicht sagen, weil man mich Jemand nennt.«

»Und wie hieß dein Vater?«

»Er hatte keinen Namen.«

An einer der Wände erblickte ich ein Bücherbord. Aufs Geratewohl schlug ich einen Band auf; die Buchstaben waren deutlich und unentzifferbar mit der Hand gezeichnet. Ihre eckigen Linien erinnerten mich an das Runenalphabet, das indessen seinerzeit nur für Inschriften benutzt wurde. Es schien mir, daß die Menschen der Zukunft nicht nur größer, sondern auch geschickter waren. Instinktiv schaute ich auf die langen und feingliedrigen Finger des Mannes.

Dieser sagte:

»Jetzt wirst du etwas sehen, was du noch nie gesehen hast.«

Behutsam reichte er mir ein Exemplar der *Utopia* von Morus, 1518 in Basel gedruckt, in dem Blätter und Tafeln fehlten.

Nicht ohne alberne Überheblichkeit erwiderte ich:

»Das ist ein gedrucktes Buch. Zu Hause dürfte ich über zweitausend davon haben, allerdings nicht so alt und so kostbar.«

Laut las ich den Titel.

Der andere lachte.

»Kein Mensch kann zweitausend Bücher lesen. In den vier Jahrhunderten, die ich jetzt lebe, habe ich nicht mehr als ein halbes Dutzend bewältigt. Außerdem kommt es nicht auf das Lesen an, sondern auf das Wiederlesen. Der Buchdruck, der heute abgeschafft ist, war eins der schlimmsten Übel der Menschheit, denn er lief darauf hinaus, überflüssige Texte zu vervielfältigen, bis einem schwindlig wurde.«

»In meiner sonderbaren Vergangenheit«, antwortete ich, »herrschte der Aberglaube, daß zwischen jedem Abend und jedem Morgen Dinge vorfallen, die zu übersehen eine Schande ist. Die Erde war bevölkert von kollektiven Gespenstern, Kanada, Brasilien, dem Schweizer Kongo und dem Gemeinsamen Markt. Von der Vorgeschichte dieser platonischen Wesenheiten wußte fast niemand etwas, dafür aber wußte man Bescheid über die geringfügigsten Einzelheiten des letzten Pädagogenkongresses, über den bevorstehenden Bruch irgendwelcher Beziehungen und über die Verlautbarungen der Präsidenten, die vom Sekretär des Sekretärs mit all der vorsichtigen Verschwommenheit ausgearbeitet wurden, die dem Genre eigen war.

Alles das las man, um es zu vergessen, denn nach wenigen Stunden löschten andere Trivialitäten es wieder aus. Von allen Ämtern war das des Politikers zweifellos das öffentlichste. Ein Gesandter oder ein Minister war eine Art von Krüppel, der zur Fortbewegung langgestreckte und geräuschvolle Fahrzeuge benötigte, umgeben von Motorradfahrern und Militäreskorten und erwartet von gierigen Photographen. Als hätte man ihnen die Füße abgehackt, pflegte meine Mutter zu sagen. Die Bilder und der gedruckte Buchstabe waren realer als die Dinge selber. Nur was veröffentlicht war, war wirklich. *Esse est percipi* (sein ist wahrgenommen werden) war der Grundsatz, das Mittel und der Zweck unserer eigentümlichen Auffassung von der Welt. In der Vergangenheit, die mich noch berührte, waren die Leute naiv; sie glaubten, eine Ware wäre gut, weil ihr Hersteller selbst es immer wieder beteuerte. Auch waren Diebstähle an der Tagesordnung, obwohl doch allen klar war, daß der Besitz von Geld weder dem Glück noch dem Seelenfrieden zuträglich ist.«

»Geld?« wiederholte er. »Es gibt niemanden mehr, der Armut leidet, die unerträglich gewesen sein muß, noch leidet jemand an Reichtum, und der muß die lästigste Form der Vulgarität gewesen sein. Jeder übt ein Amt aus.«

»Wie die Rabbiner«, sagte ich.

Er schien nicht zu verstehen und fuhr fort:

»Auch Städte gibt es nicht mehr. Nach den Ruinen von Bahía Blanca zu urteilen, die ich neugierigerweise erkundet habe, ist es um sie nicht schade. Da es keinen Besitz gibt, wird auch nichts weitervererbt. Wenn der Mensch mit hundert Jahren reif wird, ist er bereit, sich selber und seiner Einsamkeit gegenüberzutreten. Er hat dann ein Kind gezeugt.«

»Ein Kind?« fragte ich.

»Ja. Ein einziges. Es ist nichts daran gelegen, das Menschengeschlecht zu vermehren. Es gibt Leute, die es für ein Organ der Gottheit halten, welches das Bewußtsein des Universums bewahrt, doch niemand weiß mit Sicherheit, ob es eine solche Gottheit gibt. Ich glaube, derzeit erörtert man die Vor- und Nachteile eines allmählichen oder gleichzeitigen Selbstmordes aller Menschen auf der Welt. Aber zurück zu uns selber.«

Ich stimmte zu.

»Wenn er hundert Jahre alt ist, kann der einzelne auf Liebe und Freundschaft verzichten. Leiden und ungewollter Tod bedeuten für ihn keine Drohung. Er übt sich in einer Kunst, der Philosophie, der Mathematik oder spielt gegen sich selber Schach. Wenn er will, bringt er sich um. Als Herr seines Lebens ist der Mensch auch Herr seines Todes.«

»Handelt es sich um ein Zitat?« fragte ich.

»Gewiß doch. Uns bleiben nur noch Zitate. Die Sprache ist ein System von Zitaten.«

»Und das große Abenteuer meiner Zeit, die Raumfahrt?« fragte ich.

»Vor Jahrhunderten schon wurden diese Reisen aufgegeben, die gewiß Bewunderung verdienten. Einem Hier und Jetzt konnten wir nie entfliehen.«

Lächelnd setzte er hinzu:

»Außerdem ist jede Reise eine im Raum. Von einem Planeten zum anderen zu reisen ist wie zum Bauernhof gegenüber zu gehen. Als Sie dieses Zimmer betraten, haben Sie eine Reise im Raum unternommen.«

»Genau«, erwiderte ich. »Auch sprach man von chemischen Substanzen und zoologischen Tieren.«

Der Mann kehrte mir jetzt den Rücken zu und blickte durch die Fensterscheiben. Die Ebene draußen mit ihrem schweigsamen Schnee im Mondlicht war weiß.

Ich wagte zu fragen:

»Gibt es noch Museen und Bibliotheken?«

»Nein. Wir möchten die Vergangenheit vergessen, außer bei der Abfassung von Elegien. Es gibt weder Gedenkfeiern noch Zentenarien, noch Bildnisse Toter. Jeder muß auf eigene Faust die Wissenschaften und Künste hervorbringen, die er benötigt.«

»Dann muß also jeder sein eigener Bernard Shaw, sein eigener Jesus Christus und sein eigener Archimedes sein.«

Er stimmte wortlos zu. Ich erkundigte mich:

»Was ist aus den Regierungen geworden?«

»Der Überlieferung zufolge kamen sie immer mehr außer Gebrauch. Sie riefen zu Wahlen auf, erklärten Kriege, kassierten Steuern, beschlagnahmten Vermögen, befahlen Verhaftungen und bemühten sich, die Zensur durchzusetzen, doch niemand auf der Welt leistete ihnen Folge. Die Presse hörte auf, ihre Beiträge und Bilder zu veröffentlichen. Die Politiker mußten sich nach ehrlichen Berufen umsehen; einige wurden gute Komiker oder gute Wunderheiler. Die Wirklichkeit war sicher komplizierter als dieses Resümee.«

Er wechselte den Ton und sagte:

»Ich habe dieses Haus gebaut, das allen anderen gleicht. Ich habe diese Möbel und diese Geräte gebastelt. Ich habe dies Land bestellt, das andere, deren Gesicht ich niemals zu sehen bekam, besser bestellen werden als ich. Ich kann dir einiges zeigen.«

Ich folgte ihm in das Nebenzimmer. Er zündete eine Lampe an, die ebenfalls von der Decke hing. In einer Ecke erblickte ich eine Harfe mit wenigen Saiten. An den Wänden hingen rechteckige Leinwände, auf denen gelbe Farbtöne vorherrschten. Sie schienen nicht das Werk ein und desselben Mannes zu sein.

»Das ist mein Werk«, erklärte er.

Ich betrachtete die Bilder und blieb vor dem kleinsten stehen, das einen Sonnenuntergang vorstellte oder andeutete und etwas Unendliches enthielt.

»Wenn es dir gefällt, kannst du es mitnehmen, als Andenken an einen zukünftigen Freund«, sagte er ruhig.

Ich dankte ihm, doch andere Bilder irritierten mich. Ich will nicht sagen, daß sie weiß waren, aber sie waren nahezu weiß.

»Sie sind mit Farben gemalt, die deine antiquierten Augen nicht wahrnehmen können.«

Die zarten Hände berührten die Saiten der Harfe, und ich vernahm nur mit Mühe den einen oder anderen Laut.

In diesem Augenblick hörte man es klopfen.

Eine große Frau und drei oder vier Männer betraten das Haus. Man hätte gemeint, daß sie Geschwister seien oder daß die Zeit sie einander angeglichen habe. Mein Gastgeber sprach zunächst mit der Frau.

»Ich wußte, daß du heute nacht nicht fernbleiben würdest. Hast du Nils gesehen?«

»Manchmal nachmittags. Er widmet sich immer noch ganz der Malerei.«

»Hoffentlich mit mehr Glück als sein Vater.«

Manuskripte, Gemälde, Möbel, Geräte; wir ließen nichts mehr im Haus zurück.

Die Frau arbeitete genau wie die Männer. Ich schämte mich, daß meine Schwäche mir kaum erlaubte, ihnen behilflich zu sein. Niemand schloß die Tür, und mit den Sachen beladen verließen wir das Haus. Ich bemerkte, daß es ein Satteldach hatte.

Nach fünfzehnminütigem Fußmarsch bogen wir nach links ab. Undeutlich erblickte ich in der Ferne eine Art Turm, den eine Kuppel krönte.

»Das ist das Krematorium«, sagte jemand. »Darinnen ist die Todeskammer. Ein Menschenfreund, der, glaube ich, Adolf Hitler hieß, soll sie erfunden haben.«

Der Wärter, dessen Statur mich nicht erstaunte, öffnete uns die Gittertür.

Mein Gast murmelte ein paar Worte. Ehe er die Stätte betrat, verabschiedete er sich mit einer Handbewegung.

»Es wird weiter schneien«, verkündete die Frau.

In meinem Schreibtisch in der Calle México bewahre ich das Gemälde auf, das jemand in Tausenden von Jahren malen wird, mit Substanzen, die heute noch über den ganzen Erdball verstreut sind.

Die Bestechung

Die Geschichte, die ich hier berichte, ist die zweier Männer oder vielmehr die einer Episode, in der zwei Männer eine Rolle spielen. Der Vorgang selber, weder ungewöhnlich noch phantastisch, ist von geringerer Bedeutung als der Charakter der Hauptpersonen. Beide sündigten sie aus Eitelkeit, jedoch auf ganz verschiedene Weise und mit verschiedenem Ergebnis. Die Anekdote (in Wahrheit handelt es sich um kaum mehr) trug sich vor kurzem in einem Staat Amerikas zu. Ich bin der Meinung, daß sie sich nirgendwo anders hätte zutragen können.

Ende 1961 hatte ich Gelegenheit, mich an der Universität von Texas in Austin ausführlich mit einem der beiden zu unterhalten, mit Dr. Ezra Winthrop. Er war Professor für Altenglisch (er hatte etwas gegen den Gebrauch des Wortes Angelsächsisch, das ein Kunstprodukt aus zwei Teilen suggeriert). Ich entsinne mich, daß er meine vielen Irrtümer und gewagten Mutmaßungen berichtigte, ohne mir ein einziges Mal zu widersprechen. Man sagte mir, daß er es in den Prüfungen vorzog, keine einzige Frage zu formulieren; er bat den Studenten, über dies oder jenes Thema zu sprechen, und überließ es ihm, welchen Punkt genau er sich wählte. Er war aus Boston gebürtig und kam aus einer alten puritanischen Familie, so daß es ihm schwergefallen war, sich an die Sitten und Vorurteile des Südens zu gewöhnen. Er vermißte den Schnee, aber ich habe beobachtet, daß den Leuten im Norden beigebracht wird, sich gegen die Kälte zu schützen, so wie wir uns vor der Hitze schützen. Ich sehe noch das bereits verschwommene Bild eines eher großen, grauhaarigen, weniger beweglichen als kräftigen Mannes. Deutlicher ist meine Erinnerung an seinen Kollegen Herbert Locke, der mir ein Exemplar seines Buches *Toward a History of the Kenning* gab, in dem steht, daß die Angelsachsen sehr bald auf jene ein wenig mechanischen Metaphern verzichteten (Walfischstraße für das Meer, Schlachtenfalke für den Adler), während die skandinavischen Dichter sie bis zur Unentwirrbarkeit kombinierten und verknüpften. Ich habe Herbert Locke erwähnt, weil er zu meiner Geschichte gehört.

Nunmehr komme ich zu dem Isländer Erik Einarsson, vielleicht der wirklichen Hauptfigur. Ich habe ihn nie gesehen. Er traf 1969 in Texas ein, als ich mich in Cambridge aufhielt, aber die Briefe eines gemeinsamen Freundes, Ramón Martínez López, haben mir die Vorstellung hinterlassen, ihn aufs genaueste zu kennen. Ich weiß, daß er heftig, energisch und kühl ist; in einem Land großgewachsener Männer ist er von großer Statur. Bei seinen roten Haaren war es unvermeidlich, daß die Studenten ihm den Spitznamen Erik der Rote gaben. Er war der Ansicht, daß der notwendigerweise falsche Gebrauch von Slang den Ausländer zum Eindringling macht, und ließ sich niemals auch nur zu einem *okay* herab. Als tüchtigem Fachmann für die nordischen Sprachen, Englisch, Latein und – obwohl er es nicht eingestand – Deutsch, fiel es ihm nicht schwer, seinen Weg an den Universitäten Amerikas zu machen. Seine erste Arbeit war eine Monographie über die vier Artikel, die de Quincey dem Einfluß des Dänischen im Seengebiet von Westmoreland gewidmet hatte. Ihr folgte eine zweite über den Dialekt der Bauern von Yorkshire. Beide Studien wurden freundlich aufgenommen, doch war Einarsson der Meinung, daß seiner Karriere irgendein Element des Erstaunlichen nottat. 1970 veröffentlichte er in Yale eine üppige kritische Ausgabe der *Ballade von Maldon*. Die *scholarship* der Anmerkungen war unbestreitbar, aber gewisse Hypothesen des Vorworts riefen in den fast geheimen akademischen Zirkeln einiges an Diskussionen hervor. Einarsson behauptete beispielsweise, der Stil der Ballade sei wenn auch entfernt dem epischen Fragment *Finnsburh* verwandt, nicht der gemessenen Rhetorik des *Beowulf*, und seine Handhabung bewegender Einzelzüge nehme auf sonderbare Weise die Methoden vorweg, die wir nicht zu Unrecht an den isländischen Sagas bewundern. Er berichtigte gleichfalls verschiedene Lesarten des Textes von Elphinston. Schon 1969 war er als Professor an die Universität von Texas berufen worden. Bekanntlich werden an amerikanischen Universitäten gern und häufig Germanistenkongresse abgehalten. Das letzte Mal hatte Dr. Winthrop das Glück gehabt, nach East Lansing geschickt zu werden. Der Chef der Abteilung, der sich auf sein Sabbatjahr vorbereitete, bat ihn, sich einen Kandidaten für die nächste Tagung in Wisconsin zu überlegen. Im übrigen gab es nicht mehr als zwei: Herbert Locke oder Erik Einarsson.

Winthrop hatte sich wie Carlyle vom puritanischen Glauben seiner Vorfahren losgesagt, nicht jedoch von der puritanischen Moral. Er hatte es nicht abgelehnt, seinen Rat zu geben; seine Pflicht war klar. Seit 1954 hatte Herbert Locke ihm seine Hilfe bei einer kommentierten Ausgabe des *Beowulf*-Epos nicht vorenthalten, die bei bestimmten Fragestellungen den Gebrauch der Klaeberschen Ausgabe ersetzt hatte; im Augenblick kompilierte er ein für die Germanistik sehr nützliches Werk: ein englisch-angelsächsisches Wörterbuch, das den Lesern die oft nutzlose Konsultierung der etymologischen Wörterbücher ersparen sollte. Einarsson war sehr viel jünger; seine anmaßenden Allüren trugen ihm allgemeine Abneigung ein, die von Winthrop nicht ausgeschlossen. Die kritische Ausgabe von *Finnsburh* hatte nicht wenig dazu beigetragen, seinen Namen bekannt zu machen. Er wurde leicht polemisch; auf dem Kongreß würde er sich besser ausnehmen als der verschlossene und schüchterne Locke. In diesen Grübeleien steckte Winthrop, als es geschah.

In Yale erschien ein ausführlicher Artikel über das Studium der angelsächsischen Literatur und Sprache. Unter der letzten Seite standen die durchsichtigen Initialen E. E. und, wie um den letzten Zweifel zu beseitigen, die Ortsangabe Texas. Der Artikel, abgefaßt in einem korrekten Ausländer-Englisch, nahm sich nicht die mindeste Unhöflichkeit heraus, entbehrte jedoch nicht einer gewissen Heftigkeit. Er verfocht die

These, daß es ebenso willkürlich sei, jenes Studium mit dem *Beowulf*-Epos zu beginnen, einem zeitlich archaischen, aber im Stil pseudovergilischen und rhetorischen Werk, wie es willkürlich wäre, beim Englisch-Studium mit Miltons verwikkelten Versen den Anfang zu machen. Er schlug eine Umkehrung der chronologischen Folge vor: mit dem Grab-Gedicht aus dem elften Jahrhundert anzufangen, das die heutige Sprache durchscheinen läßt, und dann zu den Ursprüngen zurückzugehen. Was den *Beowulf* betreffe, so genüge irgendein Auszug aus dem langweiligen Dreitausendvers-Komplex; zum Beispiel die Totenriten für Scyld, der dem Meer zurückgegeben wird, wie er übers Meer kam. Kein einziges Mal fiel der Name Winthrop, doch fühlte sich dieser in einem fort angegriffen. Dieser Umstand machte ihm weniger zu schaffen als die Tatsache, daß man seine pädagogische Methode in Frage stellte.

Es blieben nur noch wenige Tage. Winthrop wollte gerecht sein und konnte nicht zulassen, daß Einarssons Schrift, die bereits von vielen wieder- und wiedergelesen und kommentiert wurde, seine Entscheidung beeinflußte. Das machte ihm nicht wenig Sorgen. Eines Vormittags beriet sich Winthrop mit seinem Chef; am selben Nachmittag noch erhielt Einarsson den offiziellen Auftrag für die Reise nach Wisconsin.

Am Vorabend des neunzehnten März, des Tags der Abreise, erschien Einarsson im Büro von Ezra Winthrop. Er kam, um sich zu verabschieden und zu bedanken. Eins der Fenster ging auf eine baumbestandene und schräge Straße, und es umgaben sie Bücherregale; sofort erkannte Einarsson die erste in Pergament gebundene Ausgabe der *Edda Islandorum*. Winthrop antwortete, er sei sicher, daß der andere seinen Auftrag bestens erfüllen werde und daß er ihm nichts zu danken habe. Wenn ich mich nicht täusche, war es ein langes Gespräch.

»Reden wir offen«, sagte Einarsson. »Der letzte Trottel in dieser Universität weiß, daß unser Chef Lee Rosenthal mich einzig und allein auf Ihren Rat hin mit der ehrenvollen Aufgabe betraut, uns zu vertreten. Ich werde versuchen, ihn nicht zu enttäuschen. Ich bin ein guter Germanist; die Sprache meiner Kindheit ist die der Sagas, und ich spreche das Angelsächsische besser aus als meine britischen Kollegen. Meine Studenten sagen *cyning*, nicht *cunning*. Sie wissen auch, daß es streng verboten ist, während des Unterrichts zu rauchen, und daß sie nicht in Hippie-Aufmachung zu erscheinen haben. Was meinen enttäuschten Rivalen angeht, so würde es von äußerst schlechtem Geschmack zeugen, wenn ich ihn kritisierte; in bezug auf die *Kenning* beweist er nicht nur die Kenntnis der originalen Quellen, sondern auch der relevanten Arbeiten von Meissner und Marquardt. Lassen wir diesen ganzen Unfug. Ihnen, Dr. Winthrop, schulde ich eine persönliche Erklärung. Ich habe mein Vaterland Ende 1967 verlassen. Wenn jemand beschließt, in ein fernes Land zu emigrieren, dann stellt sich zwangsläufig die Verpflichtung ein, in diesem Land vorwärtszukommen. Meine beiden ersten kleinen Werke waren rein philologischer Natur und verfolgten keinen anderen Zweck als den, meine Befähigung unter Beweis zu stellen. Das war offensichtlich nicht ausreichend. Die *Ballade von Maldon* hatte mich immer interessiert, und abgesehen von der einen oder anderen Lücke kann ich sie auswendig. Ich habe es erreicht, daß die zuständigen Stellen von Yale meine kritische Ausgabe veröffentlichen. Wie Sie wissen, verzeichnet die Ballade einen skandinavischen Sieg, doch was den Gedanken angeht, daß sie die späteren Sagas Islands beeinflußt haben soll, so halte ich ihn für unzulässig und absurd. Ich habe ihn nur aufgenommen, um den englischsprachigen Lesern zu schmeicheln.

Jetzt komme ich zum Wesentlichen: meiner polemischen Glosse im ›*Yale Monthly*‹. Wie Sie sehr wohl wissen, rechtfertigt sie mein System oder sucht es zu rechtfertigen, aber übertreibt absichtlich die Nachteile des Ihren, das den Schülern zwar die Langeweile von dreitausend verwickelten aufeinanderfolgenden Versen aufnötigt, in denen eine wirre Geschichte erzählt wird, sie dafür aber mit einem üppigen Wortschatz ausstattet, der es ihnen, sofern sie nicht aufgegeben haben, dann erlaubt, den ganzen Corpus der altenglischen Literatur zu genießen. Meine eigentliche Absicht war, nach Wisconsin zu fahren. Sie und ich, lieber Freund, wir wissen, daß Kongresse Unfug sind, Geldverschwendungen, daß sie jedoch zur Vereinbarung eines Curriculums führen können.«

Winthrop sah ihn überrascht an. Er war intelligent, neigte indessen dazu, die Dinge ernst zu nehmen, sogar die Kongresse und das Universum, das sehr wohl ein kosmischer Scherz sein mag. Einarsson fuhr fort:

»Vielleicht erinnern Sie sich noch an unser erstes Gespräch. Ich war gerade aus New York angekommen. Es war ein Sonntag; die Mensa der Universität war geschlossen, und wir gingen zum Mittagessen ins *Nighthawk*. Damals habe ich viel gelernt. Als guter Europäer hatte ich immer angenommen, daß der Bürgerkrieg ein Kreuzzug gegen die Sklavenhalter war; Sie vertraten die Meinung, daß der Süden im Recht war, wenn er sich von der Union trennen und seine Institutionen beibehalten wollte. Um Ihren Behauptungen mehr Gewicht zu geben, sagten Sie, daß Sie aus dem Norden stammen und daß einer Ihrer Vorfahren in den Reihen von Henry Halleck gekämpft hatte. Sie haben sogar den Mut der Konföderierten gerühmt. Im Unterschied zu den übrigen weiß ich fast sofort, was für ein Mensch der andere ist. Dieser Vormittag genügte mir. Ich begriff, mein lieber Winthrop, daß Sie von der sonderbaren amerikanischen Leidenschaft der Unparteilichkeit beherrscht werden. Vor allem wollen Sie *fairminded* sein. Eben weil Sie aus dem Norden kommen, haben Sie versucht, die Sache des Südens zu verstehen und zu rechtfertigen. Da mir klar war, daß meine Fahrt nach Wisconsin von ein paar Worten abhing, die Sie zu Rosenthal sagen würden, beschloß ich, mir meine kleine Entdeckung zunutze zu machen. Ich begriff, daß das wirksamste Mittel, Ihre Unterstützung zu erhalten, darin bestünde, Ihre Lehrmethode anzugreifen. Unverzüglich habe ich meinen Aufsatz verfaßt. Die Gewohnheiten des ›*Monthly*‹ zwangen mich, Initialen zu benutzen, doch unternahm ich alles irgend Mögliche, an der Identität des Autors nicht den mindesten Zweifel zu lassen. Ich vertraute sie sogar vielen Kollegen an.«

Es war lange still. Winthrop war der erste, der das Schweigen brach.

»Jetzt verstehe ich«, sagte er. »Ich bin ein alter Freund von Herbert, dessen Arbeit ich schätze; Sie haben mich mittelbar oder unmittelbar angegriffen. Ihnen meine Unterstützung zu verweigern, wäre eine Art Vergeltung gewesen. Ich habe die Verdienste beider einander gegenübergestellt, und das Ergebnis ist Ihnen bekannt.«

Als dächte er laut, fügte er hinzu:

»Vielleicht habe ich dem eitlen Wunsch nachgegeben, nicht rachsüchtig zu sein. Wie Sie sehen, hat Ihre Kriegslist Erfolg gehabt.«

»Kriegslist ist das richtige Wort«, erwiderte Einarsson, »aber ich bereue nicht, was ich getan habe. Ich werde auf die bestmögliche Weise für unseren Fachbereich eintreten. Im übrigen stand mein Entschluß fest, nach Wisconsin zu fahren.«

»Mein erster Wikinger«, sagte Winthrop und sah ihm in die Augen.

»Noch solch ein romantischer Aberglaube. Es langt nicht, Skandinavier zu sein, um von den Wikingern abzustammen. Meine Vorfahren waren gute Pastoren der evangelischen Kirche; zu Anfang des zehnten Jahrhunderts waren meine Ahnen vielleicht gute Priester Thors. In meiner Familie hat es meines Wissens keine Seefahrer gegeben.«

»In meiner viele«, antwortete Winthrop. »Trotzdem sind wir nicht so verschieden. Eine Sünde verbindet uns: die Eitelkeit. Sie haben mich aufgesucht, um sich Ihrer großartigen Kriegslist zu rühmen; ich habe Sie unterstützt, um mich zu rühmen, ein rechtschaffener Mann zu sein.«

»Noch etwas verbindet uns«, erwiderte Einarsson. »Die Staatsangehörigkeit. Ich bin amerikanischer Staatsbürger. Mein Schicksal liegt hier, nicht in Ultima Thule. Sie werden sagen, daß ein Paß das Wesen eines Menschen nicht ändert.«

Sie gaben einander die Hand und verabschiedeten sich.

Avelino Arredondo

Die Sache trug sich 1897 in Montevideo zu.

Jeden Sonnabend saßen die Freunde am selben seitlichen Tisch des *Café del Globo*, wie respektable Arme, die wissen, daß sie ihre eigene Wohnung nicht vorzeigen können, oder deren Umkreis meiden. Sie waren alle aus Montevideo; anfangs war es ihnen schwer gefallen, sich mit Arredondo anzufreunden, einem Mann aus dem Binnenland, der sich keine Vertraulichkeiten herausnahm und keine Fragen stellte. Er war kaum über zwanzig Jahre, mager und dunkelhaarig, eher klein und vielleicht etwas schwerfällig. Das Gesicht hätte nahezu anonym gewirkt, wären nicht seine zugleich schläfrigen und energischen Augen gewesen. Angestellter eines Kurzwarenladens in der Calle Buenos Aires, studierte er in seiner Freizeit Jura. Wenn die anderen den Krieg verwünschten, der das Land verwüstete und den der Präsident nach allgemeiner Meinung aus unwürdigen Gründen in die Länge zog, schwieg Arredondo. Er schwieg auch, wenn sie sich seiner Knauserigkeit wegen über ihn lustig machten.

Kurz nach der Schlacht von Cerros Blancos teilte Arredondo seinen Freunden mit, daß sie ihn einige Zeit nicht sehen würden, da er nach Mercedes fahren müsse. Die Nachricht beunruhigte keinen. Jemand riet ihm, sich vor der Gaucho-Bande von Aparicio Saravia vorzusehen; Arredondo erwiderte mit einem Lächeln, daß er vor den Blancos keine Angst habe. Der andere, der der Partei beigetreten war, sagte nichts.

Schwerer fiel es ihm, sich von Clara, seiner Braut, zu verabschieden. Er tat es mit den gleichen Worten. Sie solle keine Briefe von ihm erwarten, kündigte er ihr an, denn er würde sehr beschäftigt sein. Clara, die nicht zu schreiben gewöhnt war, nahm den Zusatz ohne Widerspruch hin. Die beiden liebten einander sehr.

Arredondo wohnte in einem Vorort. Es versorgte ihn eine Mulattin, die denselben Namen trug wie er, da ihre Vorfahren in der Zeit des Großen Kriegs Sklaven der Familie gewesen waren. Sie war durch und durch vertrauenswürdig; er trug ihr auf, jedem, der nach ihm fragen sollte, zu sagen, er sei auf dem Land. Seinen letzten Lohn im Kurzwarenladen hatte er schon in Empfang genommen.

Er bezog ein Hinterzimmer, jenes, das auf den ungepflasterten Patio ging. Die Maßnahme war unnötig, half ihm jedoch, sich an jene Abgeschiedenheit zu gewöhnen, die ihm sein Wille aufzwang.

Von dem engen Eisenbett aus, in dem er seine Gewohnheit, Mittagsruhe zu halten, zurückgewann, sah er mit einiger Traurigkeit auf ein leeres Bücherbord. Er hatte alle seine Bücher verkauft, sogar die Einführungen in die Rechtswissenschaft. Es blieb ihm einzig eine Bibel, die er niemals gelesen hatte und die er nicht beendete.

Er studierte Seite um Seite, manchmal interessiert und manchmal gelangweilt, und zwang sich dazu, ein Kapitel aus dem Exodus und das Ende des Predigers Salomo auswendig zu lernen. Er versuchte nicht zu verstehen, was er gerade las. Er war Freidenker, ließ aber keinen Abend verstreichen, ohne das Vaterunser zu wiederholen, wie er es seiner Mutter versprochen hatte, als er nach Montevideo gekommen war. Dieses Sohnesversprechen zu brechen, hätte ihm Unglück bringen können.

Er wußte, daß sein Ziel der Morgen des 25. August war. Er wußte genau, wieviel Tage er bis dahin noch vor sich hatte. Wäre das Ziel einmal erreicht, so bliebe die Zeit stehen, oder es wäre, besser gesagt, nichts mehr wichtig, was danach noch geschähe. Er wartete auf das Datum wie jemand, der ein Glück und eine Befreiung erwartet. Er hatte seine Uhr angehalten, um sie nicht immer wieder anzusehen, aber jede Nacht riß er, wenn er die zwölf dunklen Glockenschläge hörte, ein Blatt vom Kalender und dachte: ›Ein Tag weniger.‹

Zu Anfang wollte er sich einen starren Tagesablauf einrichten. Mate trinken, die selbstgedrehten schwarzen Zigaretten rauchen, eine bestimmte Zahl von Seiten lesen und rekapitulieren, versuchen mit Clementina zu sprechen, wenn sie ihm auf einem Tablett das Essen brachte, eine bestimmte Rede wiederholen und ausschmücken, ehe er die Kerze löschte. Mit Clementina zu sprechen, einer schon älteren Frau, war nicht eben leicht, denn mit ihrer Erinnerung war sie noch auf dem Land und beim Alltag des Landlebens.

Er besaß auch ein Schachbrett, auf dem er planlose Partien spielte, die kein Ende fanden. Es fehlte ihm ein Turm, den er gewöhnlich durch eine Kugel oder eine kleine Münze ersetzte.

Um sich die Zeit zu vertreiben, machte Arredondo jeden Morgen mit einem Lappen und einem Reisigbesen das Zimmer sauber und verjagte die Spinnen. Der Mulattin gefiel es nicht, daß er sich zu derartigen Handarbeiten herabließ, die zu ihrem Reich gehörten und von denen er im übrigen auch nichts verstand.

Es wäre ihm lieber gewesen, erst aufzuwachen, wenn die Sonne bereits hoch stand, aber die Gewohnheit, bei Tagesanbruch wach zu werden, war stärker als sein Wille. Er vermißte seine Freunde sehr und war sich ohne Bitterkeit darüber klar, daß sie ihn bei seiner unüberwindlichen Zurückhaltung nicht vermißten. Eines Nachmittags fragte einer von ihnen nach ihm, und er wurde auf dem Flur abgewiesen. Die Mulattin kannte ihn nicht; Arredondo erfuhr niemals, wer es war. Als eifrigem Zeitungsleser wurde es ihm schwer, auf diese Museen flüchtiger Bagatellen zu verzichten. Er war nicht der Mann, nachzudenken und nachzugrübeln.

Seine Tage und Nächte waren sich gleich, aber die Sonntage lasteten stärker auf ihm.

Mitte Juli kam er zu dem Schluß, daß er einen Fehler gemacht hatte, als er sich die Zeit einteilte, die uns doch ohnehin dahinträgt. Also ließ er seine Phantasie über das weite, heute blutgetränkte Land des Ostufers irren, über die zerwühlten Felder von Santa Irene, wo er Drachen hatte steigen lassen, zu einem bestimmten gescheckten Pony, das inzwischen tot sein mußte, zu dem Staub, den das Vieh aufwirbelt, wenn die Hirten es treiben, zu der müden Postkutsche, die einmal im Monat mit ihrer Trödelladung aus Fray Bentons kam, zur Bucht von La Agraciada, wo die Dreiunddreißig an Land gegangen waren, zum Hervidero, zu Höhenrücken, Bergen und Flüssen, zum Cerro, auf dem er einst bis zum Leuchtturm gestiegen war, dem Gedanken hingegeben, daß es zu beiden Seiten des Plata nichts seinesgleichen gebe. Vom Berg an der Bucht schweifte er einmal zum Berg im Stadtwappen und schlief ein.

Jede Nacht brachte der Wind Kühle vom Meer, die dem Schlaf förderlich war. An Schlaflosigkeit litt er nicht.

Es verlangte ihn sehr nach seiner Braut, aber er hatte sich gesagt, daß ein Mann nicht an Frauen denken dürfe, vor allem dann nicht, wenn sie ihm fehlen. Das Land hatte ihn an die Enthaltsamkeit gewöhnt. Was das andere betraf ... Er versuchte so wenig wie möglich an den Mann zu denken, den er haßte.

Das Geräusch des Regens auf dem flachen Dach war bei ihm.

Für den Gefangenen oder den Blinden fließt die Zeit flußabwärts, als ginge es einen leichten Hang hinunter. Als seine Abgeschiedenheit zur Hälfte vorüber war, erreichte Arredondo nicht nur einmal diese nahezu zeitlose Zeit. Im ersten Patio befand sich eine Zisterne mit einer Kröte in der Tiefe; niemals kam er auf den Gedanken, daß die Zeit der Kröte, die der Ewigkeit nahe ist, jene war, die er suchte.

Als der Tag nicht mehr fern war, setzte von neuem die Ungeduld ein. Einmal, nachts, ertrug er sie nicht mehr und ging auf die Straße. Alles erschien ihm deutlich und größer. Als er um eine Ecke bog, sah er ein Licht und betrat einen Laden. Um seine Anwesenheit zu rechtfertigen, verlangte er einen bitteren Zuckerrohrschnaps. Am Holztresen lehnten einige Soldaten und unterhielten sich. Einer von ihnen sagte:

»Sie wissen alle, es ist streng verboten, Nachrichten von den

Kämpfen weiterzugeben. Gestern nachmittag ist uns was passiert, das wird Sie amüsieren. Ich und ein paar Kameraden aus der Kaserne kommen bei ›*La Razón*‹ vorbei. Von draußen hören wir eine Stimme, die gegen den Befehl verstößt. Sofort gehen wir hinein. Die Redaktion ist stockfinster, aber jemand redet immer weiter, und wir feuern auf den. Als er still ist, wollen wir ihn an den Beinen herausschleppen, aber dann sehen wir, es ist ein Apparat, den sie Grammophon nennen und der ganz von allein geredet hat.«

Alle lachten.

Arredondo war geblieben und hatte zugehört. Der Soldat sprach ihn an:

»Wie gefällt Ihnen das, Kumpel?«

Arredondo schwieg. Der Uniformierte näherte ihm sein Gesicht und sagte:

»Ruf sofort: Es lebe der Präsident der Nation, Juan Idiarte Borda!«

Arredondo verweigerte den Gehorsam nicht. Unter spöttischem Beifall erreichte er die Tür. Noch auf der Straße traf ihn eine letzte Beleidigung:

»Angst ist nicht blöd und macht nicht wütend.«

Er hatte sich wie ein Feigling benommen, aber er wußte, daß er keiner war. Ruhig ging er zurück nach Hause.

Am 25. August wachte Avelino Arredondo nach neun Uhr auf. Zuerst dachte er an Clara und dann erst an das Datum. Erleichtert sagte er sich: ›Jetzt hat das mühsame Warten ein Ende. Der Tag ist gekommen.‹

Er rasierte sich ohne Hast, und im Spiegel begegnete ihm das übliche Gesicht. Er suchte sich eine rötliche Krawatte und seine beste Kleidung heraus. Er frühstückte spät. Der graue Himmel sah nach Sprühregen aus; er hatte ihn sich immer strahlend vorgestellt. Ein bitterer Nachgeschmack streifte ihn, als er für immer das klamme Zimmer verließ. Auf dem Flur begegnete er der Mulattin und gab ihr die letzten Pesos, die ihm verblieben waren. Im Ladenschild der Eisenwarenhandlung sah er die farbigen Rhomben und überlegte, daß er über zwei Monate nicht an sie gedacht hatte. Er machte sich auf den Weg zur Calle de Sarandí. Es war ein Feiertag, und die Straßen waren fast menschenleer.

Es hatte noch nicht drei geschlagen, als er auf der Plaza Matriz ankam. Das Tedeum war bereits zu Ende; eine Gruppe Herren, Militärs und Prälaten kamen die flache Freitreppe der Kirche herunter. Auf den ersten Blick konnten die Zylinderhüte, die Uniformen, die Silberstickereien, die Waffen und die Leibröcke den falschen Eindruck erwecken, es handele sich um viele; in Wirklichkeit waren es nicht mehr als dreißig. Arredondo, der keine Furcht verspürte, empfand eine Art Respekt. Er fragte, wer der Präsident sei. Man antwortete ihm:

»Der neben dem Erzbischof mit der Mitra und dem Stab.«

Er zog den Revolver heraus und schoß.

Idiarte Borda machte ein paar Schritte, fiel auf das Gesicht und sagte deutlich: »Ich bin tot.«

Arredondo lieferte sich den Behörden aus. Später erklärte er:

»Ich bin Colorado und sage das voller Stolz. Ich habe den Präsidenten umgebracht, der unsere Partei verraten und beschmutzt hat. Ich habe mit den Freunden und der Braut gebrochen, um sie herauszuhalten; ich habe keine Zeitungen angesehen, damit keiner sagen kann, sie hätten mich aufgehetzt. Dieser Akt der Gerechtigkeit gehört mir. Jetzt möge man mich richten.«

So wird der Hergang gewesen sein, obwohl komplizierter; so kann ich ihn mir in meinen Träumen vorstellen.

Die Scheibe

Ich bin Holzfäller. Der Name tut nichts zur Sache. Die Hütte, in der ich geboren bin und in der ich bald sterben muß, steht am Rand des Waldes. Vom Walde heißt es, er erstrecke sich bis ans Meer, das die ganze Welt umgibt und auf dem Holzhäuser fahren, die meinem gleichen. Ich weiß es nicht; ich habe es nie gesehen. Auch die andere Seite des Waldes kenne ich nicht. Als wir klein waren, ließ mich mein älterer Bruder schwören, daß wir beide den ganzen Wald abholzen würden, bis kein einziger Baum mehr übrig wäre. Mein Bruder ist tot, und heute ist mein Ziel ein anderes und wird es immer bleiben. Nach Sonnenuntergang hin verläuft ein Fluß, in dem ich mit der Hand fischen kann. Im Walde gibt es Wölfe, doch schrecken sie mich nicht, und nie war mir die Axt ungehorsam. Meine Jahre habe ich nicht gezählt. Ich weiß, es sind viele. Meine Augen sehen kaum noch. Im Dorf, in das ich nicht mehr gehe, weil ich mich dort nicht zurechtfinden würde, bin ich als Geizhals verrufen, aber was kann ein Waldarbeiter schon zusammenbringen?

Ich versperre die Tür meines Hauses mit einem Stein, damit der Schnee nicht eindringt. Eines Nachmittags hörte ich mühsame Schritte und dann einen Schlag. Ich öffnete, und ein Unbekannter trat ein. Es war ein großer alter Mann, in einen abgetragenen Überwurf gehüllt. Eine Narbe lief ihm quer über das Gesicht. Die Jahre schienen ihn eher herrisch als hinfällig gemacht zu haben, aber ich bemerkte, daß er ohne Stock nur mit Mühe laufen konnte. Wir wechselten einige Worte, an die ich mich nicht erinnere. Schließlich sagte er:

»Ich bin nirgends zu Hause und schlafe, wo ich kann. Ich bin durch ganz Sachsenland gewandert.«

Diese Worte paßten zu seinem Alter. Mein Vater hatte immer von Sachsenland gesprochen; heute sagt man England.

Ich hatte Brot und Fisch. Beim Essen redeten wir nicht. Es begann zu regnen. Mit einigen Fellen baute ich ihm auf dem Boden eine Lagerstatt, dort, wo mein Bruder gestorben war. Als die Nacht anbrach, schliefen wir ein.

Es wurde Tag, als wir das Haus verließen. Der Regen hatte aufgehört, und die Erde war bedeckt mit neuem Schnee. Ihm fiel der Stock aus der Hand, und er befahl mir, ihn aufzuheben.

»Warum soll ich dir gehorchen?« sagte ich.

»Weil ich ein König bin«, antwortete er.

Ich hielt ihn für verrückt. Ich hob den Stock auf und reichte ihn ihm.

Seine Stimme hatte sich verändert.

»Ich bin der König der Secgen. Viele Male habe ich sie in harter Schlacht zum Sieg geführt, aber in der Schicksalsstunde verlor ich mein Reich. Mein Name ist Isern, und ich bin aus dem Geschlechte Odins.«

»Ich bete nicht zu Odin«, antwortete ich. »Ich bete zu Christus.«

Als hätte er mich nicht gehört, fuhr er fort:

»Ich wandele auf den Pfaden der Verbannung, aber immer noch bin ich der König, denn ich habe die Scheibe. Willst du sie sehen?«

Er öffnete seine knochige Hand. Auf der Handfläche war nichts. Sie war leer. Erst jetzt fiel mir auf, daß er sie immer geschlossen gehalten hatte.

Er sah mich fest an und sagte:

»Du kannst sie anfassen.«

Schon mit einigem Argwohn legte ich die Fingerspitzen auf die Handfläche. Ich fühlte etwas Kaltes und sah einen Glanz. Die Hand wurde jäh geschlossen. Ich sagte nichts. Geduldig fuhr der andere fort, als spräche er mit einem Kind:

»Es ist Odins Scheibe. Sie hat nur eine Seite. Es gibt nichts anderes auf der Welt, das nur eine Seite hat. Solange sie in meiner Hand ist, bin ich König.«

»Ist sie aus Gold?« sagte ich.

»Ich weiß nicht. Es ist Odins Scheibe, und sie hat nur eine Seite.«

Da fühlte ich das Verlangen, die Scheibe zu besitzen. Wenn sie mir gehörte, könnte ich sie für einen Barren Gold verkaufen, und dann wäre ich König.

Ich sagte zu dem Landstreicher, den ich immer noch hasse:

»In der Hütte habe ich eine Schatulle mit Münzen versteckt. Sie sind aus Gold und glänzen wie die Axt. Wenn du mir Odins Scheibe gibst, gebe ich dir die Schatulle.«

Er sagte starrköpfig:

»Ich will nicht.«

»Dann kannst du dich wieder auf den Weg machen«, sagte ich.

Er kehrte mir den Rücken zu. Ein Schlag mit der Axt ins Genick war mehr, als es brauchte, ihn straucheln und stürzen zu lassen, aber im Fallen öffnete er die Hand, und in der Luft sah ich den Glanz. Mit der Axt kennzeichnete ich die Stelle gut und schleppte den Toten zu dem Bach, der stark angestiegen war. Dort warf ich ihn hinein.

Nach Hause zurückgekehrt, suchte ich die Scheibe. Ich fand sie nicht. Seit Jahren suche ich sie, noch immer.

Das Sandbuch

... thy rope of sands ...
George Herbert (1593-1623)

Die Linie besteht aus einer unendlichen Zahl von Punkten; die Fläche aus einer unendlichen Zahl von Linien; das Volumen aus einer unendlichen Zahl von Flächen; das Hypervolumen aus einer unendlichen Zahl von Volumina ... Nein, gewiß ist diese Weise, meine Erzählung zu beginnen, *more geometrico*, nicht die beste. Die Versicherung, daß sie wahr sei, ist heutzutage bei jeder phantastischen Erzählung üblich; meine jedoch *ist* wahr.

Ich wohne allein in einem vierten Stockwerk der Calle Belgrano. Ein paar Monate wird es her sein, daß ich es eines Nachmittags an der Tür klopfen hörte. Ich öffnete, und ein Unbekannter trat ein. Es war ein großer Mann mit unscharfen Gesichtszügen. Vielleicht sah nur meine Kurzsichtigkeit sie so. Sein ganzes Aussehen war arm, aber anständig. Er war grau gekleidet und hielt einen grauen Koffer in der Hand. Sofort spürte ich, daß er Ausländer war. Anfangs hielt ich ihn für alt; dann wurde mir klar, daß mich sein schütteres blondes, nach skandinavischer Art nahezu weißes Haar getäuscht hatte. Im Verlaufe unserer Unterhaltung, die nicht einmal eine Stunde dauerte, erfuhr ich, daß er von den Orkney-Inseln kam.

Ich bot ihm einen Stuhl an. Der Mann sprach nicht gleich. Er strömte Melancholie aus, so wie ich jetzt.

»Ich verkaufe Bibeln«, sagte er.

Nicht ohne Pedanterie antwortete ich:

»In dieser Wohnung gibt es einige englische Bibeln, sogar die erste, die von John Wyclif. Ich besitze außerdem die von Cipriano de Valera, die von Luther, die unter literarischen Gesichtspunkten die schlechteste ist, und ein lateinisches Exemplar der Vulgata. Wie Sie sehen, sind Bibeln nicht gerade das, was mir fehlt.«

Nach einigem Schweigen antwortete er:

»Ich verkaufe nicht nur Bibeln. Ich kann Ihnen ein heiliges Buch zeigen, das Sie vielleicht interessiert. Ich habe es in der Gegend von Bikanir erworben.«

Er öffnete den Koffer und legte es auf den Tisch. Es war ein in Leinen gebundener Oktavband. Ohne Zweifel war er durch viele Hände gegangen. Ich untersuchte ihn; sein ungewöhnliches Gewicht überraschte mich. Auf dem Buchrücken stand *Holy Writ* und darunter *Bombay*.

»Neunzehntes Jahrhundert wahrscheinlich«, bemerkte ich.

»Ich weiß nicht. Ich habe es nie gewußt«, war die Antwort.

Ich schlug das Buch aufs Geratewohl auf. Die Schrift war mir fremd. Die Seiten, die mir abgenutzt und typographisch armselig vorkamen, waren in Bibelmanier zweispaltig bedruckt. Der Text war eng und in bibelartige Verse unterteilt. In der oberen Ecke der Seiten standen arabische Ziffern. Er machte mich darauf aufmerksam, daß die gerade Seite die Nummer (sagen wir) 40514 trug und die folgende ungerade die Nummer 999. Ich blätterte sie um; die Rückseite war mit acht Ziffern paginiert. Auf ihr befand sich eine kleine Abbildung, wie sie in Lexika üblich sind: ein Anker, wie von der unbeholfenen Hand eines Kindes mit der Feder gezeichnet.

In diesem Augenblick sagte der Unbekannte:

»Sehen Sie ihn sich gut an. Sie werden ihn nie wiedersehen.«

In der Feststellung lag eine Drohung, indessen nicht im Ton.

Ich merkte mir die Stelle und schlug den Band zu. Gleich darauf öffnete ich ihn wieder. Vergebens suchte ich die Abbildung des Ankers, Seite auf Seite. Um meine Verwirrung zu verbergen, sagte ich:

»Es handelt sich um eine Übersetzung der Heiligen Schrift in eine indische Sprache, nicht wahr?«

»Nein«, erwiderte er.

Darauf senkte er die Stimme, als wolle er mir ein Geheimnis anvertrauen:

»Ich habe es in einem Dorf in der Ebene erworben, im Tausch gegen einige Rupien und die Bibel. Sein Besitzer konnte nicht lesen. Ich habe den Verdacht, daß er das Buch der Bücher als Amulett betrachtete. Er war aus der niedersten Kaste: Wer auf seinen Schatten tritt, verunreinigt sich. Sein Buch heißt Sandbuch, sagte er, weil weder das Buch noch der Sand Anfang oder Ende haben.«

Er forderte mich auf, das erste Blatt zu suchen.

Ich drückte die linke Hand auf das Titelblatt und schlug das Buch auf, den Daumen fest an den Zeigefinger gepreßt. Alles war zwecklos: Immer schoben sich einige Blätter zwischen Titelblatt und Hand. Es war, als brächte das Buch sie hervor.

»Nun suchen Sie das Ende.«

Auch das gelang mir nicht; mit einer Stimme, die mir nicht gehörte, konnte ich gerade stammeln:

»Das kann doch nicht sein.«

Mit immer noch gesenkter Stimme sagte der Bibelverkäufer:

»Es kann nicht sein, aber es *ist* so. Dieses Buch hat nämlich eine unendliche Zahl von Seiten. Keine ist die erste, keine die letzte. Ich habe keine Ahnung, warum es so willkürlich paginiert ist. Vielleicht um zu verstehen zu geben, daß jeder Term einer unendlichen Serie eine beliebige Zahl tragen kann.«

Dann, als ob er laut dächte:

»Wenn der Raum unendlich ist, befinden wir uns an einem beliebigen Punkt des Raumes. Wenn die Zeit unendlich ist, befinden wir uns an einem beliebigen Punkt der Zeit.«

Seine Überlegungen irritierten mich. Ich fragte:

»Sie sind bestimmt gläubig?«

»Ja, ich bin Presbyterianer. Mein Gewissen ist rein. Ich bin sicher, daß ich den Eingeborenen nicht übers Ohr gehauen habe, als ich ihm sein teuflisches Buch gegen das Wort des Herrn eintauschte.«

Ich versicherte ihm, daß er sich nichts vorzuwerfen habe, und erkundigte mich, ob er in dieser Gegend auf der Durchreise sei. Er antwortete, daß er in einigen Tagen in seine Heimat zurückzukehren gedenke. So erfuhr ich jetzt, daß er

Schotte war und von den Orkney-Inseln stammte. Ich sagte, daß mir persönlich Schottland sehr nahe stehe, aus Liebe zu Stevenson und Hume.

»Und Robbie Burns«, verbesserte er mich.

Während wir uns unterhielten, setzte ich die Untersuchung des unendlichen Buches fort. Mit vorgetäuschter Gleichgültigkeit fragte ich:

»Haben Sie vor, dieses kuriose Stück dem Britischen Museum anzubieten?«

»Nein. Ich biete es Ihnen an«, antwortete er und nannte eine hohe Summe.

Ich antwortete ihm völlig wahrheitsgemäß, daß ich diese Summe nicht aufbringen könne, und begann nachzudenken. Nach einigen Minuten hatte ich meinen Plan fertig.

»Ich schlage Ihnen einen Handel vor«, sagte ich. »Sie haben diesen Band für ein paar Rupien und die Heilige Schrift erhalten. Ich biete Ihnen meine ganze Pension, die mir gerade ausgezahlt worden ist, und dazu die Wyclif-Bibel in gotischer Schrift. Ich habe sie von meinen Eltern geerbt.«

»Eine Black-Letter-Wyclif!« murmelte er.

Ich ging in mein Schlafzimmer und brachte ihm das Geld und das Buch. Er wendete die Blätter und studierte die Titelseite mit der Inbrunst eines Bibliophilen.

»Einverstanden«, sagte er.

Es wunderte mich, daß er gar nicht feilschte. Erst später sollte mir klar werden, daß er meine Wohnung in der Absicht betreten hatte, das Buch zu verkaufen. Er zählte die Geldscheine nicht und steckte sie ein.

Wir redeten über Indien, die Orkney-Inseln und die norwegischen *jarls*, die einst über sie herrschten. Es war Abend, als der Mann aufbrach. Ich habe ihn nicht wiedergesehen, noch weiß ich seinen Namen.

Ich hatte vor, das Sandbuch in der Lücke aufzustellen, die die Wyclif-Bibel hinterlassen hatte, doch beschloß ich schließlich, es hinter einigen unvollständigen Bänden von *Tausendundeine Nacht* zu verstecken.

Ich legte mich hin und schlief nicht. Um drei oder vier Uhr nachts machte ich Licht. Ich holte das unmögliche Buch hervor und blätterte darin. Auf einer Seite sah ich den Stich einer Maske. In der Ecke stand eine Zahl, ich weiß nicht mehr welche, die in die neunte Potenz erhoben war.

Ich zeigte niemandem meinen Schatz. Zu dem Glück seines Besitzes gesellte sich die Furcht vor seinem Diebstahl und dann auch noch der Argwohn, daß er nicht wirklich unendlich sei. Diese beiden Befürchtungen verstärkten meine schon lange vorhandene Misanthropie. Mir waren einige Freunde geblieben; ich traf mich mit ihnen nicht mehr. Als Gefangener des Buches zeigte ich mich kaum noch auf der Straße. Mit einer Lupe untersuchte ich den ramponierten Buchrücken und die Einbanddeckel, und ich verwarf die Möglichkeit irgendeines Tricks. Ich stellte fest, daß die kleinen Illustrationen tausend Seiten voneinander entfernt waren. Ich trug sie in ein alphabetisches Notizbuch ein, das sich rasch füllte. Sie wiederholten sich nie. Nachts träumte ich in den knappen Pausen, die mir die Schlaflosigkeit gewährte, von dem Buch.

Der Sommer ging zu Ende. Und ich begriff, daß das Buch etwas Ungeheuerliches war. Die Überlegung, daß ich selber nicht weniger ungeheuerlich war, der ich es mit meinen Augen wahrnahm und mit zehn Fingern samt Fingernägeln betastete, nützte mir nichts. Ich hatte das Gefühl, es mit einem Gegenstand für Albträume zu tun zu haben, mit etwas Obszönem, das die Wirklichkeit schändete und korrumpierte.

Ich dachte an Feuer, doch fürchtete ich, daß das Verbrennen eines unendlichen Buches gleichfalls unendlich wäre und die Erde im Rauch ersticken würde.

Mir fiel ein, gelesen zu haben, daß das beste Versteck für ein Blatt der Wald ist. Vor meiner Pensionierung arbeitete ich in der Nationalbibliothek, die neunhunderttausend Bücher besitzt; ich weiß, daß rechts von der Eingangshalle eine Wendeltreppe im Keller verschwindet, wo sich die Zeitungen und

Landkarten befinden. Ich nutzte eine Unachtsamkeit der Angestellten aus, das Sandbuch auf einem der feuchten Regale loszuwerden. Ich versuchte, mir nicht zu merken, in welcher Höhe und in welcher Entfernung von der Tür.

Ich fühle mich etwas erleichtert, aber die Calle México meide ich lieber.

Nachwort

Erzählungen, die noch ungelesen sind, mit einem Vorwort zu versehen, ist nahezu unmöglich, da es doch die Analyse von Handlungsgeweben verlangt, die vorwegzunehmen nicht ratsam ist. Ein Nachwort ist mir darum lieber.

Die erste Erzählung greift das alte Thema des Doppelgängers auf, das so oft die immer glückliche Feder Stevensons bewegt hat. In England heißt er »fetch« oder, mit einem literarischeren Ausdruck, »wraith of the living«; im Spanischen »el doble«. Ich vermute, »alter ego« war eine seiner ersten Bezeichnungen. Diese geisterhafte Erscheinung wird ihren Ursprung in den Spiegeln aus Metall oder Wasser haben oder einfach in der Erinnerung, die einen jeden gleichzeitig zum Zuschauer und zum Schauspieler macht. Ich mußte erreichen, daß die beiden Personen des Zwiegesprächs verschieden genug wären, um zwei, und ähnlich genug, um eins zu sein. Lohnt es, darauf hinzuweisen, daß ich die Geschichte am Ufer des Charles River in Neu-England konzipierte, dessen kalter Lauf mir den fernen Lauf der Rhône ins Gedächtnis rief?

Das Thema Liebe ist in meiner Lyrik sehr häufig; nicht jedoch in meiner Prosa, in der es kein anderes Beispiel dafür gibt als ›Ulrika‹. Der Leser wird eine formale Verwandtschaft mit ›Der Andere‹ feststellen.

›Der Kongreß‹ ist die vielleicht ehrgeizigste Erzählung dieses Bandes; ihr Thema ist eine so ungeheuerliche Unternehmung, daß sie am Ende eins wird mit dem Kosmos und mit der Summe aller Tage. Der undurchsichtige Anfang soll den der Fiktionen Kafkas imitieren; der Schluß will sich, zweifellos vergebens, zu den Ekstasen Chestertons oder John Bunyans erheben. Mir selber ist nie eine ähnliche Offenbarung zuteil geworden, aber ich habe mich bemüht, sie mir zu erträumen. In die Handlung habe ich, meiner Gewohnheit getreu, autobiographische Züge eingewoben.

Das Schicksal, das ja, wie die Fama behauptet, unerforschlich ist, ließ mir keine Ruhe, bis ich eine postume Erzählung von Lovecraft verbrochen hatte, einem Schriftsteller, den ich immer für einen unfreiwilligen Parodisten Poes gehalten habe. Schließlich gab ich nach; das klägliche Ergebnis trägt den Titel ›There Are More Things‹.

›Die Sekte der Dreißig‹ enthält ohne den mindesten dokumentarischen Beleg die Geschichte einer möglichen Häresie.

›Die Nacht der Gaben‹ ist vielleicht die unschuldigste, heftigste und überschwenglichste Geschichte dieses Bandes.

›Die Bibliothek von Babel‹ (1941) imaginierte eine unendliche Zahl von Büchern; ›*Undr*‹ sowie ›Spiegel und Maske‹ imaginieren frühere Literaturen, die aus einem einzigen Wort bestehen.

›Utopie eines müden Mannes‹ ist nach meinem Dafürhalten das ehrlichste und melancholischste Stück der Sammlung.

Immer hat mich die moralische Besessenheit der Nordamerikaner in Erstaunen versetzt; ›Die Bestechung‹ möchte diesen Zug widerspiegeln.

Trotz John Felton, trotz Charlotte Corday, trotz der bekannten Ansicht von Rivera Indarte (»Es ist eine gesunde Tat, Rosas zu ermorden«) und trotz der uruguayischen Nationalhymne (»Jawohl, Tyrannen, von Brutus der Dolch«) billige ich das politische Attentat nicht. Aber wie auch immer, die Leser des einsamen Verbrechens von Arredondo werden wissen wollen, wie es ausging. Luis Melián Lafinur forderte seinen Freispruch, aber die Richter Carlos Fein und Cristóbal Salvañac verurteilten ihn zu einem Monat Einzelhaft und fünf Jahren Gefängnis. Eine der Straßen von Montevideo trägt heute seinen Namen.

Zwei lästige und unvorstellbare Dinge sind der Stoff der letzten Erzählungen. ›Die Scheibe‹ ist der euklidische Kreis, der nur eine Seite zuläßt; ›Das Sandbuch‹ ist ein Band mit unzählig vielen Blättern.

Ich hoffe, die eiligen Anmerkungen, die ich hier diktiert habe, erschöpfen dieses Buch nicht; ich hoffe, seine Träume verzweigen sich weiter in der gastfreundlichen Phantasie derjenigen, die es jetzt schließen.

Buenos Aires, 3. Februar 1975 　　　　　　　　　　　J. L. B.

Shakespeares Gedächtnis
(1980/1983)

25. August 1983

Auf der Uhr des kleinen Bahnhofs sah ich, daß es nach elf Uhr abends war. Ich ging zu Fuß zum Hotel. Wie bei anderen Gelegenheiten empfand ich Resignation und Erleichterung, wie sie uns wohlbekannte Orte einflößen. Das breite Tor stand offen, das Haus war dunkel. Ich betrat die Halle, deren bleiche Spiegel die Pflanzen im Salon verdoppelten. Seltsamerweise erkannte mich der Hotelbesitzer nicht und legte mir das Gästebuch vor. Ich nahm den am Pult befestigten Federhalter, tauchte ihn in das bronzene Tintenfaß, und als ich mich über das geöffnete Buch beugte, erlebte ich die erste Überraschung von den vielen, die diese Nacht mir bereiten sollte. Mein Name, Jorge Luis Borges, stand dort bereits geschrieben, und die Tinte war noch frisch.

Der Hotelier sagte:»Ich dachte, sie wären schon nach oben gegangen.« Dann sah er mich genauer an und verbesserte sich:»Verzeihung, Señor. Der andere ist Ihnen sehr ähnlich, aber Sie sind jünger.«

Ich fragte: »Welches Zimmer hat er?«

»Er hat Nr. 19 verlangt«, war die Antwort.

Das hatte ich befürchtet.

Ich ließ die Feder fallen und lief die Treppe hinauf. Zimmer 19 lag im zweiten Stockwerk, mit Blick auf einen kümmerlichen, leergeräumten Hof mit einem Geländer und, daran erinnere ich mich, einer Parkbank. Es war das oberste Zimmer des Hotels. Ich öffnete die Tür und trat ein. Die Deckenleuchte war nicht ausgeschaltet. Unter dem erbarmungslosen Licht erkannte ich mich. Rücklings auf dem schmalen Eisenbett, älter, abgemagert und sehr blaß lag ich, die Augen auf die Stuckarbeiten in der Höhe gerichtet. Ich hörte die Stimme. Es war nicht genau meine, sondern ungefähr so, wie ich sie von meinen Tonbandaufnahmen kenne, unangenehm und ohne Nuancen.

»Merkwürdig«, sagte die Stimme. »Wir sind zwei, und wir sind derselbe. Aber im Traum ist nichts merkwürdig.«
Ich fragte erschrocken: »Dann ist dies alles ein Traum?«
»Ich bin sicher, es ist mein letzter Traum.«
Er wies auf das leere Fläschchen auf der Marmorplatte des Nachttischs. »Du dagegen wirst noch viel zu träumen haben, bevor du zu dieser Nacht gelangst. Welches Datum hast du?«
»Ich weiß nicht recht«, sagte ich verwirrt. »Aber gestern bin ich einundsechzig geworden.«
»Wenn dein Wachen bis zu dieser Nacht gelangt ist, wirst du gestern vierundachtzig geworden sein. Heute haben wir den 25. August 1983.«
»So viele Jahre muß ich noch warten«, murmelte ich.
»Mir bleibt nichts mehr«, sagte er barsch. »Jeden Augenblick kann ich sterben, mich in dem verlieren, wovon ich nichts weiß, und ich träume immer noch vom Doppelgänger. Das abgedroschene Thema, das ich von den Spiegeln habe und von Stevenson.«
Ich empfand die Erwähnung Stevensons als einen Abschied und nicht als Schulmeisterei. Ich war er und begriff. Auch noch so dramatische Augenblicke lassen einen nicht zu Shakespeare werden und denkwürdige Aussprüche finden. Um ihn abzulenken, sagte ich:
»Ich wußte, daß dir das zustoßen würde. Hier, in einem der unteren Zimmer, haben wir vor Jahren mit dem Entwurf dieser Selbstmordgeschichte begonnen.«
»Ja«, sagte er langsam, als ob er Erinnerungen sammelte. »Aber ich sehe den Zusammenhang nicht. In dem Entwurf hatte ich eine einfache Fahrkarte nach Adrogué gelöst, und einmal im Hotel Delicias war ich nach oben ins Zimmer 19 gegangen, das entlegenste von allen. Da hatte ich mich umgebracht.«
»Deshalb bin ich hier«, sagte ich.
»Hier? Wir sind immer hier. Hier träume ich dich in dem Haus in der Calle Maipú. Von hier, aus Mutters altem Zimmer, gehe ich gerade weg.«

»Mutters Zimmer«, wiederholte ich und wollte nicht verstehen. »Ich träume dich in Zimmer Nummer 19, im oberen Stockwerk.«

»Wer träumt wen? Ich weiß, daß ich dich träume, aber ich weiß nicht, ob du mich träumst. Das Hotel in Adrogué wurde schon vor vielen Jahren abgerissen, vor zwanzig, vielleicht vor dreißig. Wer weiß?«

»Der Träumer bin ich«, sagte ich ein wenig trotzig.

»Ist dir nicht klar, daß es darauf ankommt , herauszufinden, ob nur einer träumt oder zwei einander träumen?«

»Ich bin Borges, der deinen Namen im Gästebuch gesehen hat und heraufgekommen ist.«

»Borges bin ich, und ich sterbe gerade in der Calle Maipú.«

Nach kurzem Schweigen sagte der andere: »Machen wir die Probe. Was war der schrecklichste Moment in unserem Leben?«

Ich beugte mich über ihn, und wir beide sprachen gleichzeitig. Ich weiß, wir logen beide.

Ein schwaches Lächeln erhellte das gealterte Gesicht. Ich spürte, das dieses Lächeln irgendwie meines widerspiegelte.

»Wir haben uns angelogen«, sagte er, »weil wir als zwei und nicht als einer fühlen. In Wahrheit sind wir zwei *und* einer.«

Das Gespräch irritierte mich. Ich sagte es ihm und fügte hinzu: »Und du, wirst du mir 1983 nichts über die Jahre enthüllen, die mir noch fehlen?«

»Was soll ich dir sagen, armer Borges? Die Plagen, an die du schon gewohnt bist, werden immer wiederkommen. Du wirst in diesem Haus allein bleiben. Du wirst die Bücher ohne Buchstaben berühren, und das Medaillon von Swedenborg und die Holzschale mit dem Ehrenkreuz. Blindheit ist nicht Finsternis; sie ist eine Form der Einsamkeit. Du wirst nach Island zurückkehren.«

»Island! Das Eisland der Meere!«

»In Rom wirst du die Verse von Keats wieder aufsagen, dessen Name, wie alle Namen, ins Wasser geschrieben war.«

»Ich bin nie in Rom gewesen.«

»Es geschieht noch mehr. Du wirst unser bestes Gedicht schreiben, eine Elegie.«

»Auf den Tod von…«, sagte ich. Ich wagte den Namen nicht auszusprechen.

»Nein. Sie wird länger bleiben als du.«

Wir schwiegen. Er fuhr fort:

»Du wirst das Buch schreiben, von dem wir so lange geträumt haben. Um 1979 wirst du begreifen, daß dein angebliches Werk nichts weiter ist als eine Reihe von Entwürfen, Entwürfen für alles mögliche, und du wirst der eitlen und abergläubischen Versuchung nachgeben, dein großes Buch zu schreiben. Der Aberglaube, der uns den *Faust* von Goethe zugefügt hat, *Salammbô*, den *Ulysses*. Ich habe unglaublich viele Seiten vollgeschrieben.«

»Und am Ende hast du begriffen, daß du gescheitert warst.«

»Schlimmer. Ich habe begriffen, daß es ein Meisterwerk war in des Wortes überwältigendster Bedeutung. Meine guten Vorsätze hatten die ersten Seiten nicht überdauert; auf den folgenden standen dann die Labyrinthe, die Messer, der Mann, der sich für ein Abbild, das Spiegelbild, das sich für wirklich hält, der Tiger der Nächte, die Schlachten, die im Blut wieder aufleben, Juan Muraña blind und unselig, Macedonios Stimme, das Schiff, gebaut aus den Nägeln der Toten, das Altenglische, wieder aufgesagt an den Abenden.«

»Dies Museum ist mir vertraut«, bemerkte ich ironisch.

»Dazu die falschen Erinnerungen, das Doppelspiel der Symbole, die langen Aufzählungen, die gekonnte Verwendung des Banalen, die unvollkommenen Symmetrien, die die Kritiker mit Jubel aufspüren, die nicht immer apokryphen Zitate.«

»Hast du das Buch veröffentlicht?«

»Ich habe ohne Überzeugung mit der melodramatischen Absicht gespielt, es zu vernichten, vielleicht zu verbrennen. Schließlich habe ich es unter einem Pseudonym in Madrid veröffentlicht. Man hat von einem plumpen Borges-Imitator gesprochen, der leider nicht Borges wäre, nur äußerlich sein Vorbild kopiert hätte.«

»Das wundert mich nicht«, sagte ich. »Jeder Schriftsteller wird am Ende sein dümmster Schüler.«

»Das Buch war einer der Wege, die mich zu dieser Nacht geführt haben. Was die übrigen betrifft ... Die Demütigung des Alters, die Überzeugung, jeden Tag schon einmal erlebt zu haben...«

»Ich werde das Buch nicht schreiben«, sagte ich.

»Du wirst. Meine Worte, jetzt Gegenwart, werden kaum die Erinnerung an einen Traum sein.«

Mich ärgerte sein dogmatischer Ton, zweifellos der, den ich in meinen Vorlesungen gebrauche. Mich ärgerte, daß wir uns so ähnlich waren und daß er die Straffreiheit ausnutzte, die ihm die Nähe des Todes gewährte. Um mich zu rächen, sagte ich:

»Bist du so sicher, daß du sterben wirst?«

»Ja«, antwortete er. »Ich verspüre eine Art von Süße und Erleichterung, wie ich sie noch nie verspürt habe. Ich kann sie nicht vermitteln. Alle Worte bedürfen einer gemeinsamen Erfahrung. Warum scheint dich das, was ich sage, so zu ärgern?«

»Weil wir uns zu ähnlich sind. Ich hasse dein Gesicht, das meine Karikatur ist, ich hasse deine Stimme, die mich nachäfft, ich hasse deinen geschwollenen Satzbau, der der meine ist.«

»Ich auch«, sagte der andere. »Darum habe ich beschlossen, Selbstmord zu begehen.«

Vom Grundstück her zwitscherte ein Vogel.

»Es ist der letzte«, sagte der andere.

Er winkte mich an seine Seite. Seine Hand suchte meine. Ich wich zurück; ich fürchtete, die beiden Hände würden verschmelzen.

Er sagte: »Die Stoiker lehren, daß wir uns nicht über das Leben beklagen sollen; die Tür des Kerkers steht offen. Ich habe das immer so verstanden, aber Trägheit und Feigheit ließen mich zögern. Vor etwa zwölf Tagen hielt ich in La Plata einen

Vortrag über das sechste Buch der *Aeneis*. Plötzlich, während ich einen Hexameter skandierte, wußte ich, was mein Weg ist. Da habe ich diesen Entschluß gefaßt. Seit jenem Augenblick habe ich mich unverwundbar gefühlt. Mein Los wird das deine sein; du wirst eine jähe Offenbarung mitten im Latein und im Vergil erfahren und längst diesen sonderbaren prophetischen Dialog vergessen haben, der sich in zwei Zeiten und an zwei Orten abspielt. Wenn du es wieder träumst, wirst du der sein, der ich bin, und du wirst mein Traum sein.«

»Ich werde es nicht vergessen und es morgen niederschreiben.«

»Es wird auf dem Grund deiner Erinnerung bleiben, unter der Flut der Träume. Wenn du es niederschreibst, wirst du meinen, eine phantastische Erzählung auszuhecken. Es wird nicht morgen sein, dir fehlen noch viele Jahre.«

Er hielt inne; ich begriff, daß er tot war. Ich starb gewissermaßen mit ihm; kummervoll neigte ich mich über das Kissen, und es war niemand mehr da.

Ich floh aus dem Zimmer. Draußen gab es weder den Hof noch die Marmortreppe, noch das stille Haus, noch die Eukalyptusbäume, noch die Statuen, noch die Weinlaube, noch die Springbrunnen, noch das Tor im Gitter der Villa im Dorf Adrogué.

Draußen warteten andere Träume auf mich.

Blaue Tiger

Eine berühmte Stelle bei Blake macht aus dem Tiger einen leuchtenden Feuerschein und ewigen Archetyp des Bösen; lieber ist mir jener Satz bei Chesterton, der ihn als ein Symbol von schrecklicher Eleganz definiert. Im übrigen gibt es keine Worte, die als Chiffre für den Tiger taugten, diese Gestalt, die die Phantasie des Menschen seit Jahrhunderten beschäftigt. Mich hat der Tiger immer fasziniert. Ich weiß noch, daß ich als Kind im Zoologischen Garten vor einem bestimmten Käfig stehenblieb: Die übrigen interessierten mich nicht. Die Enzyklopädien und die Texte der Naturgeschichte beurteilte ich nach ihren Tigerabbildungen. Als ich die *Dschungelbücher* entdeckte, mißfiel mir, daß Shere Khan, der Tiger, der Feind des Helden war. Die Zeit verging, doch diese sonderbare Vorliebe blieb bestehen. Sie überlebte meinen paradoxen Wunsch, Jäger zu werden, und auch die gewöhnlichen Wechselfälle des menschlichen Lebens. Bis vor kurzem – das Datum erscheint mir fern, ist es in Wahrheit jedoch nicht – vertrug sie sich ohne weiteres mit meinen normalen Pflichten an der Universität von Lahore. Ich bin Professor für abend- und morgenländische Logik und widme meine Sonntage einem Seminar über das Werk Spinozas. Ich muß hinzufügen, daß ich Schotte bin; vielleicht war es meine Vorliebe für Tiger, die mich aus Aberdeen in den Punjab führte. Mein Lebenslauf verlief normal, doch immer in den Träumen sah ich Tiger. (Nun bevölkern andere Gestalten sie.)

Mehr als einmal habe ich dies alles erzählt, und jetzt scheint es mir fernzuliegen. Ich lasse es jedoch stehen, da mein Bekenntnis es erfordert.

Ende 1904 las ich, daß im Gebiet des Ganges-Deltas eine blaue Abart der Spezies entdeckt worden war. Die Nachricht wurde von späteren Depeschen mit den üblichen Widersprüchen und Varianten bestätigt. Meine alte Vorliebe lebte wieder auf. Ungenau, wie Farbbezeichnungen gewöhnlich sind, vermutete ich einen Irrtum. Ich erinnerte mich, gelesen zu haben, daß auf Isländisch der Name Äthiopiens »Bláland« lautete, Blaues Land oder Land der Schwarzen. Der blaue Tiger mochte also leicht ein schwarzer Panther sein. Nichts Näheres verlautete über die Streifung und Musterung eines blauen Tigers mit silbernen Streifen, dessen Abbildung die Londoner Presse verbreitete; offensichtlich war er apokryph. Das Blau der Illustration schien mir mehr der Heraldik als der Realität anzugehören. In einem Traum sah ich Tiger von einem Blau, das ich niemals zu Gesicht bekommen hatte und für das ich das treffende Wort nicht fand. Ich weiß, daß es nahezu schwarz war, aber dieser Umstand genügt nicht, sich den Farbton vorzustellen.

Monate später erzählte mir ein Kollege, er habe in einem bestimmten Dorf fern vom Ganges von blauen Tigern sprechen hören. Die Auskunft verblüffte mich natürlich, da ich weiß, daß Tiger in jener Gegend selten sind. Aufs neue träumte ich von dem blauen Tiger, der beim Gehen seinen großen Schatten auf den sandigen Boden warf. Ich nutzte die Ferien, um eine Reise in jenes Dorf zu unternehmen, an dessen Namen ich mich – aus Gründen, die ich gleich aufklären werde – nicht erinnern möchte.

Ich traf nach dem Ende der Regenzeit ein. Das Dorf duckte sich zu Füßen einer Anhöhe, die mir eher breit als hoch vorkam, und der Dschungel, der hier von stumpfbrauner Farbe war, umgab und bedrängte es. Auf irgendeiner Seite bei Kipling muß sich das Kaff meines Abenteuers befinden, da sich ja ganz Indien und in gewisser Weise der gesamte Weltkreis darin befinden. Es soll hier genügen, wenn ich erwähne, daß nur ein Graben mit schwankenden Brücken aus Rohr die Hütten schützte. Nach Süden hin lagen Sümpfe und Reisfelder und eine Niederung mit einem schlammigen Fluß, dessen Namen ich niemals erfuhr, und dahinter wieder der Dschungel.

Die Bevölkerung bestand aus Hindus. Dieser Umstand, den ich allerdings vorhergesehen hatte, sagte mir nicht zu.

Besser bin ich immer mit Moslems zurechtgekommen, obschon der Islam, ich weiß es wohl, die armseligste der aus dem Judaismus hervorgegangenen Religionen ist.

Wir haben das Gefühl, daß Indien von Menschen wimmelt; in dem Dorf kam es mir so vor, als sei das Wimmelnde der Urwald, der fast bis in die Hütten drang. Der Tag war drückend, und die Nächte brachten keine Frische.

Die Ältesten hießen mich willkommen, und ich führte mit ihnen ein erstes Gespräch, das aus vagen Höflichkeitsformeln bestand. Die Ärmlichkeit des Dorfes erwähnte ich bereits, indessen ist mir klar, daß jeder Mensch von der Einzigartigkeit seiner Heimat überzeugt ist. Ich pries die zweifelhaften Wohnstätten und die nicht minder zweifelhaften Speisen und sagte, der Ruhm dieser Gegend sei bis nach Lahore gedrungen. Die Gesichter der Männer änderten sich; sofort ahnte ich, daß ich eine Dummheit begangen hatte, die ich bereuen sollte. Ich fühlte, daß sie im Besitz eines Geheimnisses waren, das sie mit keinem Fremden teilen würden. Vielleicht verehrten sie den Blauen Tiger und widmeten ihm einen Kult, den meine leichtfertigen Worte entweiht hatten.

Ich wartete den Morgen des folgenden Tages ab. Als der Reis gegessen und der Tee getrunken war, kam ich zu meinem Thema. Trotz des Vorabends verstand ich nicht, konnte ich nicht verstehen, was geschah. Alle sahen mich erstaunt und fast entsetzt an, doch als ich sagte, ich hätte mir vorgenommen, das Raubtier mit dem sonderbaren Fell zu fangen, hörten sie das mit Erleichterung. Einer sagte, er habe es aus der Ferne am Rand des Dschungels erblickt.

Mitten in der Nacht wurde ich geweckt. Ein Junge sagte mir, eine Ziege sei aus dem Pferch entflohen, und bei der Suche nach ihr habe er am anderen Ufer des Flusses den blauen Tiger gesehen. Mir schien das Licht des Neumonds zu schwach, um die Farbe genau erkennen zu können, doch bestätigten sie alle den Bericht, und einer, der zuvor geschwiegen hatte, sagte, auch er habe ihn gesehen. Wir rückten mit Gewehren aus, und ich sah einen katzenhaften Schatten, der sich in der Dunkelheit des Dschungels verlor, oder glaubte ihn zu sehen. Die Ziege fanden sie nicht, aber das Raubtier, das sie weggeholt hatte, mochte nicht unbedingt mein blauer Tiger sein. Man wies mich mit Nachdruck auf Spuren hin, die natürlich nichts bewiesen.

Als Nacht um Nacht so verging, wurde mir klar, daß dieser falsche Alarm zur Routine geworden war. Wie Daniel Defoe verstanden sich die Männer des Ortes auf die Erfindung von Einzelzügen. Zu jeder Tageszeit konnte der Tiger bei den Reisfeldern im Süden oder im Dickicht gegen Norden gesichtet werden, doch fiel mir sehr bald auf, daß sich die Beobachter mit verdächtiger Regelmäßigkeit ablösten. Wenn ich eintraf, war der Tiger unweigerlich soeben geflohen. Immer zeigten sie mir den Fußabdruck und irgend etwas, das er beschädigt hatte, doch kann ja auch die Hand eines Menschen die Spuren eines Tigers nachahmen. Ein ums andere Mal sah ich mit eigenen Augen einen toten Hund. In einer Mondnacht benutzten wir eine Ziege als Köder und warteten vergebens bis zur Morgendämmerung. Anfangs meinte ich, diese täglichen Märchen sollten mich veranlassen, meinen Aufenthalt zu verlängern, der dem Dorf von Nutzen war, da die Leute mir ja Nahrungsmittel verkauften und die häuslichen Verrichtungen für mich erledigten. Um diese Vermutung zu überprüfen, sagte ich, daß ich daran dächte, den Tiger in einer anderen Gegend flußabwärts zu suchen. Zu meiner Überraschung hießen alle meinen Entschluß gut. Dennoch nahm ich weiterhin an, daß da ein Geheimnis war, welches alle vor mir verbargen.

Ich erwähnte bereits, daß der bewaldete Hügel, an dessen Fuß sich das Dorf zusammendrängte, nicht sehr hoch war; oben befand sich ein Plateau. Auf der anderen Seite, nach Westen und Norden hin, erstreckte sich der Dschungel. Da der Hang nicht steil war, schlug ich ihnen eines Nachmittags vor, auf den Hügel zu steigen. Meine einfachen Worte bestürzten sie. Einer rief aus, die Flanke sei sehr schroff. Der Älteste sagte gewichtig, mein Vorsatz sei undurchführbar. Die Anhöhe sei heilig, und magische Hindernisse versperrten den Menschen den Weg. Wer sie mit sterblichen Füßen betrete, laufe Gefahr, der Gottheit ansichtig und wahnsinnig oder blind zu werden.

Ich drang nicht weiter in sie, schlich mich jedoch noch in derselben Nacht, als alle schliefen, aus der Hütte, ohne Lärm zu machen, und erklomm den leichten Hang. Einen Weg gab es nicht, und das Dickicht hielt mich auf.

Der Mond stand am Horizont. Ich betrachtete alles mit außergewöhnlicher Aufmerksamkeit, als ahnte ich, daß jener Tag wichtig werden sollte, vielleicht der wichtigste aller meiner Tage. Bis heute habe ich die dunkle, zuweilen fast schwarze Färbung des Laubs in Erinnerung. Es wurde hell, und im Umkreis des Urwalds sang kein einziger Vogel.

Nach einem Aufstieg von zwanzig oder dreißig Minuten befand ich mich auf dem Plateau. Es fiel mir nicht schwer, mir einzubilden, daß es hier kühler war als im Dorf, das zu meinen Füßen erstickte. Ich stellte fest, daß es nicht der Gipfel war, sondern eine Art nicht zu weitläufige Terrasse, und daß der Dschungel sich an der Flanke des Berges weiter nach oben fortsetzte. Ich fühlte mich frei, als wäre mein Aufenthalt im Dorf eine Gefangenschaft gewesen. Es machte mir nichts aus, daß seine Bewohner mich hatten täuschen wollen; in gewisser Weise kamen sie mir vor wie Kinder.

Was den Tiger betraf... Die vielen Enttäuschungen hatten meine Neugier und meinen Glauben erschöpft, dennoch suchte ich fast mechanisch nach Spuren.

Der Boden war rissig und sandig. In einem der Risse, die übrigens nicht tief waren und sich in andere verzweigten, bemerkte ich eine Farbe. Es war unglaublicherweise das Blau meines Traumtigers. Hätte ich es doch nie gesehen. Ich schaute genau hin. Der Riß war voll von gleichförmigen, runden, sehr glatten kleinen Steinen von einigen Zentimetern Durchmesser. Ihre Gleichförmigkeit verlieh ihnen etwas Künstliches, als wären es Jetons.

Ich bückte mich, streckte die Hand in den Riß und nahm

einige heraus. Ein leichtes Zittern durchlief mich. Ich steckte die Handvoll Steine in die rechte Tasche, in der sich eine kleine Schere und ein Brief aus Allahabad befanden. Diese beiden Zufallsdinge haben ihren Platz in meiner Geschichte.

Wieder in meiner Hütte, zog ich mir die Jacke aus. Ich legte mich aufs Bett und träumte wieder von dem Tiger. Im Traum achtete ich auf die Farbe; es war die des Tigers früherer Träume und die der Steinchen auf dem Plateau. Die hochstehende Sonne fiel mir ins Gesicht und weckte mich. Ich stand auf. Die Schere und der Brief behinderten mich beim Herausnehmen der Scheibchen. Ich holte eine erste Handvoll heraus und hatte das Gefühl, daß zwei oder drei zurückgeblieben waren. Eine Art Prickeln, eine ganz leichte Erregung erhitzte meine Hand. Als ich sie öffnete, sah ich, daß es dreißig oder vierzig Scheiben waren. Ich hätte geschworen, daß es nicht mehr als zehn wären. Ich legte sie auf den Tisch und langte nach den anderen. Diese brauchte ich nicht erst zu zählen, um festzustellen, daß sie sich vervielfacht hatten. Ich legte sie zu einem einzigen Stapel zusammen und versuchte sie Stück für Stück zu zählen.

Die einfache Operation erwies sich als unmöglich. Ich faßte irgendeine von ihnen fest ins Auge, nahm sie mit Daumen und Zeigefinger, und sobald sie vereinzelt war, waren es viele. Ich vergewisserte mich, daß ich kein Fieber hatte, und wiederholte den Versuch mehrmals. Das obszöne Wunder wiederholte sich. Ich spürte Kälte in den Füßen und im Unterleib, und meine Knie zitterten. Ich weiß nicht, wieviel Zeit verstrich.

Ohne hinzusehen raffte ich die Scheiben zu einem einzigen Haufen zusammen und warf sie aus dem Fenster. Seltsam erleichtert spürte ich, daß ihre Zahl sich verringert hatte. Mit Nachdruck schloß ich die Tür und streckte mich aufs Bett. Ich versuchte genau die frühere Position einzunehmen und wollte mich dazu überreden, daß alles ein Traum gewesen sei. Um nicht an die Scheiben zu denken, um die Zeit irgendwie hinzubringen, wiederholte ich mit lauter Stimme und langsamer Genauigkeit die acht Definitionen und die sieben Axiome der Ethik. Ob sie mir halfen, weiß ich nicht. Mit derartigen Exorzismen war ich beschäftigt, als ich ein Klopfen hörte. Instinktiv fürchtete ich, daß man meine Selbstgespräche gehört habe, und öffnete die Tür.

Es war der Älteste, Bhagwan Dass. Für einen Augenblick schien mich seine Gegenwart wieder in den Alltag zu versetzen. Wir gingen hinaus. Ich hatte die Hoffnung, daß die Scheiben verschwunden seien, aber dort lagen sie auf dem Boden. Ich weiß nicht mehr, wie viele es waren.

Der Älteste sah erst sie an und dann mich.

»Diese Steine sind nicht von hier. Es sind die von oben«, sagte er mit einer Stimme, die nicht die seine war.

»So ist es«, antwortete ich. Ich fügte nicht ohne Trotz hinzu, daß ich sie auf dem Plateau gefunden hätte, und schämte mich sofort, ihm Erklärungen zu geben. Ohne sich um mich zu kümmern, betrachtete Bhagwan Dass sie fasziniert. Ich hieß ihn sie aufheben. Er rührte sich nicht.

Zu meinem Leidwesen muß ich bekennen, daß ich den Revolver zog und den Befehl lauter wiederholte.

Bhagwan Dass stammelte:

»Lieber eine Kugel in der Brust als einen blauen Stein in der Hand.«

»Du bist ein Feigling«, sagte ich.

Ich war, glaube ich, nicht weniger entsetzt, aber ich schloß die Augen und hob mit der Linken eine Handvoll Steine auf. Den Revolver steckte ich weg und ließ sie in die offene andere Hand fallen. Ihre Zahl war viel größer.

Ohne es zu wissen, hatte ich mich an diese Verwandlungen bereits ein wenig gewöhnt. Sie überraschten mich weniger als das, was Bhagwan Dass ausrief.

»Das sind die Steine der Zeugung!« rief er. »Jetzt sind es viele, aber das kann sich ändern. Sie haben die Form eines Vollmonds und die blaue Farbe, die man nur im Traum sehen darf. Die Eltern meiner Eltern haben nicht gelogen, als sie von ihrer Macht sprachen.«

Das ganze Dorf hatte sich um uns versammelt.

Ich fühlte mich als der magische Besitzer dieser Wunder. Unter einmütiger Verwunderung sammelte ich die Scheiben ein, hob sie hoch, ließ sie fallen, verstreute sie, sah sie sich seltsam vermehren oder verringern.

Von Staunen und Grauen gepackt, drängten die Leute heran. Die Männer zwangen ihre Frauen, das Wunder anzuschauen. Eine verdeckte ihr Gesicht mit dem Unterarm, eine andere kniff die Augen zusammen. Niemand wagte die Scheiben zu berühren, ausgenommen ein fröhliches Kind, das mit ihnen spielte. In diesem Moment kam es mir so vor, als entweihe diese Unordnung das Wunder. Ich raffte so viele Scheiben wie ich konnte zusammen und kehrte in die Hütte zurück.

Vielleicht habe ich versucht, den Rest jenes Tages zu vergessen, der der erste war in einer Unglücksserie, die bis heute anhält. Jedenfalls habe ich keine Erinnerung an ihn. Gegen Abend dachte ich mit Sehnsucht an den Vorabend, obwohl der nicht besonders glücklich gewesen war, da ich ja wie an den anderen zwanghaft an den Tiger gedacht hatte. Ich suchte Zuflucht bei diesem Bild, das einst mit Macht ausgestattet gewesen und jetzt entkräftet war. Der blaue Tiger erschien mir nicht weniger harmlos als der schwarze Schwan der Römer, der später in Australien entdeckt wurde.

Ich überlese die vorstehenden Notizen und stelle fest, daß ich einen entscheidenden Fehler begangen habe. Von der Gewohnheit jener guten oder schlechten Literatur fehlgeleitet, die unzutreffend psychologische Literatur heißt, habe ich versucht, weshalb weiß ich nicht, den chronologischen Ablauf meines Funds wiederzugeben. Besser wäre es gewesen, auf der monströsen Beschaffenheit der Scheiben zu beharren.

Wenn man mir sagte, auf dem Mond gebe es Einhörner, so hielte ich diese Auskunft für richtig oder falsch oder behielte mir das Urteil vor, aber ich könnte sie mir doch vorstellen. Sagte man mir dagegen, daß auf dem Mond sechs oder sieben Einhörner drei sein könnten, so hielte ich dies von vornherein für unmöglich. Wer einmal begriffen hat, daß drei und eins vier sind, macht nicht mit Münzen, Würfeln, Schachfiguren oder Bleistiften die Probe. Er begreift es, und das genügt ihm. Er kann sich keine andere Zahl vorstellen. Es gibt Mathematiker, die versichern, drei plus eins sei eine Tautologie für vier, eine andere Art, vier zu sagen ... Mir, Alexander Craigie, von allen Menschen der Welt gerade mir ist das Los widerfahren, die einzigen Gegenstände zu entdecken, die dieses Grundgesetz des menschlichen Geistes widerlegen.

Anfangs fürchtete ich, wahnsinnig zu sein; mit der Zeit, glaube ich, wäre ich lieber wahnsinnig gewesen, da meine persönliche Halluzination weniger schwerwiegend gewesen wäre als der Beweis, daß das Universum Unordnung birgt. Wenn drei und eins zwei oder vierzehn sein können, ist die Vernunft Wahnwitz.

In jener Zeit bildete ich die Gewohnheit aus, von den Steinen zu träumen. Der Umstand, daß der Traum nicht jede Nacht wiederkehrte, gewährte mir einen Schimmer von Hoffnung, der sich alsbald in Schrecken verwandelte. Der Traum war mehr oder weniger der gleiche. Der Anfang kündigte das gefürchtete Ende an. Ein Geländer und eine eiserne Wendeltreppe, die nach unten führte, und dann ein Keller oder ein System von Kellern, die sich abwärts in anderen, fast senkrechten rohen Treppen fortsetzten, in Schmieden, Schlosserwerkstätten, Verliesen und Sümpfen. Ganz unten, in ihrer ersehnten Vertiefung, die Steine, die gleichzeitig Behemoth oder Leviathan waren, die Tiere, die in der Schrift bedeuten, daß der Herr irrational ist. Ich wachte zitternd auf, und dort im Kasten waren die Steine, bereit zur Verwandlung.

Die Leute waren anders zu mir. Etwas von der Göttlichkeit der Scheiben, die sie blaue Tiger nannten, hatte mich gestreift, doch wußten sie gleichzeitig, daß ich der Entweihung des Gipfels schuldig war. Tags wie nachts konnten mich die Götter jeden Augenblick strafen. Sie wagten nicht, sich an mir zu vergreifen oder meine Tat zu verdammen, doch fiel mir auf, daß alle jetzt gefährlich unterwürfig waren. Das Kind, das mit den Scheiben gespielt hatte, sah ich nie wieder. Ich fürchtete Gift oder einen Dolch im Rücken. Eines Morgens flüchtete ich, noch bevor es hell wurde, aus dem Dorf. Ich hatte das Gefühl, daß das ganze Dorf mich belauerte und daß meine Flucht eine Erleichterung bedeutete. Seit jenem ersten Morgen hatte niemand die Steine zu sehen gewünscht.

Ich kehrte nach Lahore zurück. In meiner Tasche befand sich die Handvoll Scheiben. Die vertraute Umgebung meiner Bücher verschaffte mir nicht die Erleichterung, die ich suchte. Ich fühlte, daß auf der Erde das verabscheute Dorf und der Dschungel und die dornige Anhöhe mit dem Plateau und auf dem Plateau die kleinen Risse und in den Rissen die Steine andauerten. Meine Träume verwechselten und vervielfachten diese verschiedenen Dinge. Das Dorf war die Steine, der Dschungel war der Sumpf, und der Sumpf war der Dschungel.

Die Gesellschaft meiner Freunde mied ich. Ich fürchtete der Versuchung nachzugeben und ihnen dieses scheußliche Wunder vorzuführen, das die Wissenschaft der Menschen untergrub.

Ich unternahm verschiedene Experimente. Auf einer Scheibe ritzte ich ein Kreuz ein. Ich mischte sie unter die übrigen, und sie verschwand nach ein oder zwei Verwandlungen, obwohl sich die Zahl der Scheiben erhöht hatte. Eine analoge Probe machte ich mit einer Scheibe, deren Kreisbogen ich an einer Stelle abgefeilt hatte. Auch diese kam abhanden. Mit einem Stichel schlug ich ein Loch in die Mitte einer Scheibe und wiederholte den Versuch. Sie verschwand für immer. Anderen Tags kehrte die Scheibe mit dem Kreuz von ihrem Aufenthalt im Nichts zurück. Welcher geheimnisvolle Raum war das, der die Steine aufnahm und mit der Zeit den einen oder anderen zurückgab, undurchschaubaren Gesetzen oder einer unmenschlichen Willkür untertan?

Das gleiche Verlangen nach Ordnung, das am Anfang die Mathematik erschuf, ließ mich eine Ordnung in dieser Verirrung der Mathematik suchen, die die unsinnigen Steine der Zeugung darstellen. In ihren unvorhersehbaren Abwandlungen wollte ich ein Gesetz auffinden. Tage und Nächte verbrachte ich damit, die Änderungen statistisch zu erfassen. Aus jener Phase sind mir einige Hefte geblieben, die gefüllt sind mit nutzlosen Zahlen. Ich ging folgendermaßen vor. Mit den Augen zählte ich die Steine und schrieb die Zahl auf. Dann teilte ich sie in zwei Handvoll und warf sie auf den Tisch. Ich zählte beide Mengen, schrieb die Zahl auf und wiederholte den Vorgang. Vergebens war die Suche nach einer Ordnung, nach einem geheimen Muster in den Veränderungen. Die Höchstzahl an Steinen, die ich erhielt, war 419; die Mindestzahl 3. Es gab einen Augenblick, in dem ich hoffte oder befürchtete, daß sie verschwänden. Nach einigem Versuchen stellte ich fest, daß eine von den anderen isolierte Scheibe sich nicht vervielfachen oder verschwinden konnte.

Natürlich waren die vier Grundrechenarten der Addition, Subtraktion, Multiplikation und Division unmöglich. Die Steine verweigerten sich der Arithmetik und der Wahrscheinlichkeitsrechnung. Vierzig Scheiben konnten bei der Division durch zwei neun ergeben; die neun, ihrerseits dividiert, konnten dreihundert sein. Ich weiß nicht, wieviel sie wogen. Eine Waage nahm ich nicht zu Hilfe, doch bin ich sicher, daß ihr Gewicht gleich und leicht war. Die Farbe war immer jenes Blau.

Diese Rechenoperationen halfen mir, mich vor dem Wahnsinn zu bewahren. Wenn ich mit den Steinen hantierte, die die mathematische Wissenschaft zunichte machen, dachte ich mehr als einmal an jene Steine des Griechen, die die ersten Zahlzeichen waren und die so vielen Sprachen das Wort »Kalkül« beschert haben. Die Mathematik, sagte ich mir, nahm ihren Ursprung in Steinen und findet jetzt ihr Ende in ihnen. Wenn Pythagoras mit diesen hier zu tun gehabt hätte...

Nach einem Monat wurde mir klar, daß das Chaos unentwirrbar war. Unbezwungen waren die Scheiben, und unablässig war ich versucht, sie zu berühren, das Prickeln noch einmal zu verspüren, sie fortzuwerfen, sie mehr oder weniger werden zu sehen, mich auf gerade oder ungerade Mengen zu konzentrieren. Schließlich fürchtete ich, daß sie die anderen

Dinge und besonders die Finger anstecken würden, die nicht davon lassen konnten, mit ihnen zu hantieren.

Einige Tage lang trieb mich ein innerer Zwang, unaufhörlich an die Steine zu denken, da ich wußte, daß das Vergessen nicht von Dauer sein konnte und daß es unerträglich wäre, aufs neue meine Qual vorzufinden.

Ich schlief nicht in der Nacht des 10. Februar. Nach einem Spaziergang, der sich bis zum Morgengrauen hinzog, trat ich durch die Tore der Wazir-Khan-Moschee. Es war die Stunde, in der das Licht die Farben noch nicht offenbart hat. Kein Mensch war auf dem Innenhof. Ohne zu wissen warum, tauchte ich die Hände in das Wasser des Brunnens. Im Gebetssaal kam mir der Gedanke, daß Gott und Allah zwei Namen für ein einziges unfaßliches Wesen seien, und ich flehte es mit lauter Stimme an, mich von meiner Bürde zu befreien. Reglos wartete ich auf eine Antwort.

Die Schritte hörte ich nicht, aber in der Nähe sprach eine Stimme zu mir:

»Ich bin gekommen.«

Neben mir war der Bettler. In der Morgendämmerung konnte ich den Turban, die erloschenen Augen, die grünlichgelbe Haut und den grauen Bart erkennen. Sehr groß war er nicht.

Er streckte mir die Hand hin und sagte noch immer leise:

»Ein Almosen, Beschützer der Armen.«

Ich suchte und antwortete:

»Ich habe kein einziges Geldstück bei mir.«

»Du hast viele«, war die Antwort.

In meiner rechten Tasche waren die Steine. Ich holte einen hervor und ließ ihn in die hohle Hand fallen. Nicht das geringste Geräusch war zu vernehmen.

»Du mußt mir alle geben«, sagte er. »Wer nicht alles gibt, hat nichts gegeben.«

Ich verstand und sagte:

»Du sollst wissen, daß mein Almosen entsetzlich sein kann.«

Er entgegnete:

»Vielleicht ist dieses Almosen das einzige, das ich annehmen kann. Ich habe gesündigt.«

Ich ließ alle Steine in die hohle Hand fallen. Sie fielen ohne das mindeste Geräusch wie auf den Grund des Meeres.

Dann sagte er:

»Noch weiß ich nicht, was das Almosen von dir ist, aber meines an dich ist entsetzlich. Dir bleiben die Tage und die Nächte, der Verstand, die Gewohnheiten, die Welt.«

Die Schritte des blinden Bettlers hörte ich nicht, noch sah ich ihn in der Morgendämmerung verschwinden.

Die Rose des Paracelsus

De Quincey: *Writings* XIII, 345

In seiner Werkstatt, die die beiden Kellerzimmer umfaßte, bat Paracelsus seinen Gott, seinen unbestimmten Gott, irgendeinen Gott, daß er ihm einen Schüler schicke. Es wurde Abend. Das spärliche Feuer im Kamin warf unregelmäßige Schatten. Aufzustehen, um die Eisenlampe anzuzünden, war zuviel Mühe. Geistesabwesend vor Müdigkeit, vergaß Paracelsus sein Bittgebet. Die Nacht hatte die staubigen Alembiks und den Athanor ausgelöscht, als es an die Tür klopfte. Schläfrig erhob sich der Mann, stieg die kurze Wendeltreppe empor und öffnete einen Türflügel. Ein Unbekannter trat ein. Auch er war sehr müde. Paracelsus wies ihn zu einer Bank; der andere setzte sich und wartete. Eine Zeitlang wechselten sie kein Wort.

Der Meister sprach als erster.

»Ich erinnere mich an Gesichter des Okzidents und an Gesichter des Orients«, sagte er nicht ohne eine gewisse Feierlichkeit. »An deins erinnere ich mich nicht. Wer bist du, und was willst du von mir?«

»Mein Name tut nichts zur Sache«, erwiderte der andere. »Drei Tage und drei Nächte bin ich gewandert, um in dein Haus zu gelangen. Ich möchte dein Schüler sein. Ich habe dir all meinen Besitz mitgebracht.«

Er holte einen Leinenbeutel hervor und entleerte ihn auf den Tisch. Es waren viele Münzen, und sie waren aus Gold. Er tat es mit der rechten Hand. Paracelsus hatte ihm den Rücken gekehrt, um die Lampe anzuzünden. Als er sich umwandte, bemerkte er, daß die Linke eine Rose hielt. Die Rose beunruhigte ihn.

Er lehnte sich zurück, legte die Fingerspitzen aneinander und sagte:

»Du glaubst, ich sei imstande, den Stein zu schaffen, der

alle Elemente in Gold verwandelt, und du bietest mir Gold. Es ist nicht Gold, was ich suche, und wenn dir an Gold gelegen ist, wirst du niemals mein Schüler sein.«

»Mir liegt nichts am Gold«, entgegnete der andere. »Diese Münzen sind nichts weiter als ein Beweis meines Arbeitswillens. Ich möchte, daß du mich die Kunst lehrst. Ich möchte an deiner Seite den Weg gehen, der zum Stein führt.«

Paracelsus sagte langsam:

»Der Weg ist der Stein. Der Ausgangspunkt ist der Stein. Wenn du diese Worte nicht begreifst, hast du noch gar nicht angefangen zu begreifen. Jeder Schritt, den du gehst, ist das Ziel.«

Der andere sah ihn mißtrauisch an. Er sagte mit klarer Stimme: »Aber es gibt doch ein Ziel?«

Paracelsus lachte.

»Diejenigen, die mich schmähen und die ebenso zahlreich wie dumm sind, sagen nein und nennen mich einen Hochstapler. Ich gebe ihnen nicht recht, doch ist es nicht ausgeschlossen, daß das ein Irrtum ist. Ich weiß, es ›gibt‹ einen Weg.«

Sie schwiegen, dann sagte der andere:

»Ich bin bereit, ihn mit dir zu gehen, und sollte er viele Jahre in Anspruch nehmen. Laß mich durch die Wüste wandern. Laß mich wenigstens von fern das Land der Verheißung erblicken, auch wenn die Gestirne mir den Eintritt verwehren. Ich begehre einen Beweis, ehe ich mich auf den Weg mache.«

»Wann?« sagte Paracelsus beunruhigt.

»Jetzt sofort«, sagte der Schüler mit jäher Bestimmtheit.

Zunächst hatten sie Latein gesprochen; jetzt Deutsch.

Der junge Mann hob die Rose hoch.

»Es heißt«, sagte er, »du könnest eine Rose verbrennen und sie mit Hilfe deiner Kunst aus der Asche wieder auferstehen lassen. Laß mich Zeuge dieses Wunders sein. Darum bitte ich dich, und danach gehört mein ganzes Leben dir.«

»Du bist sehr leichtgläubig«, sagte der Meister. »Leichtgläubigkeit habe ich nicht nötig; ich verlange Glauben.«

Der andere gab nicht nach.

»Eben weil ich nicht leichtgläubig bin, möchte ich mit eigenen Augen die Vernichtung und Auferstehung der Rose sehen.«

Paracelsus hatte sie ihm abgenommen und spielte mit ihr, während er sprach.

»Du bist leichtgläubig«, sagte er. »Du sagst, ich sei imstande, sie zu vernichten?«

»Niemand ist außerstande, sie zu vernichten«, sagte der Schüler.

»Du täuschst dich. Glaubst du vielleicht, es könne irgend etwas dem Nichts überantwortet werden? Glaubst du, der erste Adam im Paradies hätte eine einzige Blume oder einen Grashalm vernichten können?«

»Wir sind nicht im Paradies«, sagte der junge Mann starrköpfig. »Hier, unter dem Mond, ist alles sterblich.«

Paracelsus war aufgestanden.

»Wo sonst wären wir denn? Glaubst du, daß die Gottheit einen Ort schaffen kann, der nicht das Paradies ist? Glaubst du, daß der Sündenfall etwas anderes ist, als nicht zu wissen, daß wir im Paradies sind?«

»Eine Rose kann verbrennen«, sagte der Schüler trotzig.

»Es ist noch Feuer im Kamin«, sagte Paracelsus. »Wenn du diese Rose auf die Glut wirfst, wirst du glauben, sie verglühe und die Asche sei wirklich. Ich sage dir, daß die Rose ewig ist und daß nur ihre Erscheinung sich ändern kann. Es bedarf einzig eines Wortes von mir, damit du sie von neuem siehst.«

»Eines Wortes?« sagte der Schüler verwundert. »Der Athanor ist erloschen, und die Alembiks sind voller Staub. Was tust du, um sie wiederauferstehen zu lassen?«

Paracelsus sah ihn traurig an.

»Der Athanor ist erloschen«, wiederholte er, »und die Alembiks sind voller Staub. Auf dieser Strecke meiner langen Reise gebrauche ich andere Instrumente.«

»Ich wage nicht zu fragen, welche das sind«, sagte der andere verschlagen oder demütig.

»Ich spreche von dem, was die Gottheit gebrauchte, um Himmel und Erde zu schaffen und das unsichtbare Paradies, in dem wir uns befinden und das uns durch die Erbsünde verborgen ist. Ich spreche von dem Wort, das uns die Wissenschaft der Kabbala lehrt.«

Der Schüler sagte kalt:

»Bitte sei so gnädig, mir das Verschwinden und Wiedererscheinen der Rose zu zeigen. Es ist mir gleichgültig, ob du Brennkolben benutzt oder das Wort.«

Paracelsus überlegte. Schließlich sagte er:

»Wenn ich es täte, würdest du sagen, daß es sich um eine Erscheinung handelt, die dir deine Augen vorzaubern. Das Wunder gäbe dir nicht den Glauben, den du suchst. Laß also die Rose.«

Der junge Mann sah ihn noch immer mißtrauisch an. Der Meister erhob die Stimme und sagte:

»Außerdem, wer bist du denn, ins Haus eines Meisters einzudringen und von ihm ein Wunder zu verlangen? Was hast du geleistet, um eine solche Gabe zu verdienen?«

Der andere antwortete unsicher:

»Ich weiß schon, daß ich nichts geleistet habe. Ich bitte dich im Namen der vielen Jahre, die ich lernend in deinem Schatten verbringen werde, daß du mir die Asche und danach die Rose zeigst. Um weiteres bitte ich dich nicht. Ich glaube dem, was meine Augen mir bezeugen.«

Jäh nahm er die rote Rose, die Paracelsus auf dem Pult hatte liegen lassen, und warf sie in die Flammen. Die Farbe verlosch, und übrig blieb nur ein wenig Asche. Einen unendlichen Augenblick lang hoffte er auf die Worte und das Wunder.

Paracelsus war gelassen geblieben. Mit sonderbarer Schlichtheit sagte er:

»Alle Ärzte und alle Apotheker Basels behaupten, daß ich ein Schwindler bin. Vielleicht haben sie recht. Dort ist die Asche, die Rose war und nicht wieder sein wird.«

Der junge Mann empfand Scham. Paracelsus war ein Scharlatan oder ein bloßer Phantast, und er, der Eindringling, war in sein Haus gekommen und hatte ihn nunmehr genötigt zuzugeben, daß seine berühmten magischen Künste eitel waren.

Er kniete nieder und sagte:

»Ich habe unverzeihlich gehandelt. Es fehlte mir der Glaube, den der Herr von den Gläubigen verlangt hat. Laß mich weiter die Asche sehen. Ich kehre zurück, wenn ich stärker bin, und dann werde ich dein Schüler sein und am Ende des Wegs die Rose sehen.«

Er sprach mit wahrer Leidenschaft, doch diese Leidenschaft war das Mitleid, das ihm der alte, so verehrte, so umworbene, so illustre und darum so hohle Meister einflößte. Wer war er, Johannes Grisebach, mit frevelhafter Hand zu enthüllen, daß hinter der Maske niemand war?

Ihm die Goldmünzen dazulassen, wäre ein Almosen gewesen. Beim Hinausgehen nahm er sie wieder an sich. Paracelsus begleitete ihn zum Fuß der Treppe und sagte, daß er in diesem Haus jederzeit willkommen wäre. Beide wußten, daß sie einander nicht wiedersehen würden.

Paracelsus blieb allein. Bevor er die Lampe löschte und sich in den ermatteten Sessel niederließ, nahm er das feine Häufchen Asche in die hohle Hand und sagte mit leiser Stimme ein Wort. Die Rose erstand aufs neue.

Shakespeares Gedächtnis

Es gibt Anhänger Goethes, der *Eddas* und des verspäteten *Nibelungenlieds*; mein Los war Shakespeare. Er ist es noch immer, aber auf eine Art, die keiner hätte vorhersehen können, außer einem einzigen Mann, Daniel Thorpe, der nun in Pretoria gestorben ist. Es gibt noch einen; dessen Gesicht habe ich nie gesehen.

Ich bin Hermann Soergel. Der neugierige Leser mag meine *Shakespeare-Chronologie* durchgeblättert haben, die mir einmal zum rechten Verständnis der Texte nötig schien und die in mehrere Sprachen übersetzt wurde, so auch ins Spanische. Möglicherweise entsinnt er sich auch einer langwierigen Polemik über eine gewisse Verbesserung, die Theobald in seine Kritische Ausgabe von 1734 einschob und die seither unbestrittener Teil des Kanons ist. Heute überrascht mich der grobe Ton jener beinahe fremden Seiten. Um 1914 verfaßte ich (ohne sie drucken zu lassen) eine Studie über die zusammengesetzten Wörter, die der Hellenist und Dramatiker George Chapman für seine Homer-Übersetzungen prägte und die das Englische – ohne daß er dies hätte vermuten können – zu seinem angelsächsischen Ursprung zurückführen. Ich hätte nie gedacht, daß mir seine Stimme, die ich nun vergessen habe, vertraut sein könnte ... Ein mit Initialen unterzeichneter Sonderdruck vervollständigt, glaube ich, meine literarische Biographie. Ich weiß nicht, ob es zulässig ist, eine unveröffentlichte Übersetzung von *Macbeth* anzuführen, die ich unternahm, um nicht mehr an den Tod meines Bruders Otto Julius zu denken, der 1914 an der Westfront fiel. Ich schloß sie nicht ab; ich begriff, daß das Englische den Vorzug hat, über zwei Register zu verfügen – das Germanische und das Romanische –, während sich unser Deutsch trotz seiner schöneren Musik auf ein einziges beschränken muß.

Ich habe bereits Daniel Thorpe erwähnt. Major Barclay

stellte ihn mir vor, bei einem gewissen Shakespeare-Kongreß. Ich werde weder Ort noch Datum nennen; ich weiß zu gut, daß derlei Genauigkeiten in Wahrheit vage sind.

Wichtiger als Daniel Thorpes Gesicht, das zu vergessen meine partielle Blindheit mir hilft, war sein notorisches Unglück. Nach langen Jahren kann einer vieles simulieren, nicht jedoch Glück. Auf eine nahezu physische Art verströmte Daniel Thorpe Melancholie.

Nach einer langen Sitzung fand uns die Nacht in irgendeiner Schänke. Um uns in England zu fühlen (wo wir längst waren), tranken wir laues schwarzes Bier aus rituellen Zinnkrügen.

»Im Punjab«, sagte der Major, »hat man mir einen Bettler gezeigt. Die islamische Überlieferung schreibt König Salomon einen Ring zu, der ihn die Sprache der Vögel verstehen ließ. Angeblich hatte der Bettler den Ring in seinem Besitz. Der Wert war so unschätzbar, daß er ihn nie verkaufen konnte, und gestorben ist er in einem der Höfe der Wazir-Khan-Moschee von Lahore.«

Ich überlegte, daß Chaucer die Geschichte von dem wunderbaren Ring bereits gekannt hatte; dies laut zu sagen, hätte aber Barclays Anekdote verdorben.

»Und der Ring?« fragte ich.

»Ist verlorengegangen, wie das bei magischen Objekten so ist. Vielleicht ist er heute in einer Nische der Moschee versteckt oder in der Hand eines Menschen, der an einem Ort ohne Vögel lebt.«

»Oder wo es so viele gibt«, sagte ich, »daß man nicht auseinanderhalten kann, was sie sagen. – Ihre Geschichte, Barclay, hat etwas von einer Parabel.«

An dieser Stelle ergriff Daniel Thorpe das Wort. Er tat es unpersönlich, ohne uns anzusehen. Er sprach das Englische ein wenig seltsam aus, was ich einem langen Aufenthalt im Orient zuschrieb.

»Sie ist keine Parabel«, sagte er, »und wenn, dann entspricht sie der Wahrheit. Manche Dinge haben einen so unschätzbaren Wert, daß sie nicht zu verkaufen sind.«

Die Wörter, die ich zu rekonstruieren versuche, beeindruckten mich weniger als die Überzeugung, mit der Daniel Thorpe sie sagte. Wir dachten, er werde weitersprechen, aber er schwieg plötzlich, als ob er etwas bereute. Barclay verabschiedete sich. Thorpe und ich gingen zusammen zum Hotel zurück. Es war schon sehr spät, aber er schlug mir vor, die Plauderei in seinem Zimmer fortzuführen. Nach einigen Nebensächlichkeiten sagte er:

»Ich biete Ihnen den Ring des Königs an. Natürlich handelt es sich um eine Metapher, aber was diese Metapher verhüllt, ist nicht weniger wunderbar als der Ring. Ich biete Ihnen Shakespeares Gedächtnis, von den ältesten Tagen der Kindheit bis zu denen von Anfang April 1616.«

Ich brachte kein Wort hervor. Es war, als böte man mir das Meer.

Thorpe fuhr fort: »Ich bin kein Schwindler. Ich bin nicht wahnsinnig. Ich bitte Sie, erst zu urteilen, wenn Sie mich zu Ende angehört haben. Der Major wird Ihnen gesagt haben, daß ich Militärarzt bin, oder war. Die Geschichte ist mit wenigen Worten erzählt. Sie beginnt im Orient, in einem Feldlazarett, im Morgengrauen. Das genaue Datum ist unwichtig. Mit seinen letzten Worten hat mir ein Gemeiner, Adam Clay, den zwei Gewehrkugeln getroffen hatten, kurz vor dem Ende das kostbare Gedächtnis angeboten. Todeskampf und Fieber sind erfinderisch; ich habe das Angebot angenommen, ohne daran zu glauben. Außerdem ist nach einem Kampfeinsatz nichts mehr seltsam. Er hatte kaum noch Zeit, mir die eigenartigen Bedingungen des Geschenks zu erklären. Wer es besitzt, muß es laut anbieten, der andere muß es laut annehmen. Wer es gibt, verliert es für immer.«

Der Name des Soldaten und die pathetische Übergabe-Szene schienen mir literarisch, im schlechten Sinne des Wortes. Ein wenig eingeschüchtert, fragte ich ihn: »Sie haben also jetzt Shakespeares Gedächtnis?«

Thorpe erwiderte: »Noch besitze ich zwei Gedächtnisse. Mein eigenes und das jenes Shakespeare, der ich teilweise bin.

Besser gesagt, zwei Gedächtnisse besitzen mich. Es gibt einen Bereich, in dem sie sich vermischen. Es gibt da das Gesicht einer Frau; ich weiß nicht, aus welchem Jahrhundert.«

Ich fragte ihn: »Was haben Sie mit Shakespeares Gedächtnis gemacht?«

Er schwieg einen Moment. Dann sagte er: »Ich habe eine Roman-Biographie geschrieben, der die Geringschätzung der Kritik beschieden war und ein gewisser finanzieller Erfolg in den Vereinigten Staaten und den Kolonien. Ich glaube, das ist alles. Ich habe Sie ja gewarnt; mein Geschenk ist keine Sinekure. Ich warte immer noch auf Ihre Antwort.«

Ich überlegte. Hatte ich denn nicht mein Leben, ebenso farblos wie seltsam, der Suche nach Shakespeare geweiht? Wäre es nicht gerecht, wenn ich ihn am Ende meines Tagewerks fände?

Ich sagte, wobei ich jedes Wort sorgsam artikulierte:

»Ich nehme Shakespeares Gedächtnis an.«

Zweifellos geschah etwas, aber ich spürte es nicht.

Kaum ein Anflug von Müdigkeit, vielleicht eingebildet.

Ich weiß noch genau, daß Thorpe mir sagte:

»Das Gedächtnis ist schon in Ihr Bewußtsein eingegangen, aber Sie müssen es noch entdecken. Es wird in den Träumen auftauchen, im Wachen, wenn Sie in einem Buch blättern oder um eine Ecke biegen. Verlieren Sie nicht die Geduld; erfinden Sie keine Erinnerungen. Der Zufall mag Ihnen günstig sein oder Sie warten lassen, seiner geheimnisvollen Gepflogenheit gemäß. In dem Maß, in dem ich vergesse, werden Sie sich erinnern. Eine Frist kann ich Ihnen nicht versprechen.«

Den Rest der Nacht verbrachten wir mit einer Diskussion über den Charakter Shylocks. Ich verzichtete darauf zu erfragen, ob Shakespeare persönlichen Umgang mit Juden gehabt habe. Ich wollte nicht, daß Thorpe meinte, ich unterzöge ihn einer Prüfung. Ich stellte fest – ich weiß nicht, ob erleichtert oder beunruhigt –, daß seine Meinungen ebenso akademisch und konventionell waren wie meine.

Trotz der vorangegangenen Wache konnte ich in der nächsten Nacht kaum schlafen. Wie so oft entdeckte ich, daß ich ein Feigling bin. Aus Angst davor, betrogen worden zu sein, gab ich mich keiner großen Hoffnung hin. Ich wollte glauben, Thorpes Geschenk sei illusorisch. Unwiderstehlich setzte sich die Hoffnung durch. Shakespeare würde mein sein, wie niemand je einem gehört hatte, weder in Liebe noch in Freundschaft noch auch in Haß. Irgendwie würde ich Shakespeare sein. Ich würde weder die Tragödien schreiben noch die vielschichtigen Sonette, mich aber des Moments entsinnen, da mir die Hexen offenbart worden waren, die auch die Parzen sind, und jenes anderen Moments, in dem mir diese gewaltigen Zeilen gegeben wurden:

> *And shake the yoke of inauspicious stars*
> *From this worldweary flesh.*

An Anne Hathaway würde ich mich erinnern wie an jene andere reife Frau, die mich vor so vielen Jahren in einer Wohnung in Lübeck die Liebe gelehrt hatte. (Ich versuchte, mich an sie zu erinnern, und konnte mich nur auf die Tapeten besinnen – sie waren gelb – und die Helligkeit vom Fenster her. Dieser erste Fehlschlag hätte mich auf die weiteren vorbereiten müssen.)

Ich war sicher gewesen, die Bilder des wundersamen Gedächtnisses würden vor allem visuell sein. Das war nicht der Fall. Tage später, beim Rasieren, sprach ich vor dem Spiegel einige Wörter, die mich verblüfften; ein Kollege sagte mir, sie seien aus Chaucers *A.B.C.* Eines Abends, als ich das Britische Museum verließ, pfiff ich eine sehr schlichte Melodie, die ich nie gehört hatte.

Der Leser wird bereits die Gemeinsamkeiten dieser ersten Offenbarungen eines Gedächtnisses bemerkt haben, das trotz der Pracht einiger Metaphern eher auditiv war denn visuell.

De Quincey behauptet, das menschliche Gehirn sei ein Palimpsest. Jede neue Schrift überdeckt die vorige und wird von der folgenden verdeckt, aber das allmächtige Gedächtnis kann jeden noch so flüchtigen Eindruck exhumieren, wenn man es ausreichend stimuliert. Geht man von seinem Testament aus, so gab es in Shakespeares Haus kein einziges Buch, nicht einmal die Bibel, aber jeder weiß, mit welchen Werken er sich häufig befaßte. Chaucer, Gower, Spenser, Christopher Marlowe, Holinsheds Chronik, der Montaigne von Florio, der Plutarch von North. Latent besaß ich Shakespeares Gedächtnis; die Lektüre – das heißt, die erneute Lektüre – dieser alten Bände sollte das Stimulans sein, das ich suchte. Ich las auch die Sonette von neuem, sein unmittelbarstes Werk. Hin und wieder fand ich die Erklärung oder die vielen Erklärungen. Gute Verse verlangen danach, laut gelesen zu werden; nach wenigen Tagen gelangte ich ohne Mühe zum harten *r* und den offenen Vokalen des 16. Jahrhunderts.

In der *Zeitschrift für Germanische Philologie* schrieb ich, das Sonett 127 beziehe sich auf die denkwürdige Niederlage der Unbesiegbaren Armada. Ich erinnerte mich nicht daran, daß Samuel Butler bereits 1889 diese These aufgestellt hatte.

Ein Besuch in Stratford-on-Avon war fruchtlos, wie zu erwarten.

Dann begann die allmähliche Umformung meiner Träume. Mir wurden keine prächtigen Alpträume zuteil wie De Quincey, noch fromme allegorische Visionen nach Art seines Meisters Jean Paul. Unbekannte Gesichter und Räume drangen in meine Nächte. Das erste Gesicht, das ich identifizierte, war das von Chapman; später das von Ben Jonson und das eines Nachbarn des Dichters, der in den Biographien nicht erwähnt wird, mit dem Shakespeare aber oft verkehrte.

Wer eine Enzyklopädie erwirbt, erwirbt nicht jede Zeile, jeden Abschnitt, jede Seite und jeden Strich; er erwirbt die bloße Möglichkeit, das eine oder andere davon kennenzulernen. Wenn dies schon bei einem konkreten und, dank der alphabetischen Abfolge der Teile, relativ einfachen Gegenstand so ist, wie soll es da mit einem abstrakten und variablen Wesen sein, *ondoyant et divers*, wie dem magischen Gedächtnis eines Toten?

Niemandem ist es gegeben, in einem einzigen Moment die Fülle seiner Vergangenheit zu erfassen. Weder Shakespeare, soweit ich weiß, noch mir, der ich sein Teil-Erbe war, wurde diese Gabe gewährt. Augustinus spricht, wenn ich mich nicht irre, von den Palästen und Höhlen der Erinnerung. Die zweite Metapher ist treffender. In diese Höhlen drang ich ein.

Wie unseres umfaßte Shakespeares Gedächtnis Zonen, große Zonen des Schattens, von ihm absichtlich verdrängt. Nicht ohne gewisse Empörung erinnerte ich mich, daß Ben Jonson ihn lateinische und griechische Hexameter rezitieren ließ und daß sich das Gehör, Shakespeares unvergleichliches Ohr, oft bei einer Quantität irrte, unter dem Hohngelächter der Kollegen.

Ich erfuhr Zustände von Glück und Schatten, die die gewöhnliche Erfahrung des Menschen überschritten. Ohne daß ich es gewußt hätte, hatte mich die lange, lernbeflissene Einsamkeit vorbereitet, das Wunder gierig aufzunehmen.

Nach etwa dreißig Tagen belebte mich das Gedächtnis des Toten. Eine ganze Woche voll seltsamer Seligkeit glaubte ich beinahe, Shakespeare zu sein. Das Werk erneuerte sich für mich. Ich weiß, daß für Shakespeare der Mond weniger der Mond war als Diana, und weniger Diana als jenes dunkle, weilende Wort *moon*. Ich notiere eine weitere Entdeckung. Shakespeares scheinbare Nachlässigkeiten, jene *absences dans l'infini*, von denen Hugo entschuldigend spricht, waren beabsichtigt. Shakespeare nahm sie hin – oder schob sie ein –, damit sein für die Bühne gedachter Text spontan wirke und nicht allzu glatt und gekünstelt. Der gleiche Grund bewegte ihn dazu, seine Metaphern zu vermischen:

> ... *my way of life*
> *Is fall'n into the sear, the yellow leaf.*

Eines Morgens entdeckte ich eine Schuld auf dem Grunde seines Gedächtnisses. Ich will nicht versuchen, sie zu präzisieren; das hat Shakespeare für ewig getan. Es mag die Erklärung genügen, daß diese Schuld nichts mit Perversion gemein hat.

Ich begriff, daß die drei Fakultäten der menschlichen Seele – Gedächtnis, Verstand und Wille – keine Fiktion der Scholastik sind. Shakespeares Gedächtnis konnte mir nur Shakespeares Lebensumstände offenbaren. Natürlich machen diese nicht die Einzigartigkeit des Dichters aus; es zählt das Werk, das er mit diesem hinfälligen Stoff ausführte.

Naiv hatte ich mir, wie Thorpe, eine Biographie vorgenommen. Ich entdeckte bald, daß dieses literarische Genre schriftstellerische Qualitäten fordert, die gewiß nicht die meinen sind. Ich kann nicht erzählen. Ich kann meine eigene Geschichte nicht erzählen, und die ist kaum ungewöhnlicher als die Shakespeares. Außerdem wäre ein solches Buch unnütz. Zufall oder Schicksal gaben Shakespeare die schrecklichen trivialen Dinge, die jeder Mensch kennt; er verstand es, sie in Fabeln zu verwandeln, in Personen, die viel lebendiger sind als der graue Mann, der sie träumte, in Verse, die die Generationen nicht aufgeben werden, in Wortmusik. Wozu dieses Netz aufknüpfen, wozu diesen Turm untergraben, wozu Klang und Tosen von *Macbeth* auf die bescheidenen Proportionen einer dokumentarischen Biographie oder eines realistischen Romans reduzieren?

Goethe stellt bekanntlich Deutschlands offiziellen Kult dar; intimer ist der Shakespeare-Kult, zu dem wir uns nicht ohne Nostalgie bekennen. (In England stellt Shakespeare, der den Engländern so fern steht, den offiziellen Kult dar; Englands Buch ist die Bibel.)

Auf der ersten Etappe des Abenteuers empfand ich das Glück, Shakespeare zu sein; auf der letzten Bedrückung und Entsetzen. Zu Beginn vermischten sich die Wässer der beiden Gedächtnisse nicht. Shakespeares großer Strom bedrohte – und vernichtete beinahe – mit der Zeit meinen bescheidenen Bach. Mit Schrecken bemerkte ich, daß ich die Sprache meiner Väter zu vergessen begann. Und da die persönliche Identität auf dem Gedächtnis beruht, fürchtete ich um meinen Verstand.

Meine Freunde kamen mich besuchen; es verblüffte mich, daß sie nicht wahrnahmen, daß ich in der Hölle war.

Ich begann, die alltägliche Umwelt nicht mehr zu verstehen. An einem bestimmten Morgen verlor ich mich zwischen großen Formen aus Eisen, Holz und Glas. Pfiffe und Geschrei betäubten mich. Erst nach einem Moment, der mir unendlich schien, erkannte ich die Maschinen und Waggons des Bahnhofs von Bremen. Mit dem Verstreichen der Jahre ist jeder Mensch verpflichtet, die wachsende Last seines Gedächtnisses zu ertragen. Mich erdrückten zwei, die sich zuweilen vermischten: meines und das des anderen, unmitteilbar.

Alle Dinge wollen in ihrem Sein verharren, hat Spinoza geschrieben. Der Stein will ein Stein sein, der Tiger ein Tiger; ich wollte wieder Hermann Soergel sein.

Ich habe das Datum vergessen, an dem ich beschloß, mich zu befreien. Ich fand die einfachste Methode. Aufs Geratewohl wählte ich Telefonnummern. Kinder- und Frauenstimmen antworteten. Ich bedachte, daß es meine Pflicht sei, sie zu respektieren. Endlich kam ich an die kultivierte Stimme eines Mannes. Ich sagte zu ihm:

»Willst du Shakespeares Gedächtnis haben? Ich weiß, daß das, was ich dir anbiete, sehr schwerwiegend ist. Überleg es dir gut.«

Eine ungläubige Stimme antwortete: »Das Risiko will ich eingehen. Ich nehme Shakespeares Gedächtnis an.«

Ich erklärte die Bedingungen des Geschenks. Paradoxerweise fühlte ich gleichzeitig Sehnsucht nach dem Buch, das ich hätte schreiben sollen und das zu schreiben mir verwehrt war, und die Furcht, daß mein Gast, das Gespenst mich nie verlassen würde.

Ich hängte den Hörer ein und wiederholte, wie eine Hoffnung, diese resignierenden Wörter:

Simply the thing I am shall make me live.

Ich hatte mir Verfahren ausgedacht, um das uralte Gedächtnis zu erwecken; ich mußte andere finden, um es zu tilgen. Eines der vielen war das Studium der Mythologie von William Blake, Swedenborgs aufsässigem Jünger. Ich stellte fest, daß sie weniger komplex war denn verwickelt.

Dieser und andere Wege waren nutzlos; alle brachten mich zu Shakespeare.

Schließlich fand ich die einzige Lösung, das Warten auszufüllen: die strenge, weitläufige Musik: Bach.

PS 1924: Ich bin wieder ein Mensch unter den Menschen. Im Wachen bin ich der emeritierte Professor Hermann Soergel, hantiere mit einem Zettelkasten und verfasse gelehrte Bagatellen, aber im Morgengrauen weiß ich, manchmal: Der träumt, ist der andere. Abends überraschen mich hin und wieder kleine flüchtige Erinnerungen, die vielleicht authentisch sind.

Anhang

Editionsplan

Hanser 1999f.

1 Der Essays erster Teil (1999)
Evaristo Carriego (1930)
Diskussionen (1932/55)

2 Der Essays zweiter Teil
Geschichte der Ewigkeit (1936)
Von Büchern und Autoren (1939)

3 Der Essays dritter Teil
Inquisitionen (1952)
Vorworte (1975)

4 Der Essays vierter Teil
Borges, mündlich (1979)
Sieben Nächte (1980)
Neun danteske Essays (1982)
Persönliche Bibliothek (1988)

5 Der Erzählungen erster Teil (2000)
Universalgeschichte der Niedertracht (1934)
Fiktionen (1944)
Das Aleph (1949)

6 Der Erzählungen zweiter Teil (2001)
David Brodies Bericht (1970)
Das Sandbuch (1975)
Shakespeares Gedächtnis (1980/83)

7 Der Gedichte erster Teil
Buenos Aires mit Inbrunst (1923)
Mond gegenüber (1925)
Notizheft San Martín (1929)
Borges und ich (1960)

Fischer TB 1991-95	Hanser 1981-87
EC	teilw. (Gesch. d. Tango) in
Kabbala und Tango	**Essays 1952-79**
D in ibid.	D in **Essays 1932-36**
GdE in	GdE in **Essays 1932-36**
Niedertracht und Ewigkeit	
= **Von Büchern und Autoren**	fehlte
	Befragungen in
= **Inquisitionen**	**Essays 1952-79**
V in **Persönliche Bibliothek**	fehlte
in **Die letzte Reise des Odysseus**	in **Essays 1952-79**
ibid.	in **Essays 1980-82**
ibid.	ibid.
in **Persönliche Bibliothek**	fehlte
in **Niedertracht und Ewigkeit**	in **Erzählungen 1935-44**
= **Fiktionen**	ibid.
= **Das Aleph**	in **Erzählungen 1949-70**
in **Spiegel und Maske**	in **Erzählungen 1949-70**
ibid.	in **Erzählungen 1975-77**
ibid.	ibid. (teilw.)
in **Mond gegenüber**	teilw. in **Gedichte 1923-65**
ibid.	ibid. (teilw.)
ibid.	ibid. (teilw.)
= **Borges und ich**	= **Borges und ich**

8 Der Gedichte zweiter Teil
   Der Andere, der Selbe (1964)
   Für die sechs Saiten (1965)
   Lob des Schattens (1969)
   Das Gold der Tiger (1972)

9 Der Gedichte dritter Teil
   Die tiefe Rose (1975)
   Die eiserne Münze (1976)
   Geschichte der Nacht (1977)
   Die Ziffer (1981)
   Die Verschworenen (1985)

10 Die Anthologien
   Handbuch der phantastischen Zoologie (1957)
   Das Buch von Himmel und Hölle (1960)
   Buch der Träume (1976)

11 Sechs Aufgaben für Don Isidro Parodi
   Mord nach Modell
   Zwei denkwürdige Phantasien

12 Chroniken von Bustos Domecq
   Neue Chroniken von Bustos Domecq

in **Die zyklische Nacht**	teilw. in **Gedichte 1969-76**
ibid.	teilw. in **Gedichte 1923-75**
in **Schatten und Tiger**	teilw. in **Gedichte 1969-76**
ibid.	ibid.
in **Rose und Münze**	teilw. in **Gedichte 1969-76**
ibid.	ibid. (teilw.)
ibid.	teilw. in **Geschichte der Nacht**
in **Besitz des Gestern**	fehlte
ibid.	fehlte
= Einhorn, Sphinx u. Salamander	= E, Sph u. S
= Das Buch v. Himmel u. Hölle	= B v H u H
= Buch der Träume	= B d Tr
in **Mord nach Modell**	alle in
ibid.	**Gemeinsame Werke I**
ibid.	
in **Zwielicht und Pomp**	beide in
ibid.	**Gemeinsame Werke II**

Editorische Notiz

1. Zur Neuedition

Diese zwölfbändige Neuausgabe der Werke von Jorge Luis Borges (einschließlich der Kollaborationen mit Adolfo Bioy Casares) beruht auf den Textfassungen der zwanzigbändigen TB-Ausgabe im Fischer Taschenbuch Verlag (1991 f.), für die alle älteren Übersetzungen komplett revidiert und bis dahin nicht deutsch vorliegende Texte erstmals übertragen wurden. Wie diese enthält die hier begonnene Ausgabe alle Gedichte zweisprachig, alle Essays, alle Erzählungen, alle in Buchform gesammelten Rezensionen, Vorworte etc., alle von Borges selbst zum Druck in Buchform vorbereiteten bzw. freigegebenen Mitschriften von Vorträgen sowie die Handbücher bzw. Anthologien des Bandes 10. Textgrundlage ist jeweils die zuletzt von Borges erstellte Fassung.

Nicht übersetzt bzw. aufgenommen wurden neben nie auf Spanisch gesammelt erschienenen Einzelbeiträgen (verstreute Rezensionen etc.) zwei mit A. Bioy Casares verfaßte unverfilmte Drehbücher, einige Vorlesungsskripte über altnordische Literaturen, Buddhismus etc., sowie die unterdrückten frühen Essaybände aus den 20er Jahren, die Borges nie nachgedruckt sehen wollte.

Bei Drucklegung des vorliegenden Bandes (Frühjahr 2001) ist dies immer noch die weltweit kompletteste Borges-Ausgabe; eine vollständige kritische spanischsprachige Ausgabe ist seit Jahren »in Vorbereitung«, die begonnene große französische Pléiade-Edition ist nicht abgeschlossen.

Im Lauf der Jahre erhielten einzelne Bücher von Borges immer wieder neue (nicht immer glückliche) Titel. Um die Orientierung wenigstens innerhalb der Gesamtausgaben zu erleichtern, wurde der vorstehende Editionsvergleich erstellt. Eine Berücksichtigung sämtlicher jemals im deutschsprachigen Raum erschienenen und vergriffenen Borges-Titel – die mehrbändige Werkausgabe bei Volk und Welt, Berlin, Einzelausgaben wie **Der schwarze Spiegel**, Auswahlbände wie **Labyrinthe** – war aus Platz- und Recherche-Gründen nicht möglich.

2. Zum vorliegenden Band

El informe de Brodie erschien zuerst 1970, die deutsche Fassung *David Brodies Bericht* 1972 sowie revidiert 1981 in Band 3/II der Hanser-Gesamtausgabe (*Erzählungen 1949-1970*). *El libro de arena* erschien 1975, die Übersetzung *Das Sandbuch* 1977 sowie 1982 in Band 4 der Gesamtausgabe (*Erzählungen 1975-1977*). Dieser Band enthielt auch die beiden Erzählungen ›Die Rose des Paracelsus‹ und ›Blaue Tiger‹ unter dem Titel *Rose und blau*, zuerst 1977 als *Rosa y azul* veröffentlicht. In der dreibändigen argentinischen Gesamtausgabe von 1989 finden sich diese beiden Texte als Teil eines neuen Blocks, *La memoria de Shakespeare*, zusammen mit der gleichnamigen Erzählung, ›Shakespeares Gedächtnis‹, und ›*Veinticinco Agosto 1983*‹. Für den Band *Spiegel und Maske* der Borges-Werkausgabe als Fischer-TB wurden beide Erzählungen neu bzw. erstmals übersetzt. In Buchform erschien ›*Veinticinco Agosto 1983*‹ zuerst 1983 in dem Borges gewidmeten Band der von Franco Maria Ricci verlegten 30bändigen Sammlung »*La Biblioteca di Babele*«, in Italien bei Ricci (Parma/Milano), in Spanien bei Siruela (Madrid), in Deutschland als Band 5 der »Bibliothek von Babel« bei Weitbrecht (Stuttgart) unter dem Titel *25. August 1983 und andere Erzählungen* (1983). ›*La memoria de Shakespeare*‹ erschien in Buchform erstmals in der genannten Gesamtausgabe 1989, auf Deutsch in *Spiegel und Maske*.

Anmerkungen

David Brodies Bericht

Vorrede

Rudyard Kiplings lakonische Erzählungen erschienen zuerst 1888 als *Plain Tales from the Hills* in Kalkutta; Borges bezieht sich auf die erste englische Ausgabe von 1890.

Hormiga Negra: »Schwarze Ameise«, legendärer Gaucho-Bandit der Jahrhundertwende.

Rosas: Juan Manuel de Rosas (1793-1877), arg. Präsident (1829-32) und Diktator (1835-52).

»in den harten Jahren«: Gemeint ist die Perón-Diktatur (1946-55); vgl. hierzu ›Autobiographischer Essay‹ in *Borges lesen*.

dont chaque édition fait regretter la précédente: das große Wörterbuch der Real Academia Española, bei dem »jede Neuausgabe Heimweh nach der vorigen auslöst«. Zu Paul Groussac vgl. ›Paul Groussac‹ in *Diskussionen* sowie Anm. dazu.

Roberto Arlt: arg. Romancier und Erzähler (1900-42).

Knochentasche, rosafarbenes Fell: bezieht sich auf jahrzehntelang geführte pedantische Diskussionen über die (Un-)Zulässigkeit bestimmter Details im arg. »Nationalepos« *Martín Fierro*; vgl. hierzu ›Die Gaucho-Dichtung‹ in *Diskussionen* und *Evaristo Carriego*.

Eindringling

Originaltitel ›*La intrusa*‹; da es sich um eine Frau handelt, wurde hier auf den zwangsläufig männlichen Artikel verzichtet.

2 Samuel 1:26: »Es ist mir leid um dich, mein Bruder Jonathan: ich habe große Freude und Wonne an dir gehabt; deine Liebe ist mir sonderlicher gewesen, denn Frauenliebe ist.«

Criollo: Im Land geborener Spanischsprachiger.

Costa Brava: »wilde Küste«, ärmliche Gegend mit ein wenig Viehzucht und vielen harten Männern, damals südlich von Buenos Aires.

Der Unwürdige

Christian Knorr von Rosenroth (1636-89), David Ginsburg (1831-1914), Arthur Edward Waite (1857-1942): Autoren, die sich mit Mystik allgemein und der Kabbala speziell befaßten.

Entre Ríos: »Zwischen (den) Flüssen«, arg. Nordost-Provinz zwischen den Flüssen Paraná und Uruguay; grenzt an Uruguay und Paraguay.

Maldonado: heute überbauter Wasserlauf, der zu Beginn des Jahrhunderts die bei Borges mythologisierte Nordgrenze der Stadt Buenos Aires bildete; vgl. ›Geschichte des Rosendo Juárez‹ im vorliegenden Band sowie ›Mann von Esquina Rosada‹ in *Universalgeschichte der Niedertracht*.

Carlyle: Anspielung auf *On Heroes, Hero-Worship and the Heroic in History* von Thomas Carlyle (1795-1881).

Grosso: Alfredo Bartolomé Grosso (1867-?), verfaßte mehrere Standardwerke zur arg. Geschichte.

José de San Martín: arg. Militär (1778-1850); rekrutierte die »Anden-Armee«, die er 1817 nach Chile führte, wo er in mehreren Schlachten die Spanier besiegte. 1821 befreite er Peru; 1822 unterstellte er seine Truppen dem Kommando von Bolívar und ging ins Exil nach Europa. Vgl. hierzu ›Guayaquil‹.

Compadrito: »Gevatterchen«, der typisierte kleine Messerheld und Stutzer.

Payador: ländlicher Troubadour, schweifender Stegreifsänger.

Criollo: vgl. Anm. zu ›Eindringling‹.

Juan Moreira: Roman von Eduardo Gutiérrez (1851-89), in dem das Leben eines realen Gauchos, der in Konflikt mit Behörden und Gesetz geriet, zum Ideal des verfolgten Gaucho-Rebellen stilisiert wird; Moreira wurde damit zu einer nationalen Identifikationsfigur, einer Art Robin Hood.

Gemeinde-Caudillo: der jeweilige Unterweltsboß des Viertels, der die Beziehungen zwischen Behörden und Gaunern regelt, Wahlen manipuliert etc. Vgl. *Evaristo Carriego*.

Lacroze: Damals Straßenbahnlinie bzw. deren spezielle Wagen.

Die Geschichte des Rosendo Juárez
Dies ist gewissermaßen die »Kehrseite« von Borges' erster berühmter Erzählung, ›Mann von Esquina Rosada‹ (in *Universalgeschichte der Niedertracht*).

Paredes, Corralero etc: vgl. ›Mann von Esquina Rosada‹.

»Den Brief ließ er von einem Jüngelchen in Schwarz schreiben«: Anspielung auf den Dichter Evaristo Carriego, der sich in diesen Kreisen bewegte; vgl. *Evaristo Carriego*.

Die Begegnung
Komet/Jahrhundertfeier: 1910 war Halleys Komet zu sehen; am 25. März 1810 setzte eine Criollo-Junta den spanischen Vizekönig der La-Plata-Provinzen ab und bildete in Buenos Aires eine autonome Regierung.
Elías Regules: Tangokomponist der Jahrhundertwende.
Lunfardo: Art Rotwelsch von Buenos Aires, laut Borges kein echtes *argot*, sondern Erfindung von Dandies und Tango-Textern.
Leopoldo Lugones: arg. Autor (1874-1938); vgl. Widmung in *Borges und ich* und Anm. dazu.
Truco: Kartenspiel, ausführlich geschildert in *Evaristo Carriego*.
Juan Moreira: vgl. Anm. zu ›Der Unwürdige‹.
Martín Fierro: Gaucho, Protagonist des gleichnamigen arg.»Nationalepos«; vgl. ›Die Gaucho-Dichtung‹ (*Diskussionen*).
Segundo Sombra: Protagonist des Romans *Don Segundo Sombra* von Ricardo Güiraldes (deutscher Titel *Der Gaucho Sombra*); vgl. ›Die Gaucho-Dichtung‹, a.a.O.
Podestá, Gutiérrez, Moreira, Almada: vgl. ›Die Gaucho-Dichtung‹, a.a.O., sowie *Evaristo Carriego*.

Juan Muraña
Carriego: vgl. *Evaristo Carriego*.

Die alte Dame
Hintergrund des historischen Exkurses der ersten drei Absätze sind die zahllosen Kriege des 19. Jahrhunderts. Chacabuco, Maipú etc. sind Schlachten im Unabhängigkeitskrieg gegen Spanien; die meisten fanden in Chile statt. Am 9.12.1824 wurden bei Ayacucho die letzten spanischen Truppen in Südamerika geschlagen. Bei Ituzaingó 1827 ging es um das seit 1817 von Brasilien besetzte Uruguay. Ab 1818 versuchte der spätere Diktator Rosas Argentinien mit Gewalt zu einigen; einer seiner Gegner war der erwähnte Lavalle. Der Große Krieg fand 1843 bis 1851 zwischen Argentinien und Uruguay statt. Vgl. hierzu auch ›Totengespräch‹ (*Borges und ich*), ›Biographie von Tadeo Isidoro Cruz‹ (*Das Aleph*), ›Die Gaucho-Dichtung‹ (*Diskussionen*) sowie die jeweiligen Anmerkungen.
Florencio Varela: arg. Dichter und Journalist (1807-84).
Cepeda, Pavón: 1859 bzw. 1861 fanden hier Kämpfe in der Aus-

einandersetzung um die Unabhängigkeit der Provinz Buenos Aires statt.

Tyrann: Rosas; vgl. Anm. zu ›Vorrede‹.

Alegario Andrade: arg. Dichter und Journalist (1838-84).

Östler/Uruguayer: Der amtliche Name des Staats lautet República Oriental del Uruguay, Republik östlich des (Flusses) Uruguay, zu Beginn des 19. Jahrhunderts einfach Banda Oriental, Ostufer. »Orientales« sind in Argentinien Uruguayer.

Mazorca: terroristische Geheimpolizei unter Rosas.

Das Duell

Spanisch ... häusliches Werkzeug: vgl. ›Autobiographischer Essay‹ in *Borges lesen*.

Lugones: vgl. Anm. zu ›Die Begegnung‹.

Das andere Duell

Carlos Reyles, Romancier: uruguayischer Autor (1868-1938).

Die beiden Vaterländer: Argentinien und Uruguay. Die weiteren Vorgänge, die Kokarden etc., beziehen sich auf die Parteien bzw. Gruppen – die liberalen Colorados, »Rote«; die konservativen Blancos, »Weiße« –, deren Antagonismus Uruguay fast das gesamte 19. Jahrhundert hindurch in einem permanenten Bürgerkrieg hielt.

Manantiales: dort wurden am 17.7.1907 die revolutionären Truppen von Timoteo Aparicio durch die reguläre Armee des Präsidenten Lorenzo Batlle besiegt.

Cerro Largo: im Norden von Uruguay.

Truco: Kartenspiel; vgl. *Evaristo Carriego*.

Dreiunddreißig: die 33 Helden der uruguayischen Geschichte, die 1825 unter dem Kommando von Lavalleja den Fluß Uruguay überquerten und eine Guerrilla gegen die Streitkräfte Brasiliens begannen, die seit 1817 das Land besetzt hielten.

Guayaquil

Higuerota, Friedlicher Golf, Westlicher Staat, Avellanos, Sulaco: Begriffe aus dem Roman *Nostromo* von Joseph Conrad, »Kapitän Joseph Korzeniowski«, angesiedelt im fiktiven Staat Costaguana. Über die »verlorene« *Geschichte von fünfzig Jahren der Mißherrschaft* heißt es bei Conrad, das Manuskript sei nie veröffentlicht worden; im Roman wird es gesichtet, »in der Gosse treibend, im Wind verweht, in den Dreck getreten«.

Zum Hintergrund: 1822 lud der Distrikt Guayaquil die beiden Protagonisten des Befreiungskampfs gegen Spanien, San Martín (vgl. Anm. zu ›Der Unwürdige‹) und Simón Bolívar, zu einer Konferenz und stellte sich unter ihren gemeinsamen Schutz. San Martín hatte bereits die ihm angetragenen Diktaturen von Chile und Peru abgelehnt; er befürwortete republikanische Verfahren. Bolívar annektierte noch vor San Martíns Eintreffen Guayaquil. Die Einzelheiten der Unterredung zwischen beiden wurden nie bekannt. Bolívar machte sich zum Diktator von Großkolumbien; dieses Gebilde zerfiel bei seinem Tod 1830 in die Staaten Kolumbien, Venezuela und Ecuador. San Martín, Befreier von Peru und Chile, Mitbegründer der republikanischen Verfassung Chiles, ging nach Europa, wo er 1850 starb.

Heideggers Antisemitismus: an anderer Stelle äußerte Borges, es habe ihn sehr befriedigt zu hören, daß Heidegger sich auf die Seite der Nazis geschlagen habe, denn Heidegger schreibe ein derart scheußliches Deutsch, daß er nirgendwo anders hingehöre.

mise au point: Klarstellung, Zurechtrückung.

Trop meublé: zu voll, zu möbliert.

Votre siège est fait: wörtlich »Ihre Belagerung ist vollendet/vollzogen«, Sie haben sich festgelegt, Sie sind erledigt.

Mabinogion: Kompendium vor allem mythologischer und legendärer Erzählungen aus Wales, 14./15. Jh.

Ezeiza: der Flughafen von Buenos Aires.

Das Evangelium nach Markus

Junín: ca. 300 km westlich von Buenos Aires; die später von Gutre als Ziele seiner »weiten Reisen« genannten Orte wie Chacabuco und Bragado liegen innerhalb eines Radius von ca. 50 km um Junín.

William Henry Hudson: engl. Autor und Naturkundler (1841-1922), geboren und aufgewachsen in Argentinien; vgl. ›Über *The Purple Land*‹ in *Inquisitionen*.

La Chacra: Landwirtschaftszeitschrift (»Die Farm« o. ä.).

Tabaré: Versdrama des Uruguayers Juan Zorrilla de San Martín (1855-1931) über die unglückliche Liebe eines Mestizen zu einer Spanierin.

Don Segundo Sombra: Gaucho-Roman von Ricardo Güiraldes (1888-1927).

isoliert, etymologisch zutreffend: im Span. *aislado,* zu *isla,* Insel; auch das deutsche isolieren stammt von lat. *insula.*

David Brodies Bericht
Yahoos: vgl. Swift, *Gulliver's Travels,* IV.
Kru: Gruppe von Stämmen in Westafrika.

Das Sandbuch

Der Andere
Alvaro Melián Lafinur: jüngerer Vetter von Borges' Vater.

1946, weiterer Rosas: Juan Domingo Perón, 1955 durch einen in der Provinz Córdoba beginnenden Putsch vertrieben.

Rote Hymnen / Rote Rhythmen: verworfene »Jugendsünden« von Borges; einige Texte finden sich exhumiert in *Poesia juvenil de J. L. Borges,* Carlos Meneses (Hg.), Barcelona 1978.

L'hydre-univers...: etwa: »Die Universum-Hydra windet ihren sternschuppichten Leib«.

Banknoten, Datum: US-Noten tragen durchaus ein Datum, und zwar das der jeweiligen Druckserie.

Ulrika
Motto: etwa: »Er aber zog das Schwert Gram und legte es blank zwischen sie«.

Der Kongreß
Motto: »Sie wanderten zu einem ungeheuren Schloß, auf dessen Frontispiz zu lesen war: ›Ich gehöre keinem und ich gehöre allen. Ihr wart hier, ehe ihr eintratet, und ihr werdet noch hiersein, wenn ihr es verlassen habt.‹«

Der neue Direktor der Bibliothek: ein Selbstverweis; Borges war zwischen den beiden peronistischen Perioden der arg. Geschichte Direktor der Nationalbibliothek, 1955-1973.

Confitería: Konditorei/Café mit Restaurantbetrieb.

Compadrito: vgl. Anm. zu ›Der Unwürdige‹.

Donald Wren, Südeisenbahnen: das arg. Eisenbahnnetz wurde hauptsächlich von englischen Ingenieuren und Firmen installiert.

Jean Baptiste Clootz: preußischer Offizier (1755-94), ging nach Paris, als Revolutionär, und nannte sich Anacharsis nach einem Skythen, der 594 v. Chr. nach Athen ging, sich mit Solon anfreundete und im Gegensatz zu seinen barbarischen Landsleuten für seine Weisheit berühmt war. Der preußische Skythenbarbar Clootz wurde guillotiniert.

José Gervasio Artigas: urug. Offizier (1764-1850), führte 1816 die urug. Unabhängigkeitsbewegung an.

Boliviens Meerzugang: Nach dem sogenannten Salpeterkrieg 1879/80 mußte Bolivien seine Küstenprovinz an Chile abtreten und war seitdem ohne Meerzugang. 1992 räumte Peru Bolivien die Nutzung eines Landstreifens ein. 1982 schlug Borges während des Falkland-Kriegs ironisch vor, die Inseln Bolivien zu übergeben.

Ferri, Gringos: ursprünglich waren Gringos alle des Spanischen nicht oder nicht völlig mächtigen Einwanderer; die Bedeutung Gringos = US-Amerikaner ist neueren Datums.

Calle Junín: Bordellviertel.

Tapia oder Paredes: historische Gangster; vgl. *Evaristo Carriego*.

Pulpería: Kramladen mit Ausschank.

legua: »Meile«, ca. 5 bis 5,5 km.

Porteño: Mann aus Buenos Aires, zu *puerto*, Hafen.

Hernández, Obligado: Vertreter der Gaucho-Literatur; vgl. ›Die Gaucho-Dichtung‹ in *Diskussionen*.

Percy: Kompilator und Herausgeber der *Reliques of Ancient English Poetry*, kurz *Percy's Reliques* genannt.

Lunario sentimental: etwa »Empfindsames Mondbuch« bzw. »Mondkalender«, Titel eines Werks von Leopoldo Lugones (1871-1938).

Prensa: »Die Presse«, arg. Tageszeitung.

Jaime Luciano Balmes: span. Priester und Autor (1810-48) mit liberalen Neigungen.

Maldonado, Riachuelo: vgl. ›Mann von Esquina Rosada‹ in *Universalgeschichte der Niedertracht* sowie Anm. zu ›Der Unwürdige‹.

Ballade von Patrick Spens: eine der Balladen aus *Percy's Reliques*.

There Are More Things
Titel: Anspielung auf *Hamlet* I.v.166: »... in heaven and earth, Horatio, than are dreamt of in your philosophy.«

Howard Phillips Lovecraft: US-Autor (1890-1937), einer der Wegbereiter der modernen Fantasy- und Horrorliteratur.

Der Beginn der Erzählung hat einen biographischen Hintergrund. Das Rote Haus im Süden von Buenos Aires (Lomas de Zamora, Turdera) ist eines der Häuser, in denen Borges seine Kindheit verbrachte; Borges' Vater führte seinem Sohn mit Hilfe eines Schachbretts die eleatischen Paradoxa vor.

James Hinton: engl. Arzt, Philosoph, Metaphysiker (1822-75).

John Knox: brit. Calvinist (ca. 1513-72).

Wells: gemeint ist H.G. Wells, Autor zahlreicher fantastischer Romane (*Die Zeitmaschine*, u.a.).

Johnson, Lichfield: der engl. Autor Dr. Johnson stammte aus Lichfield.

Camino de las Tropas: »Herdenweg«, Viehtrift, von den Weiden im Süden zu den Schlachthöfen.

Daniel Iberra: vgl. *Evaristo Carriego* und ›Milonga von zwei Brüdern‹ (*Für die sechs Saiten*).

Josiah Royce: US-Philosoph (1855-1916).

Lukan, Amphisbaena: vgl. ›Die Amphisbaena‹ in *Einhorn, Sphinx und Salamander*.

Die Sekte der Dreißig
Leisegang: deutscher Religionswissenschaftler, verfaßte *Die Gnosis* u.a.

Vgl. hierzu auch ›Drei Fassungen von Judas‹ in *Fiktionen*.

Die Nacht der Gaben
Confitería: vgl. Anm. zu ›Der Kongreß‹.

Bacon-Zitat: Borges nahm es als Motto für seine Erzählung ›Der Unsterbliche‹ (in *Das Aleph*).

Scheinkämpfe, Ruß: dabei focht man mit geschwärzten Stöcken statt Messern bzw. Degen.

Moreira, Podestá: vgl. Anm. zu ›Der Unwürdige‹.

Spiegel und Maske
Clontarf: 1014 schlugen hier die Iren unter Hochkönig Brian Boru (der in der Schlacht fiel; in der Erzählung herrscht also schon sein Nachfolger) die Norweger und beendeten die seit 850 andauernde skandinavische Herrschaft über weite Teile Irlands.

Ollam: bzw. Ollamh/Ollav: die höchste Stufe, die Dichter (Fili) erreichen konnten. Dieser Erz- oder Oberdichter, der – wie Borges ausführlich darlegt – das gesamte nicht nur poetische Wissen beherrschen mußte, hatte Anspruch auf ein Gefolge von 24 Barden; bei diesen handelt es sich um Rezitatoren der niedrigsten Stufe, vergleichbar etwa Lehrlingen.

Männergewirk, Schwertwasser etc.: vgl. ›Die Kenningar‹ in *Geschichte der Ewigkeit.*

omen absit: etwa »Möge dies Unheil fernbleiben«.

Dreizahl, drei Gaben, Triaden: Im gesamten keltischen Bereich war Drei die heilige Zahl. Der Zauberer mit den drei Gaben ist nicht genau zu ermitteln; wahrscheinlich handelt es sich um den Stifter der drei Gaben Schmiedekunst, Metallverarbeitung, Kriegskunst, die laut einer Fußnote von Thurneysen in *Irische Götter- und Königssagen* (Halle, 1919) den Iren zuteil wurden. Die wichtigsten Aspekte der druidischen Lehren wurden in Triaden oder Dreisätzen formuliert, in denen jeweils drei komplementäre Aussagen zum Thema gemacht wurden.

Insel mit silbernen Windhunden etc.: Diese Jugendreise des Königs scheint der *Wahren Geschichte* des Lukian von Samosata entnommen zu sein.

Undr
Titel: »Wunder« (altnordisch).

Adam von Bremen, Adamus Bremensis: Bischof, Historiograph, Ethnograph etc. (?-1085), verfaßte u.a. *Gesta Hammaburgensis* ... (Taten der Hamburger ...) und schrieb über die unabgeschlossene Christianisierung Skandinaviens.

drápa: Preislied.

Utopie eines müden Mannes
Emilio Oribe: urug. Lyriker (1892-?).

Limousinisch: entweder der Dialekt des Limousin (um Limoges) oder alte spanische Bezeichnung für das Provenzalische (Langue d'Oc) insgesamt.

Papiamento: Umgangssprache auf den südlichen der Niederländischen Antillen, *lingua franca* aus Niederländisch, Spanisch, Englisch und Französisch.

Summa Theologica: Hauptwerk des Thomas von Aquin.

Die Bestechung
Kenning, Plural Kenningar: altnordische Metapher mit feststehender Bedeutung und vorgeschriebener rhetorischer Verwendung; vgl. ›Die Kenningar‹ in *Geschichte der Ewigkeit*.
  scholarship: hier Gelehrsamkeit.

Avelino Arredondo
Zum Hintergrund vgl. Anm. zu ›Das andere Duell‹ und Borges' Nachwort zum *Sandbuch*.
  Ostufer: Banda Oriental, Uruguay.
  Dreiunddreißig: vgl. Anm. zu ›Das andere Duell‹.

Nachwort
John Felton: engl. Offizier, ermordete 1628 George Villiers, den Herzog von Buckingham.
  Marie Anne Charlotte Corday d'Armont: frz. Revolutionärin, ermordete 1793 Jean Paul Marat und wurde guillotiniert.
  José Rivera Indarte: arg. Autor schwankender Überzeugung; zuerst für, dann gegen Spanien, zuerst für, dann gegen Rosas (1814-45).

Shakespeares Gedächtnis

25. August 1983
Spiegel, Stevenson, Doppelgänger: vgl. Stevensons Ballade *Ticonderoga* und Borges' Artikel ›Der Doppelgänger‹ in *Einhorn, Sphinx und Salamander*.
  Adrogué: ehemals nobler Villenvorort von Buenos Aires, wo die Borges oft die Sommer verbrachten.

Blaue Tiger
Kiplings *Dschungelbücher* erschienen 1894 bzw. 1895, also kaum zehn Jahre vor dem Zeitpunkt der Erzählung.
  ganz unten ... Behemoth: vgl. ›Behemoth‹ in *Einhorn, Sphinx und Salamander*.
  Steine des Griechen ... Kalkül: lat. *calculus*, Kiesel, Rechensteinchen, Verkleinerung von *calx*, Kalkstein, aus dem griech. *chalix*.

Die Rose des Paracelsus
Motto-Verweis: Thomas de Quinceys Text »The Palimpsest of the Human Brain« in *Suspiria de Profundis*. De Quincey stellt dort fest, die Wiedereroberung der Vergangenheit durch historische Detektion, schichtweises Abtragen geschichtlicher Ablagerungen und Rekonstruktion komplizierter Zusammenhänge aus winzigen Spuren sei weit beeindruckender als die Wiederbelebung einer verbrannten Rose durch Paracelsus. Die von Borges bezeichnete Passage lautet wörtlich: »*Insolent vaunt of Paracelsus, that he would restore the original rose or violet out of the ashes settling from its combustion* – that *is now rivalled in this modern achievement.*«

Alembik: Helm- oder Blasenhut.

Athanor: Ofenaufsatz, der mit Kohlen gefüllt wird und diese nach und nach in den Ofen fallen läßt.

Shakespeares Gedächtnis
Vgl. hierzu auch ›Everything and Nothing‹ in *Borges und ich*.

Lewis Theobald: engl. Shakespeare-Forscher (1688-1744), der sich um sichere Textgrundlagen bemühte; von seinen über 300 Änderungen bzw. Verbesserungen in den damals vorliegenden Shakespeare-Fassungen werden die meisten noch heute als korrekt akzeptiert.

Adam Clay: »Adam Lehm«, der Rote Adam.

and shake the yoke ...: (laut engl. Standardausgaben endet das Zitat »*... world-wearied flesh*«), aus *Romeo and Juliet* V.iii.109; »Und schüttle von dem lebensmüden Leibe das Joch feindseliger Gestirne« (Schlegel).

A.B.C. Eines der entlegeneren Werke von Geoffrey Chaucer (1340-1400).

Sonett 127: vermutlich Druckfehler; das betreffende Sonett dürfte Nr. 107 sein, dessen 2. Quartett lautet:
> The mortal moon hath her eclipse endur'd,
> And the sad augurs mock their own presage;
> Incertainties now crown themselves assur'd,
> And peace proclaims olives of endless age.

ondoyant et divers: etwa »wogend und vielfältig«.

absences dans l'infini: etwa »vom Unendlichen abgelenkt«, »im Unendlichen schweifend«.

... my way of life ...: Macbeth V.iii.23; »Mein Leben ging in die Dürre schon, ins gelbe Laub« (Schlegel/Tieck).

Simply the thing I am ...: Parolles in *All's Well that Ends Well*, IV.iii.373. Der gesamte Passus (»*Captain I'll be no more; / But I will eat and drink, and sleep as soft / As captain shall: simply the thing I am / Shall make me live*«) löste bei Borges u. a. ein Gedicht aus (›The Thing I Am‹ in *Geschichte der Nacht*) und findet sich in ›Geschichte der Echos eines Namens‹ (*Inquisitionen*) als Echo des göttlichen Ich Bin Der Ich Bin; die Schlegel/Tieck-Fassung in *Ende gut, alles gut* (»Mit der Hauptmannschaft ist's aus; doch soll mir Speis' und Trank und Schlaf gedeihen, als wäre ich Hauptmann; nähren muß mich nun mein nacktes Selbst«) wird dem Original keinesfalls gerecht.

Inhalt

David Brodies Bericht (1970)

Vorrede*	7
Eindringling*	11
Der Unwürdige*	16
Die Geschichte des Rosendo Juárez*	24
Die Begegnung*	31
Juan Muraña*	38
Die alte Dame*	44
Das Duell*	51
Das andere Duell*	57
Guayaquil*	62
Das Evangelium nach Markus*	71
David Brodies Bericht*	78

Das Sandbuch (1975)

Vorbemerkung+	89
Der Andere+	91
Ulrika+	100
Der Kongreß+	105
There Are More Things+	125
Die Sekte der Dreißig+	133
Die Nacht der Gaben+	137
Spiegel und Maske+	143
Undr+	148
Utopie eines müden Mannes+	154
Die Bestechung+	162
Avelino Arredondo+	169
Die Scheibe+	175
Das Sandbuch+	178
Nachwort+	184

Shakespeares Gedächtnis (1980/1983)

25. August 1983°	189
Blaue Tiger⁺	195
Die Rose des Paracelsus⁺	208
Shakespeares Gedächtnis°	213

Anhang

Editionsplan	224
Editorische Notiz	228
Anmerkungen	230

übersetzt von
* Curt Meyer-Clason und Gisbert Haefs
+ Dieter E. Zimmer und Gisbert Haefs
° Gisbert Haefs.